Josef Birkenhauer (Hrsg.)

Medien

Didaktik der Geographie

Medien
Systematik und Praxis

Herausgeber:
Josef Birkenhauer

Autoren:
Josef Birkenhauer
Thomas Kraatz
Wolfgang Salzmann
Diether Stonjek
Hartmut Volkmann

Oldenbourg

Die Deutsche Bibliothek – CIP-Einheitsaufnahme

Didaktik der Geographie – Medien : Systematik und Praxis /
Hrsg.: Josef Birkenhauer. Autoren: Josef Birkenhauer ... – 1.
Aufl. – München : Oldenbourg, 1997
   ISBN 3-486-88035-7
NE: Birkenhauer, Josef [Hrsg.]

Umschlagkonzeption: Mendel & Oberer, München
Umschlaggestaltung: Christa Schauer

© 1997 R. Oldenbourg Verlag GmbH, München
Das Werk und seine Teile sind urheberrechtlich geschützt. Jede Verwertung in anderen
als den gesetzlich zugelassenen Fällen bedarf deshalb der vorherigen schriftlichen Ein-
willigung des Verlages.

Die in diesem Buch verwendete Schreibung und Zeichensetzung entspricht der neuen
Regelung nach der Rechtschreibreform. Bei Textübernahmen aus anderen Publikationen, die in der bisherigen Rechtschreibung abgedruckt sind, und deren Schreibung nicht
bedingt ist durch die Entstehungszeit oder schöpferische Eigentümlichkeit, haben die
Rechteinhaber einer Umstellung nicht zugestimmt.
Trotz entsprechender Bemühungen ist es nicht in allen Fällen gelungen, den Rechtsinha-
ber ausfindig zu machen. Gegen Nachweis der Rechte zahlt der Verlag für die Abdruck-
erlaubnis die gesetzlich geschuldete Vergütung.

1. Auflage 1997   01 00 99 98 97
Die letzte Zahl bezeichnet das Jahr des Drucks

Redaktion: Prof. Dr. Wolfram Hausmann
Lektorat: Brigitte Stuiber
Herstellung: Christa Schauer
Satz, Druck und Bindung: MB Verlagsdruck, M. Ballas, Schrobenhausen

ISBN 3–486–88035–7

Inhaltsverzeichnis

Vorwort 7

1. Aufgabe von Medien 9

1.1 Definitionen 9
1.2 Systematik.. 10
1.3 Aufgabe 17
1.4 Medien als Arbeitsmittel 20
1.5 Präsentation 20

2. Forschungen zur Wirksamkeit von Medien 23

2.1 Allgemeines 23
2.2 Einsichten aus der Gestaltpsychologie 25
2.3 Die Wirksamkeit der Werbung 27
2.4 Die Bedeutsamkeit der Massenmedien 28
2.5 Medien, Gedächtnis und Unterricht 32
2.6 Konsequenzen für die Erstellung und Beurteilung erdkundlicher Medien 33
2.7 Wirksamkeit von Medien im Erdkundeunterricht 36

3. Erdkundliche Medien: Einzelbetrachtung 41

3.1 Originale Gegenstände 41
3.2 Konkrete Modelle 44
3.3 Sprachmedien 50
3.3.1 Rolle der Sprache 50
3.3.2 Empirische Untersuchungen 51
3.3.3 Systematik und Klassifizierung der Sprachmedien im Erdkundeunterricht 53
3.3.4 Einsatz der Sprachmedien 53
3.3.5 Mündliche Mitteilungsformen 54
3.3.6 Ergänzende Formen 55
3.3.7 Stilformen des gesprochenen und geschriebenen Wortes 55
3.3.8 Das gesprochene Wort 58
3.3.9 Das geschriebene Wort 59
3.3.10 Sprache als Verbund- und Kontrollmedium 70
3.3.11 Abschließender Gedanke 70

3.4	Bilder	73
3.4.1	Einführung	73
3.4.2	Die Funktion von Bildern	73
3.4.3	Das Bild als Motivator	76
3.4.4	Bilder als Medien im Erdkundeunterricht	77
3.4.5	Bildbeurteilung und Bildauswahl	79
3.4.5.1	Bildaussage	79
3.4.5.2	Bildgestaltung	82
3.4.5.3	Realitätsausschnitt	85
3.4.5.4	Unterrichtsrelevanz	86
3.4.5.5	Zusammenfassung zur Bildbeurteilung	89
3.4.6	Bildeinsatz im Unterricht	90
3.4.7	Wesentliche Kriterien der Beurteilung von Bildern und Fotos – eine Übersicht	92
3.5	Weitere Bildmedien	94
3.5.1	Luftbilder	94
3.5.2	Satellitenbilder	99
3.5.3	Zeichnungen, Idealtabletaus, Gemälde	104
3.5.4	Karikaturen	106
3.6	Numerische Medien	110
3.6.1	Zahlen	110
3.6.2	Tabellen	115
3.7	Grafische Darstellungen	125
3.7.1	Blockbild – Landschaftsquerschnitt	125
3.7.2	Profile	129
3.7.3	Diagramme – Veranschaulichung statistischer Daten	138
3.8	Karten	159
3.8.1	Die didaktische Funktion von Karten	159
3.8.2	Bedeutung und Anwendungsbereiche von Karten	160
3.8.3	Grundlegende Merkmale von Karten	162
3.8.4	Kartenspezifische Besonderheiten und ihre Konsequenzen für den Lernprozess	166
3.8.5	Signaturen: Art, Anordnung im Kartenbild, Bedeutung	170
3.8.6	Kartographische Konventionen	173
3.8.7	Beispiele für den Umgang mit Karten	175
3.8.8	Aufbau und Weiterentwicklung topographischer Orientierungsraster	179
3.8.9	Computerkarten	181
3.9	Film (Unterrichtsfilm, Schulfernsehen, Fernsehen)	185
3.9.1	Vorbemerkung	185
3.9.2	Bewertung des Mediums Film	186
3.9.3	Forderungen an die Gestaltung von Unterrichtsfilmen bei Geographiedidaktikern und kritische Anmerkungen	189
3.9.4	Hauptforderungen an die Filmgestaltung	191
3.9.5	Hinweise für die Unterrichtsarbeit mit Filmen	198

3.9.6	Unterschiede der einzelnen filmischen Präsentationsformen	205
3.9.7	Das Medium „Film" im außerschulischen Bereich in seiner Bedeutung für die Schüler	206
3.10	Verbundmedien	211
3.10.1	Allgemeines	211
3.10.2	Kartogramm	212
3.10.3	Tafel, Arbeitsblatt und Merkbild	215
3.10.4	Arbeitsmappen, Collagen	221
3.10.5	Schulbücher	221
3.10.6	Museum	227
3.10.7	Atlanten	233

4. Medienerziehung und Mediengebrauch im Erdkundeunterricht 242

4.1	Medienpädagogik	242
4.2	Medienumwelt	242
4.3	Allgemeines zum Mediengebrauch	246
4.4	Medienerziehung in der Schule	248
4.5	Konkrete Umsetzung im Erdkundeunterricht	249
4.6	Futuristischer Abschluss	251

Bildnachweise 254

J. Birkenhauer verfasste die Kapitel 2, 3.1, 3.2, 3.4.7, 3.5.1, 3.5.3, 3.6, 3.7.1, 3.7.2, 3.10, 4.
T. Kraatz verfasste das Kapitel 3.9.
W. Salzmann verfasste das Kapitel 3.3.
D. Stonjek verfasste die Kapitel 1, 3.4, 3.5.2, 3.5.4, 3.7.3.
H. Volkmann verfasste die Kapitel 3.8, 3.10.7.

Vorwort

Im Arbeitskreis „Medien – Forschungen zu Medien" während der deutschen Geographentage trafen sich seit etwa 10 Jahren daran interessierte Geographiedidaktiker regelmäßig. Einige von ihnen waren der Auffassung, dass man ein neues Medienhandbuch für den Geographieunterricht ausarbeiten müsse. Der Oldenbourg Verlag München erklärte sich bereit das Buch in seiner Reihe „Didaktik der Geographie" zu bringen.

Daraufhin konnte an die Arbeit gegangen werden. Sie war teilweise recht mühselig – mühseliger, als ein erster Optimismus vorgegaukelt hatte. Dies liegt u. a. daran, dass – trotz einer Vielzahl von Veröffentlichungen zu einzelnen Medien – relativ wenig Substanzielles vorzufinden ist.

Ein ganz wichtiges Ergebnis dieser Sichtung möge gleich am Anfang mitgeteilt sein; nämlich, dass es herzlich wenig an solchen Publikationen gibt, die sich auf unterrichtsempirische Weise mit der Brauchbarkeit von Medien oder den Schwierigkeiten von Schülern im Gebrauch der Medien beschäftigen.

Eine Medienwirkungsforschung ist also noch ganz am Anfang. Umso wichtiger ist es, sich mit den allgemeineren Ergebnissen der vorliegenden Publikationen zur Wirksamkeit zu beschäftigen und zu versuchen deren Ergebnisse auf die Geographiedidaktik anzuwenden.

Vorweg aber muss ein Kapitel stehen, das sich mit den Medien, ihrer Definition und ihrer Einteilung nach geographiedidaktischen Überlegungen beschäftigt. Ein Teil der Arbeit in dem o. g. Arbeitskreis war dieser Aufgabe gewidmet, da wir der begründeten Meinung waren, dass wir uns erst dann an ein gemeinsames Buch wagen könnten, wenn wir hierin untereinander einen Konsens gefunden hatten.

Wegen einer übersichtlichen Systematik musste dann allerdings in der endgültigen Gliederung doch der eine oder andere schmerzliche Kompromiss eingegangen werden.

In den speziellen Ausführungen zu den einzelnen Medien sollten nach Möglichkeit folgende neun, als besonders wesentlich erscheinende Gesichtspunkte berücksichtigt werden:

1. Sinn und Zweck des Mediums
2. Eigenheiten, Vor- und Nachteile
3. Anforderungen an das Medium (Qualität, Gestaltung)
4. Gewährleistung seiner Funktion als Informationsvermittler
5. Fertigkeiten und Fähigkeiten der Schüler für den Umgang
6. Stand der Kenntnisse

7. Hinweise für das konkrete Arbeiten mit Medien
8. Stellen für den sinnvollen Einsatz des Mediums im Unterricht
   (sog. didaktischer Ort)
9. Bedeutung des Mediums für den und in dem außerschulischen Alltag

Was nun die konkrete Umsetzung dieses 9-Punkte-Programms angeht, so mussten auch hier immer wieder Abstriche gemacht werden. Das angestrebte Ideal war nicht zu erreichen – es ist noch nicht zu erreichen. Wir hoffen aber, dass unsere Überlegungen dazu angetan sind, Wege und Brücken für eine zukünftige bessere Annäherung an das Ideal wenigstens etwas geöffnet zu haben.
Jeder von uns würde sich freuen, wenn solche Annäherungen hier und dort und vielleicht auch in immer größerer Zahl unternommen würden.
Die Beiträge und Kapitel sind ferner nicht in der Reihenfolge der neun Punkte bearbeitet worden. Hier hatte jeder Autor die Freiheit, die er einerseits haben muss, die er aber andererseits bedingt durch die spezifischen Umstände des Mediums in Anspruch nehmen darf.

Die Beiträge durften nun nicht bei den Ausführungen zu den einzelnen Medien stehen bleiben und mit diesen abschließen.
Vielmehr war uns von Anfang an klar, dass der Abschluss nur in einem Kapitel zur Medienerziehung liegen konnte – eine Aufgabe, die gerade in der heutigen und zukünftigen, vielfach schon virtuellen Alltagswelt immer zwingender geworden ist.
Wir haben uns bemüht uns dieser großen Forderung zu stellen, die vorliegende, sehr vielseitige Literatur aufzuarbeiten und auch Wege zu zeigen, wie im Fach Geographie Medienerziehung geleistet werden könnte.

Von Anfang an hat Herr Professor Dr. Wolfram Hausmann im Auftrag des Oldenbourg Verlages die Entstehung und Herausgabe unseres Werkes mit großem Einsatz unterstützt. Dafür gebührt ihm besonderer Dank.

Möge, alles in allem, unsere langjährige Arbeit ein konstruktives Echo finden.

Der Herausgeber

Diether Stonjek

1. Aufgabe von Medien

1.1 Definitionen

„Medien" ist ein häufig benutztes Wort. Im Laufe der Jahre hat sich indessen die Vorstellung davon gewandelt, was man mit dem Wort Medien verbindet.

Den Wandel der Vorstellungen sollen ausgewählte Zitate belegen. So schreiben Dichanz und Kolb (1974, S. 21) noch recht allgemein: „Unter Medien soll hier ein Zeichen- bzw. Informationsträger, aber auch ein Zeichen- bzw. Informationssystem verstanden werden, welches die Kommunikation zwischen mindestens zwei Partnern unterstützt und/oder erst ermöglicht." Drei Jahre später definiert Schnitzer (1977, S. 12) Medien schon etwas anders: „Medien können sowohl die Mittler von Informationen sein – etwa ein Fernsehgerät oder ein Filmstreifen – als auch synonym für Information selbst verwendet werden – etwa der Inhalt einer Fernsehsendung oder eines Filmstreifens." Erste Überlegungen zur Differenzierung zwischen Informationsträgern und Geräten, die diesen Informationsträger präsentieren, werden sichtbar. Ganz anders sieht wiederum ein Jahr später Armbruster (1978, S. 45) die Medien: „Allgemein ist ein Medium definiert durch einen Code bzw. ein Zeichensystem, einen Aussageinhalt ..., eine bestimmte Gestaltungsform der Nachricht ..., die mittels eines Übertragungskanals ... vom Sender zum Empfänger übertragen werden." In der Geographiedidaktik wird bei der Mediendefinition stärker die Verwendung im Unterricht miteinbezogen. So formuliert Fick 1980 (S. 183): „Medien sind Vermittlungsträger für die Erschließung und Beherrschung geographischer Sachzusammenhänge. Sie ermöglichen im Lernprozess alternative Entscheidungen, sie fordern zur Kommunikation heraus, ..." Und einige Jahre später liest es sich bei Brucker (1986, S. 208) wie folgt: „Die originale Begegnung mit dem Lerngegenstand ist im Geographieunterricht nur selten möglich. Daher sind Medien als pädagogische Hilfsmittel notwendig, die als Träger von Informationen zwischen der Wirklichkeit und dem Empfänger vermitteln."
Mehr oder weniger deutlich erscheint immer wieder der Gedanke der Vermittlung, der Kern der heutigen Vorstellung von Medien ist. Durchgesetzt hat sich die Vorstellung, dass Medien Träger von Informationen sind, dass sie eine Mittlerfunktion zwischen der Wirklichkeit und dem Adressaten der Information über die Wirklichkeit haben. Medien vermitteln Wirklichkeit. Dies aber kön-

nen sie nur, wenn sie „Träger eben dieser Informationen, die sie vermitteln sollen, sind" (Stonjek 1988, S. 130). Wir können als Ergebnis festhalten:
• Die erste Funktion von Medien ist die Vermittlung von Informationen.

Damit Medien diese Aufgabe erfüllen können, ist oft ein Präsentator notwendig, ein Gerät, das die Medien mit ihren Informationen dem bzw. den Adressaten der Informationen präsentiert. Nicht immer ist diese Unterscheidung bewusst, nicht immer wird sie klar nachvollzogen. Doch sind die Medien nicht der Overheadprojektor, der Diaprojektor, das Fernsehgerät. Der Overheadprojektor projiziert nur die sichtbaren Informationen, mit der die Folie versehen ist, der Diaprojektor das Dia. Ein Bild wird nicht ein anderes Bild, je nachdem ob es in einem Schulbuch oder mithilfe eines Episkops oder mithilfe eines Diaprojektors oder von einer Folie mithilfe eines Overheadprojektors präsentiert wird. Es bleibt das gleiche Bild mit den gleichen Informationen; es bleibt damit das gleiche Medium.
Ein Medium als Informationsträger transportiert Informationen von einer Person, die diesen Informationsträger erstellt hat, zu einer oder mehreren Personen, die diese Informationen aufnehmen (sollen). Dies ist mit dem gleichen Medium (dem gleichen Bild, dem gleichen Text, dem gleichen Diagramm) immer wieder in gleicher Weise bei neuen Adressaten möglich. In diesem Zusammenhang spricht Brucker von der „Reproduzierbarkeit der Lerninhalte", die er als ein Funktionsmerkmal von Unterrichtsmedien auffasst (1988, S. 224).

1.2 Systematik

Der Gang der Vorstellungen über Medien spiegelt sich auch in den vielfältigen Versuchen wider, die verschiedensten Medien zu ordnen, sie in einer Systematik zusammenzustellen.
Die Pädagogen Spiering/Ostertag legten 1975 (S. 5) eine Übersicht über die Unterrichtsmedien vor, die den Stand der damaligen Diskussion zeigt (Abb. 1): Menschen als Informationsvermittler wurden als „Personale Medien" berücksichtigt. Bei den „Nichtpersonalen Medien" wird nach der Nähe zur Realität sortiert.

Zwei Jahre später legt Brucker (1977, S. 207) zeit- und inhaltsgleich mit Greil/Kreuz (1977, S. 247) eine Medienklassifikation vor, die die Gliederungsmerkmale von Ostertag/Spiering fortschreibt (Abb. 2). Die apersonalen Medien (bei Spiering/Ostertag die „Nichtpersonalen Medien") unterteilt er jetzt neu in „Vortechnische" und „Technische Medien", wobei er letztere dem Aufnahmekanal entsprechend in auditive, visuelle und audiovisuelle Medien einteilt. Diese Medienklassifikation behält Brucker mit leichten Modifikationen zumindest bis 1988 (S. 223) bei.

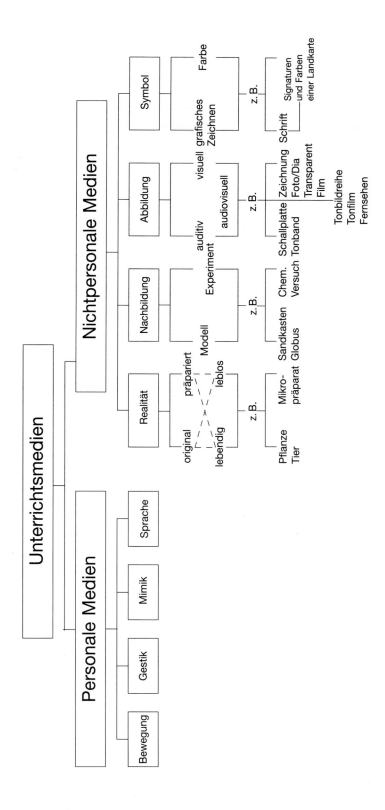

Abb. 1
(aus: Hans-Peter Ostertag, Theo Spiering; UNTERRICHTSMEDIEN. © by Ravensburger Buchverlag 1975.)

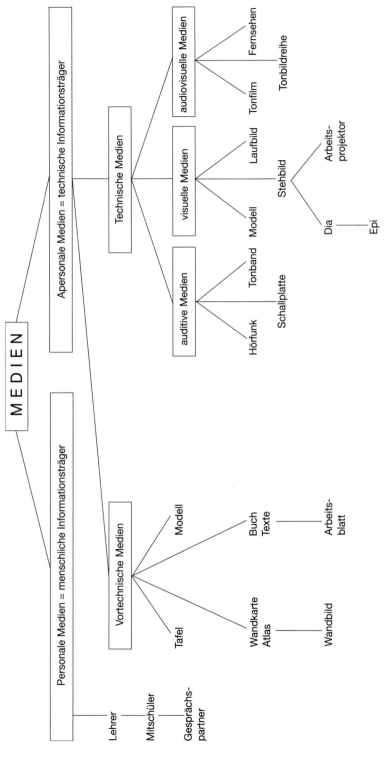

Abb. 2: Die Medien als Vermittler zwischen Wirklichkeit und dem Empfänger (Schemaskizze nach A. Brucker. In: Haubrich, H. u.a.: Konkrete Didaktik der Geographie. Braunschweig, München 1977.)

Einen anderen Zugang findet Fuchs (1980, S. 6–8), der die Medien nach ihrem Vermittlungscharakter unterscheidet (Abb. 3). Ausschnitte aus Zeitungen und Zeitschriften, also aus Massenmedien haben nach Fuchs eine „mediale Doppelstruktur":
Zum einen würden sie als „,Mittel zum Zweck' eines materialen/kognitiven Unterrichtsziels" verwendet (= lernprozessorientierte Repräsentation). Zum anderen hätten sie aber „ein realitätsbezogenes Eigengesicht", da sie einen Ausschnitt der Wirklichkeit, nämlich des außerschulischen gesellschaftlichen Kommunikationssystems und Kommunikationsprozesses, repräsentierten (= gesellschaftliche Kommunikation räumlicher Wirklichkeit).
Medien sind nach Fuchs in diesem Bezug
- das Wort,
- das Bild,
- die Zahl,
- die Karte.

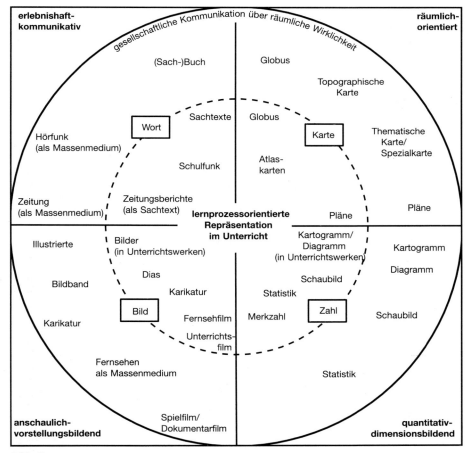

Abb. 3
(aus: Fuchs, G.: Zeitungsberichte im Erdkundeunterricht. In: ERNST KLETT SCHULBUCHVERLAG, Der Erdkundeunterricht Heft 33, Stuttgart 1980.)

Präsentator (hardware)

Medien (software)	visuell	auditiv	audiovisuell
Modell (selbst gebaut; Globus, Tellurium; Planetarium)			

Text - Dokument
    - Reportage
    - Bericht
    - Feature
    - Sachtext
	{ Tafel	Schulfunk
		Radiosendung
		Kassetterecorder
		Tonbandgerät
		Radio
		Plattenspieler	

Bild - terrestrische Aufnahme
    - Schrägluftbild
    - Senkrechtluftbild
    - Satellitenaufnahme
Gemälde / Zeichnung
Karikatur
Profil / Blockbild
Landschaftsquerschnitt
	Overheadprojektor
	Diaprojektor
	Episcop
	Poster
	Handabzug
	Buch/Schulbuch/Atlas
	Zeitung / Zeitschrift
	Filmprojektor
	(8mm, 16mm, 32mm)
	Fernseher
	Videoanlage
			Schulfernsehen
			Unterrichtsfilm
			Bildungsfilm
			Fernsehbeitrag
			Fernseher
			Videoanlage
			Filmprojektor
			(8mm, 16mm, 32mm)

Zahl / Tabelle / Statistik Diagramm Schaubild Kartogramm			

Karte - Topogr. Karte
    - Atlaskarte
    - Wandkarte
	{ Einzelkarte (Poster)		

Verbundmedien	Tafelbild Schulbuch Atlas Computersoftware		Schulfernsehsendung Film Computersoftware

**Abb. 4: Systematik der Medien in der Geographie
(Entwurf: D. Stonjek 1993)**

Überlegungen von Brucker aber auch von Fuchs nahm Stonjek in einer Medienklassifikation 1988 auf. Medien sind Vermittlungsträger. Als „Vermittler" teilt er sie danach ein, ob ihre Informationen über die Augen (visuell), die Ohren (auditiv) oder über beide Sinnesorgane (audiovisuell) aufgenommen werden. Entsprechend den obigen Überlegungen unterscheidet er konsequent zwischen dem Medium (Software) auf der einen und dem Präsentator (Hardware) auf der anderen Seite.

Damit gilt:

- Jedes Medium hat eine ihm eigene Informationsqualität.
- Die gewählte Präsentation beeinflusst die Medienwirkung.

Vor allem solche Überlegungen waren es, die ausgelöst und begleitet von kritischen Kommentaren von Birkenhauer, dazu führten, das von Stonjek 1988 vorgelegte Schema grundlegend zu überarbeiten und zu gestalten (Abb. 4). Dabei wird herausgestellt, dass nicht die Medien, sondern nur die Präsentatoren nach den Aufnahmekanälen sortiert werden können.

Nicht nur Texte, sondern auch Zahlen lassen sich akustisch vermitteln. Bilder, Diagramme, Karten sind oft eingebunden in Filme, werden zwar dem Auge präsentiert, aber sind gleichzeitig verbunden mit Informationen, die den Adressaten über das Ohr erreichen.

Es handelt sich dann weniger um eigenständige Medien, sondern um einen Verbund von Medien: z. B. Bücher, Atlanten, aber auch Computersoftware. Die Trennung zwischen Einzelmedien und Verbundmedien ist fließend. So ist das hier vorgestellte System der Medien sicher noch veränderungsfähig und muss somit weiterhin diskutiert werden.

Die an diesem Buch beteiligten Autoren einigten sich in mehreren Konferenzen auf der Grundlage der oben vorgestellten Überlegungen auf eine bestimmte Systematik. Dieser folgt das Buch in Kap. 3. (Vgl. Abb. 5.)

---

1. Originale Gegenstände
2. Konkrete Modelle
3. Sprachmedien (gesprochen – gedruckt)
4. Bilder (Fotos, Zeichnungen, Idealtableaus, Gemälde, Karikaturen)
5. Numerische Medien (u. a. Tabellen)
6. Grafische Darstellungen (Blockbilder, Landschaftsquerschnitte, Profile, Kausalprofile, Diagramme, Flussdiagramme, Abbildungen theoretischer Modelle)
7. Karten
8. Film
9. Verbundmedien (Kartogramm, Atlas, Tafel, Arbeitsblatt, Arbeitsmappen, Schulbuch, Museum)

Abb. 5: Klassifikation erdkundlicher Medien

Ein wesentliches Kriterium für diese Systematik ist folgender Gesichtspunkt: Vom Konkreten/Einfachen/Intensiven zum Abstrakteren/Komplexeren. (Vgl. dazu Birkenhauer 1971, II, S. 60–111; Fick 1980, S. 185–205; Theißen 1986, S. 254–286.)

Begründet wird die bestimmende Bedeutung dieses Gesichtspunktes damit, dass er zwei unterrichtspraktische Bezüge besitzt. Diese sind:
1. Das jeweilige Medium kann spezifischen Unterrichtssituationen zugeordnet werden.
2. Es kann nach der Adressatengerechtigkeit (einschließlich Alter) ausgewählt werden.
Dieser Gesichtspunkt ist des Weiteren kombiniert worden mit dem Gesichtspunkt, über welchen „Kanal" (bzw. über welche „Kanäle") die Informationen aufgenommen werden. Dabei wird die Aufnahme über das Sehen meist an die erste Stelle gesetzt, an zweiter folgt das Hören, an dritter die Kombination von Sehen und Hören.
Wegen der Übersichtlichkeit sind allerdings Kompromisse unumgänglich, so z. B. wenn bei den Sprachmedien die gesprochene und die gelesene Mitteilung zusammengestellt werden. Dabei ist den Autoren durchaus bewusst, dass das gesprochene Wort (z. B. Erzählung, Interview – auch über Tonband) oft ein intensiveres Begegnen ermöglicht als der Text. Daraus ergibt sich, dass dem „Wort" im Unterricht eine gebührende Stellung eingeräumt werden sollte, zumal bei jüngeren Schülern.
Wie auch immer – der Nutzen eines Mediums bleibt gering, wenn die Kommunikation mit den Rezipierenden nicht gelingt. So darf z. B. auch der steigende Abstraktionsgrad nicht als ein Negativ-Kriterium im Sinne von „nicht so gut geeignet" bewertet werden; sondern er zeigt nur eine steigende Anforderung an die Schüler gemäß ihres Alters.
Selbstverständlich gibt es noch andere Einteilungen. So unterscheidet Adl-Amini (1994):
- Medien der ersten Ebene (Tafel, Bilder, Karten). Sie sind universal einsetzbar, gehen nicht auf einen besonderen Effekt aus und dienen der Klärung und Veranschaulichung von Inhalten.
- Medien der zweiten Ebene (vor allem: Film). Sie sind die für eine spezielle Verwendung gestalteten Inhaltsträger. Sie sind gekennzeichnet durch:
  1. Schaffung ihrer eigenen Wirklichkeit,
  2. Herstellung einer Verbindung zwischen dem gestalteten Thema und dem betrachtenden Subjekt,
  3. Integration von Aussagen zweier Zeichensysteme (Ton, Bild).
- Medien der dritten Ebene (vor allem: Montessori-Material). Sie sind durch ihre Greifbarkeit gekennzeichnet.

1.3 Aufgabe

Da es im Geographieunterricht nur wenige Möglichkeiten zur unmittelbaren Begegnung gibt, ist der Einsatz von Medien für einen effektiven Unterricht eine Notwendigkeit – ohne dabei weder den Lehrer ersetzen zu können noch zu wollen. Sie haben dabei eine zweifache Aufgabe (Funktion):
1. Ermöglichen einer mittelbaren Begegnung,
2. Ermöglichen besseren Lernens.

Dass Medien diese Ziele und Funktionen erreichen, wird von Pädagogen und Psychologen auf der Grundlage einer Vielzahl von Untersuchungen belegt. (Vgl. auch Kap. 2). So berichtet Fröhlich (1974, S. 23/24) von Untersuchungen des Leiters des psycho-neuro-physiologischen Instituts in Mougins (Frankreich), die die Überlegenheit der audiovisuellen gegenüber der verbalen Vermittlung von Informationen wie folgt aufgezeigt haben: „1. Zur Erreichung der gleichen Resultate benötigt der Unterricht mit audiovisuellen Mitteln 50 % weniger Zeit als ein Unterricht mit traditionellen Mitteln. 2. Für Menschen durchschnittlicher Intelligenz ist der Unterricht um 55 % zugänglicher, für Menschen mit schwacher Intelligenz um 77 %, sofern audiovisuelle Mittel verwendet werden. 3. Audiovisuelle Informationen bleiben im Kurzzeitgedächtnis um 45 bis 65 % besser haften als verbale. 4. Bei 75 % der Personen wird die Aufmerksamkeit durch audiovisuelle Mittel wesentlich erhöht."
Als einsichtige Begründung für diesen Befund lässt sich leicht feststellen: Medien unterstützen die Anschauung, sind interessanter, reizvoller und abwechslungsreicher als eine rein verbale Informationsvermittlung durch die Lehrperson. Medien sind weniger abstrakt und erleichtern den Zugang zur Information.
In der Geographiedidaktik wird besonders die Frage des medialen Zugangs zur Realität diskutiert. Lange Zeit wurde argumentiert, dass Medien im Erdkundeunterricht die aufgrund räumlicher Ferne nichtmögliche unmittelbare Begegnung ersetzen sollten, um damit quasi die Schulstube zu erweitern. Noch 1982 begründet Brucker in dieser Weise den Medieneinsatz (s. o.). Man hole damit die „weite Welt" in das Klassenzimmer. Inzwischen kann man hierbei wohl nicht mehr von einem primären Ziel des Unterrichts sprechen.
Außerschulische Lichtbildervorträge über ferne und nahe Reiseziele haben diesen Gedanken aufgenommen: Ferne, nicht direkt zugängliche Realität soll durch Medien vermittelt werden und damit den Kommunikationsprozess zwischen Menschen unterstützen. Medien befreien „Sender" und „Empfänger" vom Zwang bei der Kommunikation zur gleichen Zeit am gleichen Ort zu sein. Jeder Zeitungsleser profitiert davon: Die Zeitung ist an beliebigen Orten zu beliebigen Zeiten zu konsumieren.
Mit der Überbrückung räumlicher Distanz ist aber nur ein Teil der Funktion von Medien im Erdkundeunterricht erfasst. Als räumliche Prozesse in immer stärkerem Maße Gegenstand des Erdkundeunterrichts wurden, erhielten Medien zunehmend die Funktion Räume in ihrer Veränderung in den Blick der

Schüler zu rücken (z. B. Landschaftsveränderungen durch Tagebau, Tourismus, Flurbereinigung …). Veränderungen z. B. in einer Einkaufsstraße sind nur fassbar, wenn sie phasenhaft dokumentiert sind.

Seitdem Landkarten im Erdkundeunterricht benutzt werden, zunehmend aber, seitdem verstärkt Diagramme verwendet werden, tritt eine neue, weitere Ebene ins Bewusstsein: Medien vermitteln abstraktere Informationen, die allein über Medien zugänglich sind: z. B. die Information über den Verkehrsfluss auf einer Straße (Anzahl der Fahrzeuge an einer Stelle in zeitlicher Veränderung) ist nur mithilfe eines Diagramms zu verdeutlichen; die räumliche Verteilung von Bevölkerungsdichte nur mithilfe einer Bevölkerungsdichtekarte; die Altersgliederung der Bevölkerung wird mit einem Altersdiagramm veranschaulicht.

Allgemein gilt also: Karten, Kartogramme und Diagramme vermitteln Informationen, die wir ohne diese Medien in dieser Weise nicht wahrnehmen könnten.

Zusammenfassend ist festzuhalten:
Medien können über die nicht unmittelbar zugängliche Realität in dreifacher Weise informieren:
1. Überbrückung der räumlichen Distanz,
2. Verdeutlichung zeitlicher Distanz,
3. Zugänglichkeit nur medial vermittelbarer Realität.

Bewusst ist hier das Wort „können" benutzt. Bei der Verwendung von Medien ist zu bedenken, dass ihre Funktion als Informator beeinflusst wird durch zwei Eigenschaften: ihre Subjektivität und die Güte Ihrer Informationsqualität.

Subjektivität
Medien sind subjektiv, weil sie von „Medienkonstrukteuren" erzeugt sind, deren Subjektivität teils nicht reflektiert, teils stillschweigend in das Medium eingearbeitet ist. Texte z. B. geben in subjektiv gewählten Worten einen subjektiv gewählten Ausschnitt der Realität wieder; Bilder zeigen einen subjektiv gewählten Ausschnitt der Realität; … auch Karten können die Realität aufgrund der notwendigen Umsetzung von Realität in grafische Zeichen nur entsprechend einer subjektiven Gewichtung wiedergeben.

Subjektiv ist auch jede bewusst vorgenommene didaktische Reduktion bei Zeichnungen, Diagrammen, Karten und Texten, wie dies in vergleichbarer Weise – aber mit anderer Motivation – in der Werbung geschieht.

Bei der Medienverwendung gilt es daher zu prüfen, in welcher Weise die Medien subjektiv sind: Ist die Subjektivität in der Art der Medien selbst begründet oder wird bewusst eine subjektive Meinung der Informationsvermittlung unterlegt? Es gilt, die Subjektivität von Medien aufzudecken und Schüler dafür zu sensibilisieren.

Qualität

Auch die unterschiedliche Informationsqualität liegt in der Natur der Medien begründet: Kein Medienkonstrukteur ist bezüglich seiner Aufgabe perfekt. Zudem sind Medien oft für sehr unterschiedliche Adressatengruppen erstellt. Dennoch kann man zwei generelle Kriterien für Qualität ausmachen. Diese sind:

1. Informationsqualität,
2. Motivationsqualität.

Abgesehen von der Funktion als Funktionsträger ist es eine weitere unterrichtlich wesentliche Aufgabe der Medien, die Schüler und Schülerinnen dazu zu veranlassen, sich mit den durch Medien vermittelten Sachverhalten auseinander zu setzen, sich auf sie einzulassen.

Diese Funktion von Medien als „Motivatoren" wird beeinflusst durch ihre Fähigkeit zu emotionalisieren und ihre Motivationsqualität. Medien können (und sollen) den emotionalen Bereich der Schüler ansprechen. Dadurch wird das Interesse an den Informationen der Medien geweckt.

Die Motivationsqualität als solche hängt davon ab, inwiefern die Medien am Interessensbereich der Schüler anknüpfen. Aus der Lernpsychologie ist bekannt, dass „der Mensch Objekte der Umwelt ‚übersieht', nicht bemerkt, nicht oder doch nur schlechter identifizieren kann, wenn sie in seiner (derzeitigen) Motivationsstruktur keine oder nur geringe Bedeutung haben" (Joerger 1976, S. 77).

Medien sind

	Informatoren	Motivatoren
• Beeinflusst durch:	Subjektivität	die Fähigkeit zu emotionalisieren
• Zu fordern ist:	Informationsqualität	Motivationsqualität
• Erdkundliche Medien leisten:	Überbrücken von Distanzen: räumlich/zeitlich Veranschaulichung von abstrakten, nicht sichtbaren Erscheinungen	Hinführung zu geographischen Fragestellungen

Abb. 6: Funktionen von Medien (Entwurf: D. Stonjek, J. Birkenhauer)

Die Fähigkeit zu emotionalisieren und die Motivationsqualität (vgl. Abb. 6) werden von der Informationsqualität mitbestimmt (vgl. Sturm 1987, S. 109). Letzlich beruht die Effektivität der Medien auf allen drei Qualitätskriterien. Die Eignung der Medien ist auch davon bestimmt, inwieweit die Medienart der Informationsart adäquat ist. Wenig Sinn gibt es, z. B. die Erscheinungen einer

Schichtstufenlandschaft mit Worten vermitteln zu wollen, wenn Bilder, Profile und Karten die Informationen besser, schneller und anschaulicher vermitteln. Wenig Sinn macht es auch, die unterschiedlichen Temperaturen im Jahresverlauf mit Worten oder Bildern zu verdeutlichen, wenn dies über ein Klimadiagramm wesentlich besser geschehen kann.

1.4 Medien als Arbeitsmittel

Medien sind pädagogisch umso wertvoller, „je mehr sie aktivitätsfördernd auf die Schüler wirken, Selbsttätigkeit in der Auseinandersetzung zulassen und Grundzüge sozialen Lernens aufweisen" (Schnitzer 1982, S. 13).
Aus diesem Grund benutzen manche Geographiedidaktiker statt des Begriffs „Medien" lieber den Begriff „Arbeitsmittel": „Birkenhauer (1980, 5. Aufl., S. 58) verwendet den Begriff Arbeitsmittel im Sinne Petersens, Montessoris und H. Roths. Er meint damit, dass die Medien als Arbeitsmittel im Kind selbst Frage- und Problemstellungen auslösen und damit dem Schüler die Möglichkeit zur Selbsttätigkeit geben sollen. Da auch der Verfasser nicht das rezeptive Betrachten der Arbeitsmittel, sondern den aktiven Umgang mit ihnen im Vordergrund sieht, wird im Folgenden ‚Arbeitsmittel' als Oberbegriff benutzt", schreibt Theißen 1986 (S. 247). In konsequenter Ausfüllung des Begriffs finden wir bei Theißen dann auch „instrumentelle Arbeitsmittel" (S. 286), worunter er u. a. „Spaten, Hacke und ph-Meter", aber auch „für das Kartenzeichnen Materialien wie Tuschefüller, Schablone, Winkelmesser" versteht. Dazu würden dann auch Bleistift, Kugelschreiber, Papier und Radiergummi gehören. Damit hat Theißen deutlich gemacht, dass man den Begriff „Arbeitsmittel" auch überstrapazieren kann und in dieser weiten Fassung kein tauglicher Begriff ist.

1.5 Präsentation

Es ist nicht nur eine Frage der technischen Möglichkeiten, in welcher Weise Medien im Unterricht präsentiert werden. Vielmehr sollten Überlegungen zur Medienwirkung und Unterrichtsgestaltung die Art der Präsentation entscheidend mitbestimmen. So weist Sturm (1989, S. 33) darauf hin, dass „insbesondere … die ‚Form des Transports der Inhalte/das Wie der Präsentation' Aktionen und Reaktionen beim" Medienempfänger (Schüler) hervorrufen. An anderer Stelle spricht Sturm (S. 37) davon, dass nicht die Inhalte, „sondern die Art und Weise, wie diese Inhalte angeboten werden" das „eigentlich Medienspezifische" sei. Verdeutlichen können dies folgende Überlegungen zum Einsatz eines Bildes. Ein und das gleiche Bild kann in unterschiedlicher Weise präsentiert werden. Dabei kommt jeder Präsentationsform ein pädagogisch eigener Wert zu:

- Papierbild:

  Jeder Schüler bekommt das Bild in die Hand. Am einfachsten geschieht dies, wenn Bilder aus Prospekten oder Schulbüchern verwendet werden. Fremdenverkehrsprospekte oder Reisekataloge können in Klassensätzen besorgt werden und bieten vielfach für den Unterricht sehr gut geeignetes Bildmaterial. Außerdem ist der Freiheitsrahmen größer. Im Erdkundebuch besteht keine Auswahlmöglichkeit.

  Das Papierbild hat den Vorteil, dass die Schüler sich ungestört die Teile des Bildes genau ansehen, die sie interessieren bzw. die die bedeutsamen Informationen bereitstellen. Ein individueller Umgang, der den jeweiligen Interessen und Arbeitsgeschwindigkeiten angepasst ist, ist hier möglich. Einzel-, Partner- oder Gruppenarbeit ist die zugehörige Unterrichtsmethode. Auch mit Arbeitsblättern kann diese Art der Präsentation praktiziert werden.

- Poster:

  Für den Erdkundeunterricht von Bedeutung sind z. B. die Plakate von Fremdenverkehrsorten und Fremdenverkehrsregionen, aber auch die zunehmenden Angebote von Stadtmarketing.

- Projektionsbild:

  Bilder können mithilfe eines Episkops, eines Diaprojektors oder eines Overheadprojektors präsentiert werden. Diesen drei technischen Möglichkeiten ist gemein, dass sie Frontalunterricht bedingen.

  Steht ein Bild als Handabzug in einem Prospekt oder in einem Buch in nur ungenügender Anzahl zur Verfügung, so kann es mithilfe eines Episkops dennoch allen Schülern zugänglich gemacht werden. Die modernen Geräte erlauben es dabei sogar, weitgehend auf eine Verdunkelung des Raumes zu verzichten. Steht für die Vorbereitung des Unterrichtes mehr Zeit zur Verfügung, kann von der Möglichkeit Gebrauch gemacht werden, von dem Bild eine Folie anzufertigen (anfertigen zu lassen).

  Die gebräuchlichste Präsentationsform für Bilder im Erdkundeunterricht ist die Diaprojektion. Der Raum muss nur teilweise abgedunkelt werden. Allerdings haben schon manche Sonnentage in Räumen mit nur dürftiger Gardinenausstattung die Diapräsentation verhindert.

  Die geringsten Aufwendungen bezüglich Verdunklung und auch apparativer Ausstattung sind bei der Folien-Projektion gegeben. Daher gewinnen Bildfolien an großer Bedeutung. Inzwischen erscheint fast jede Nummer der führenden geographie-didaktischen Zeitschriften mit in der Regel sehr guten Bildfolien. Sie dürfen ohne weiteres im Unterricht verwendet werden. Es empfiehlt sich daher, statt der – veralteten – Diatheken in den Schulen „Foliotheken" aufzubauen. Solches ist zu einem erheblichen Teil bereits geschehen.

  Auch Texte, Diagramme, Karten können mithilfe einer Dia- bzw. einer Folienprojektion in den Unterricht eingebracht werden. Da Texte und Diagramme (sofern sie nur schwarz-weiß sind) leicht kopiert und damit als Arbeitspapiere oder auf Folien den Schülern vorgelegt werden können, kann auch hier auf die aufwendige Diaprojektion verzichtet werden. Umso mehr spricht alles für den Aufbau von „Foliotheken".

Literatur

Adl-Amini, B. (1994): Medien und Methoden des Unterrichts. Donauwörth.

Armbruster, B. (1978): Einstieg in den Problemkreis Mediendidaktik über Begriffsdefinitionen. In: Armbruster, B./Hertkorn, O.: Allgemeine Mediendidaktik. Köln.

Birkenhauer, J. (1971): Erdkunde. Eine Didaktik für die Sekundarstufe I. 2 Bde. 4. Aufl. 1975; 5. Aufl. 1980. Düsseldorf.

Brucker, A. (1977): Unterrichtsmedien. In: Haubrich, H. u. a.: Konkrete Didaktik der Geographie. Braunschweig, S. 207.

Brucker, A. (Hrsg.)(1986): Handbuch Medien im Geographie-Unterricht. Düsseldorf.

Brucker, A. (1988): Unterrichtsmedien. In: Haubrich, H. u. a.: Didaktik der Geographie konkret. München, S. 223.

Dichanz, H., Kolb, G. (1974): Mediendidaktik – Entwicklung und Tendenzen. In: Dichanz, H. u. a.: Medien im Unterrichtsprozess. München.

Fick, K. E. (1980): Die Funktion der Medien im Lernzielbestimmten Geographieunterricht. In: *Kreuzer, G.* (Hrsg.): Didaktik des Geographieunterrichtes. Hannover.

Fröhlich, A. (1974): Die auditiven, visuellen und audiovisuellen Unterrichtsmittel. Basel.

Greil, I., Kreuz, A. (1977): Einsatz von Medien im Sachunterricht. In: Pädagogische Welt, S. 247.

Hümmer, G. (1982): Dia und Film im Erdkundeunterricht. In: Schnitzer, A. (Hrsg.): Fachbezogener Medieneinsatz im Unterricht 2. Ein Handbuch für die Praxis. Ansbach, S. 248–271.

Joerger, K. (1976): Einführung in die Lernpsychologie. Freiburg.

Rinschede, G. (1990) Medien. In: Böhn, D. (Hrsg.) Didaktik der Geographie – Begriffe. München.

Schnitzer, A. (1977): Medien im Unterricht. München.

Schnitzer, A. (Hrsg.) (1982): Fachbezogener Medieneinsatz im Unterricht 2. Ein Handbuch für die Praxis. Ansbach.

Stonjek, D. (1988): Medien in der Geographie. In: Geographie und ihre Didaktik, 16. Jg., S. 125–135.

Sturm, H. (1987): Medienwirkungen auf Wahrnehmung, Emotion, Kognition – Eine Grundlage für medienpädagogisches Handeln. In: Issing, L. (Hrsg.): Medienpädogogik im Informationszeitalter. Weinheim, S. 91–115.

Sturm, H. (1989): Medienwirkung – ein Produkt der Beziehungen zwischen Rezipient und Medium. In: Groebel, V. J. u. Winterhoff-Spurk, P. (Hrsg.): Empirische Medienpsychologie. München, S. 33–44.

Sturm, H., von Haebler, R., Helmrich, R. (1972): Medienspezifische Lerneffekte. Eine empirische Studie zu Wirkungen von Fernsehen und Rundfunk. München.

Theißen, U. (1986) : Organisation der Lernprozesse. In: Köck, H. (Hrsg.): Grundlagen des Geographieunterrichts. Köln, 1986 (= Handbuch des Geographieunterrichts, Bd. 1), S. 209–287.

Josef Birkenhauer

2. Forschungen zur Wirksamkeit von Medien

2.1 Allgemeines

Die Erforschung der Wirksamkeit von Medien für die Vermittlung und Aufnahme von Informationen verdankt drei recht unterschiedlichen Forschungsbereichen eine wesentliche Bereicherung der Einsichten über die Formen, durch die Medien ihre Wirkungen ausüben.
Diese drei Bereiche sind:
1. die Gestaltpsychologie,
2. die Wirksamkeit von Werbung,
3. die Wirksamkeit von Massenmedien (Funk, Fernsehen, Zeitungen).

Hinzu treten einzelne gezielte Untersuchungen zu erdkundlichen Medien als vierter Bereich.
Im Folgenden werden die in den vier Bereichen gewonnenen Ergebnisse erstmals zusammenfassend dargestellt, und zwar in der Reihenfolge der obigen Aufzählung.
Bereits 1927 systematisierte Lasswell ein allgemeines Schema der wesentlichen „Stellglieder" bei der Wirksamkeit von Medien. Da dieses Schema bis heute unangefochten geblieben ist, sei es im Folgenden wiedergegeben.

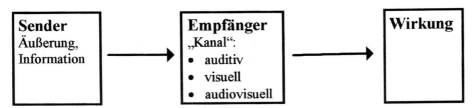

Abb. 7: Stationen bei der Wirksamkeit von Medien (siehe besondere Gestaltung) (nach: Rock und Palmer 1991)

Bevor im Folgenden auf die Medienwirkungsforschung eingegangen wird, ist es notwendig, die Bedeutung und Funktion von Medien zu definieren.
Medien strukturieren das Chaos aller in einem jeden Augenblick aus der gesamten umgebenden Realität eintreffenden Informationen so,
- dass wir uns (geordnete oder vermeintlich geordnete) Bilder machen können,

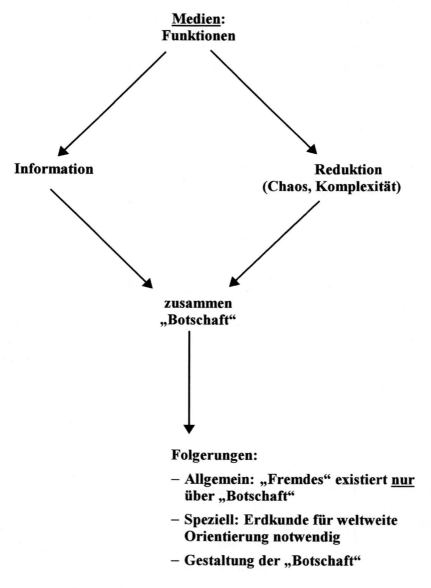

Abb. 8: Die „mediale Raute"
(Entwurf: J. Birkenhauer)

- aber jeweils nicht der gesamten Realität (was unmöglich wäre), sondern jeweils nur von Ausschnitten der Realität.

Wesentliche Aufgabe von Medien ist somit nicht allein die Vermittlung von Informationen als solchen, sondern bereits die Reduktion der chaotischen Komplexität (vgl. Bohn et al. 1988). Solche Reduktion ist nicht als eine nur zusätzliche, additive Funktion von Medien zu betrachten, sondern als eine von integraler Bedeutung.

Diesen Sachverhalt kann man in folgenden Sätzen noch deutlicher formulieren:

1. Ohne Reduktion von Komplexität können Medien keine Wirkung entfalten, kommt ihre „Botschaft" beim Empfänger nicht an.

2. Noch radikaler: Was nicht durch Medien herausgestellt wird, existiert für den (die) Empfänger erst gar nicht.

Zentrum des Mediums ist somit die Gestaltung seiner „Botschaft" (Klöpfer 1987).

Die vorstehend mitgeteilten Ergebnisse sind in Abb. 8 in einer sog. medialen Raute schematisiert.

2.2 Einsichten aus der Gestaltpsychologie

Die Gestaltpsychologie musste sich in den vergangenen Jahrzehnten besonders gegen die Ansichten des Behaviorismus durchsetzen. Für den Behaviorismus ist nämlich die Aufnahme von Informationen eine Folge von Einzelwahrnehmungen, die anschließend zu einer Summe zusammengefasst werden (einzelne Töne zu einer Melodie, einzelne Pixel zu einer Landsat-Szene). Der Behaviorismus glaubte, durch eine Vielzahl von Experimenten diese Art von Informationsaufnahme bewiesen zu haben und warf der Gestaltpsychologie vor, dass sie nur hermeneutisch gearbeitet hätte. Dieser Vorwurf trifft insofern nicht zu, als die Einsichten der Gestaltpsychologie durchaus mit Experimenten belegt werden können.

Gegenüber dem Behaviorismus geht die Gestaltpsychologie von der Leitvorstellung aus, dass eine (geordnete) Gesamtheit immer Vorrang vor den Einzelwahrnehmungen besitzt.

In einer Skizze (Abb. 9), in der z. B. L's und T's in gleicher Richtung angeordnet werden, nimmt das Auge keinerlei Grenzziehung zwischen den L's und T's trotz der Unterschiedlichkeit der Buchstabenformen vor. Erst wenn die Richtung der Buchstaben verändert wird (z. B. die T's in eine schiefe Lage gegenüber den benachbarten T's in gerader Lage gebracht werden), „sieht" das Auge eine deutliche Grenze.

Das Beispiel zeigt: Menschen besitzen ein visuelles System (System heißt hier: Zusammenhang von Sehen, Aufnehmen, Verarbeiten). Dieses visuelle System ist entstanden als Summe aller vorher gemachten Erfahrungen (ganz im Sinne der Forschungen Piagets und seiner Mitarbeiter), wobei aufgrund dieser Summe der einzelne Mensch gelernt hat Teile sozusagen „automatisch" zu Ganzheiten zusammenzufassen und damit die chaotische Komplexität zu reduzieren. (Bekanntlich ist es eines der Hauptprobleme bei der Erzeugung sog. künstlicher Intelligenz, genau diese Fähigkeit zur Informationsverarbeitung dem

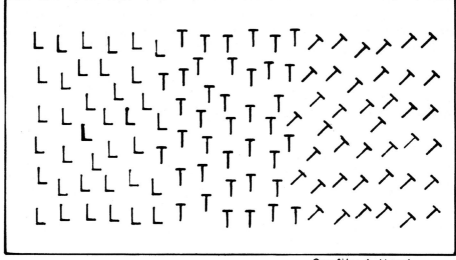

Grafik: A. Kyral

Abb. 9: Bedeutung der Richtungsänderung von Elementen in umfassenderen Strukturen

künstlichen System „beizubringen". Bisher sind noch sämtliche Ansätze daran gescheitert, dass man die Verarbeitung von Informationen zu visuellen Systemen im menschlichen Gehirn nicht simulieren kann).
Die Forschungen der Gestaltpsychologen haben erbracht, dass es für die Zusammenfassung zu Ganzheiten ganz bestimmte Regeln gibt, nach denen das menschliche Gehirn gelernt hat Gruppierungen vorzunehmen. Solche Regeln oder gar Gesetzmäßigkeiten sind:
1. die Erfassung von Ähnlichkeiten,
2. die Erfassung geschlossener Umrisse,
3. das Sehen von Anordnungen und deren Fortsetzungen in gleicher Richtung,
4. das Trennen von Figur und Hintergrund,
5. das Prinzip der Prägnanz.

Beispielhaft seien die Regeln verdeutlicht.
Ähnlichkeit, räumliche Nähe: ..oo..oo..
Umriss: < > < > < >
Fortsetzung: siehe die beiden vorherigen Beispiele
Gemeinsamkeit: (..) (..) (..)
Zusammenhang: o–o o–o o–o
Diese Gesetzmäßigkeiten wurden bereits von Wertheimer (1880–1943) und nach ihm von Rubin (1915) formuliert. Sie sind in zahlreichen Experimenten erhärtet worden. Die Experimente kann jeder anhand der obigen Beispiele an sich selbst überprüfen.

Was nun das Prinzip der Prägnanz betrifft, so besagt es Folgendes:
Der Betrachter neigt dazu, jene jeweils einfachsten, symmetrischsten Gestalten wahrzunehmen, die mit den gegebenen Informationen am ehesten vereinbar sind. (nach: Rock und Palmer 1991. Vgl. dazu auch Abb. 9)

2.3 Die Wirksamkeit der Werbung

Gerade die Werbung ist darauf angewiesen, solche Vereinfachungen vorzunehmen, damit das Auge (das Ohr) schnellstens die „Botschaft" aufnehmen kann. Werbung muss somit von vornherein die überhaupt größtmögliche Reduktion vornehmen.
Nach Salzmann (1985) stehen solcher Reduktion teils bestimmte Schwierigkeiten entgegen, teils sind bestimmte Notwendigkeiten zu beachten. Insgesamt arbeitet Salzmann sechs Kriterien heraus. Diese sind:
– Reduktion der Fülle,
– Reduktion der Verflechtungen der Informationen untereinander ohne aber eine letzte für das Verständnis notwendige Verflechtung fallen zu lassen,
– die Tatsache der Mehrschichtigkeit aller Konnotationen (vgl. z. B. die Assoziationen, die allein die Nennung des Wortes "Stau" auszulösen vermag) und damit die Akzentuierung möglichst nur einer Bedeutung,
– die Überwindung von Abstraktheit und Unanschaulichkeit,
– ein fehlender Bezug zur augenblicklichen Verwendungssituation (z. B. aufgrund der geschichtlichen Abgeschlossenheit eines Sachverhalts),
– eine zu starke Dynamik von Vorgängen.

Lösungen der Problematik, die aus der Gestaltung von Werbung gewonnen worden sind, hat Fleming (1975) zusammengefasst. Aus seinen umfangreichen Ausführungen seien sieben Gestaltungshinweise als beherzigenswert herausgegriffen.
1. Eine gute Gliederung ist notwendig um Bezugspunkte zu einem schnellen Erfassen der wesentlichen Merkmale anzubieten.
2. Aus demselben Grund sollte die Aussage symbolisch-ikonisch gestaltet sein.
3. Das jeweils Neue (Überraschende) einer „Botschaft" ist umso wirkungsvoller, je stärker es einen Kontrast zum bereits Bekannten bildet (Dissonanzeffekt: s. u.).
4. Eine Grafik sollte von deutlicher Linearität bestimmt sein (Betonung der Vertikalen und der Horizontalen) um ein schnelles Erfassen zu ermöglichen.
5. Gruppierungen von Merkmalen erleichtern die Aufnahme besonders dann, wenn die Merkmale eine durchgehende Gleichartigkeit aufweisen (siehe die Beispiele unter 2.1)
6. Prägnante Umrisse sind wichtig.
7. Grafische Gestaltungen müssen eine klare Tiefendimension besitzen.

Eine Reihe der vorstehenden Aussagen erscheinen als selbstverständlich. Dass sie diese Selbstverständlichkeit besitzen, ist nicht ein Einwand gegen sie, sondern ein weiterer Hinweis darauf, wie bedeutsam sie sind. Hinzu kommt, dass sie nicht nur als intuitiv selbstverständlich erscheinen, sondern als empirisch überprüft.

Trotz aller solcher Selbstverständlichkeiten ist festzuhalten, dass es keine Patentrezepte für die optimale Gestaltung von Informationen gibt, Rezepte, die immer und überall gültig sind. Diese generelle, etwas enttäuschende Aussage wird bestätigt durch Boeckmann und Heymen (1990, S. 19), die zusätzlich darauf verweisen, dass es bisher nicht möglich war, solche immer gültigen Rezepte zu finden, obwohl gerade zu dieser Absicht viele einschlägige und gezielte Forschungen vorgenommen worden sind.

2.4 Die Bedeutsamkeit der Massenmedien

Die Aufnahme von Mitteilungen aus Medien ist generell abhängig davon, auf welche individuellen Einstellungen sie treffen. Diese persönlichen Einstellungen bilden einen Komplex jeweiliger kognitiver und emotionaler Elemente (sog. individueller Komplex).

Je nach Art dieses Komplexes ist die Bereitschaft, Informationen bestimmter Art zu akzeptieren, höher oder niedriger.

Solche Akeptanz ist abhängig insbesondere von fünf Variablen, die sich dafür als bedeutsam herausgestellt haben. Diese sind:

1. Intelligenz- und Bildungsniveau (I/B)

    Davon ist z. B. abhängig, welchen „Kanal" man bevorzugt und welche Art der Argumentation.

    - „Kanal": Bei höherem I/B werden Textmedien bevorzugt, bei niedrigem das Fernsehen.
    - Argumentation: Bei höherem I/B wird die Präsentation von Argument und Gegenargument bevorzugt, ist das I/B niedriger, erweist sich als erfolgreich:
      - eine einseitige Argumentation,
      - die explizite Darlegung einer bestimmten Schlussfolgerung,
      - eine (scheinbar) hohe Glaubwürdigkeit des Informanten bzw. des Informationssystems.

2. Korrespondenz von verbaler Mitteilung und Illustration

    Bei guter Korrespondenz ist nicht nur die Akzeptanz gut, sondern es werden auch hohe Behaltens- und Verstehenswerte erreicht. Genau umgekehrt ist es bei schlechter Korrespondenz.

3. Tempo

    Bei schnell wechselnden Einstellungen eines Filmes wird aus dem Film nur

eine allgemein-emotionale Botschaft aufgenommen. Die Botschaft als solche bleibt über längere Zeit hin stabil erhalten, auch wenn die Einzelheiten ihrer Gestaltung völlig vergessen werden (Sturm 1987, S. 101).
Der Text dagegen profitiert von dem individuellen Tempo, mit dem er gelesen werden kann.

4. Individuelle Interessen
Die Akzeptierbarkeit von Informationen ist umso höher, je mehr die Mitteilung dem „individuellen Komplex" (s. o.) entspricht. Individuen fühlen sich z. B. gestört durch Mitteilungen, die im Kontext ihres Komplexes „fremd" sind, somit sog. Dissonanzen zwischen Mitteilung und Komplex bilden. Individuen neigen daher dazu, solche Informationen nicht aufzunehmen, die entweder dissonant sind oder gar diese Dissonanz noch verstärken.
Hier besteht allerdings auch ein Zusammenhang mit I/B (s. o.). Ist I/B geringer, so neigt das Individuum dazu, jede Art von Dissonanz zu vermeiden. Ist I/B höher, dann führt zwar eine Dissonanz auch zu einer Beunruhigung. Diese aber kann auch zu größerer Neugier führen, den Sachverhalt besser kennen lernen zu wollen.

5. Vorstrukturierung der Mitteilung
Durch „advanced organisers" („Wir werden uns im Folgenden mit fünf Merkmalen von Industrieballungen beschäftigen") wird die Aufmerksamkeit von vornherein auf bestimmte Strukturen einer Botschaft gelenkt (vgl. „Aufmerker", Birkenhauer 1993).
Die vorstehenden Ergebnisse der Medienwirkungsforschung wurden hier zusammengefasst nach Schenk (1987, S. 36–143).

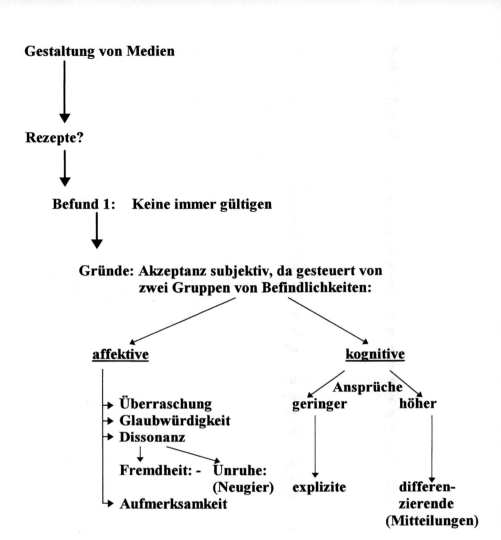

Abb. 10a: Gestaltungsprinzipien von Medien: Befund 1
(Entwurf: J. Birkenhauer)

Die mitgeteilten Ergebnisse bestätigen einerseits die Untersuchungsergebnisse von Kraatz (1994) zur Wirksamkeit von erdkundlichen Schulfilmen, andererseits die immer wieder vorgetragenen Forderungen Unterricht und Medien im Horizont der Interessen und Bedürfnisse der Schüler zu gestalten.

Ein besonderes Problem bei der Wirkungsforschung der Massenmedien ist das Phänomen, das als „agenda-setting" bezeichnet wird. Darunter versteht man die Wirksamkeit von Nachrichten, in den Empfängern eine bestimmte „Tagesordnung" (=agenda) der Themen und ihrer Bedeutsamkeit, sozusagen also deren „Hit-Liste", zu bestimmen und damit auch den Bedeutungsrang von The-

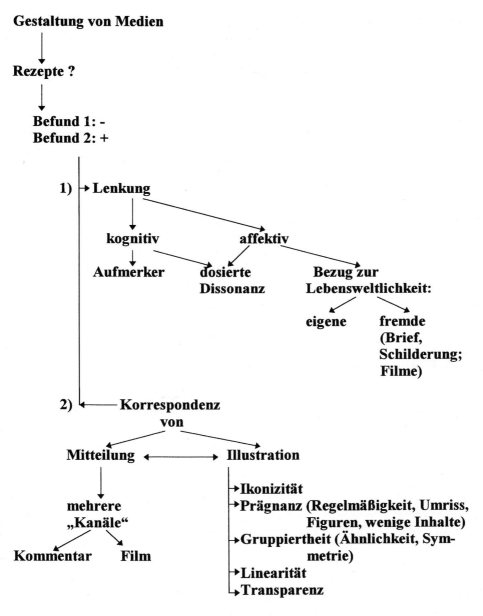

Abb. 10b: Gestaltungsprinzipien von Medien: Befund 2
(Entwurf: J. Birkenhauer)

men im sog. öffentlichen Bewusstsein festzulegen, wie z. B. das Problembewusstsein bei Energie- und Umweltfragen.
Die Ergebnisse der Studien hierzu fasste Schenk (1988) zusammen. Er stellt hinsichtlich der unterschiedlichen Wirksamkeit von Pressemedien und Fernse-

hen Folgendes heraus: Tageszeitungen bestimmen die Themen der öffentlichen Diskussion früher als das Fernsehen. Ihnen kommt somit die Führungsrolle zu. Außerdem können sie öffentlich gewordene Ereignisse systematischer und über einen längeren Zeitraum verfolgen. Das Fernsehen dagegen ist stärker auf schlaglichtartige Kurzfristigkeit angelegt. Doch kann dem Charakter des Schlaglichtes gerade während der Durchsetzungsphase eines Themas große Bedeutung zukommen.

Um aus einer zunächst nur veröffentlichten Meinung die sog. öffentliche Meinung zu machen, spielen also beide Medienarten gewissermaßen zusammen. Entscheidend für die „Karriere" eines Themas ist aber auch hier, wie stark es im Publikum eine persönliche Betroffenheit auslösen kann. Ferner ist die Wirkung der Medien dann besonders groß, wenn zum jeweiligen Thema keine unmittelbaren, direkten Erfahrungen in der Bevölkerung bestehen, die Bevölkerung also extrem von den Medien abhängig ist. „Je mehr wir (indessen: Vf.) vermittelte Informationen durch eigene Kenntnisse kontrollieren können, desto stärker schlägt diese Kontrolle durch" (Schenk 1988, 43).

Hier liegt also die große Bedeutung eines sich weltweit orientierenden Erdkundeunterrichts und seiner entsprechend konzipierten Medien.

2.5 Medien, Gedächtnis und Unterricht

Unter dieser Überschrift sind Ergebnisse von Untersuchungen zusammengefasst, die schon länger bekannt sind und in verschiedene geographiedidaktische Handbücher Eingang gefunden haben. Um der Systematik willen werden sie hier ebenfalls berücksichtigt.

Bei diesen Untersuchungen ging es um das Zusammenspiel verschiedener Medien und „Kanäle" im Hinblick auf die erzielten Behaltenswerte bzw. im Hinblick auf die Effektivität des Unterrichts.

Ruprecht (1970, S. 78) setzte die Effektivität des konventionellen Unterrichtes (d. h. eines Unterrichtes der nur verbal war) als Bezugsgröße mit 100 % an. Die Verwendung von bestimmten Medien im Hinblick auf eine Verbesserung der Effektivität durch das jeweilige Medium wurde als Beziehung zu den 100 % berechnet. Es ergaben sich folgende Werte:

mit Tonband	112,7
mit Textvorlage	112,8
mit Film	121,3
mit Tonband und Text	138,9
mit Film und Text	146,1

Dieses Ergebnis belegt die Auffassung, dass die Effektivität umso höher ist, 1. je mehr „Kanäle" (Auge, Ohr) beteiligt werden und 2. je strukturierter ein Medium ist.

Die Effektivität wird allerdings noch größer, wenn das Selbsttun dazukommt. Diese Aussage stützt sich auf die Darstellung von Köhler (1975, S. 83). Ihm zufolge ergaben sich folgende Ränge hinsichtlich des Behaltenswertes aufgenommener Informationen in Bezug auf ein Medium bzw. auf eine Tätigkeit (%-Werte abgerundet):

- Lesen eines Textes   10 %
- Hören einer Mitteilung   20 %
- Sehen einer originalen Situation   30 %
- Sehen und Hören   50 %
- Selbst etwas Vortragen   70 %
- Selbst etwas Ausführen   90 %

Somit lohnt es sich, originale Gegenstände im Erdkundeunterricht zu verwenden, konkrete Modelle im Sandkasten zu gestalten, die Grundzüge des deutschen Flussnetzes zeichnen zu lassen (u. dgl.).

2.6 Konsequenzen für die Erstellung und Beurteilung erdkundlicher Medien

Welche Konsequenzen ergeben sich aus den im Vorausgehenden systematisch dargestellten Ergebnissen sowohl pädagogischer als auch kommunikationswissenschaftlicher Untersuchungen? Einige Konsequenzen wurden schon genannt. Im Folgenden sollen die Konsequenzen indessen systematischer zusammengestellt werden.

Eine Systematisierung wird herzustellen versucht, indem vom Zweck und der Funktion von Medien ausgegangen wird und sodann die wesentlichen Kriterien bezeichnet werden, die notwendig sind um Zweck und Funktion zu gewährleisten. Als solche wesentlichen Kriterien sind in der Reihenfolge ihrer Bedeutung zu nennen:
1. Strukturierung der Information,
2. Gestaltung der Information,
3. Konturierung der Information.

Jedem dieser drei Punkte werden sog. Umsetzungsweisen zugeordnet, d. h. Verfahren, durch die z. B. die allgemeine Vorgabe „Strukturierung" konkretisiert (operationalisiert) werden kann. Nach Möglichkeit werden zu jedem Punkt erdkundliche Beispiele genannt.
Auf jeden Fall werden durch eine solche Systematisierung erstmals Kriterien für die optimale Gestaltung von Medien an die Hand gegeben.

1. **Medienzweck:** Vermittlung von Informationen
   Funktion: Reduzierung von Chaos
                 Übermittlung sinnvoller Botschaften
                 Ordnung solcher Botschaften

2. Erfüllen von Zweck und Funktion über

2.1 **Strukturierung**
   Strukturierung erfolgt durch
   Erfassen von Ähnlichkeiten, z. B. über
   • Gruppierungen, etwa nach
     – Ähnlichkeitswerten
     – durchgehenden Merkmalen der Gleichartigkeit
   • Anordnung und Fortsetzung in gleicher Richtung
     Beispiele: Einwohnerdichte, BSP/Einw., Stockwerkschichtung von Wäldern der Mittelbreiten, der Savannen, des tropischen Regenwaldes
2.2 Vermittlung der jeweils
   • einfachsten
   • regelmäßigsten
   • symmetrischsten
   Gestalt
   Beispiele: Sechseckschema zentraler Orte; mathematische Zonierung der Erde
2.3 Ermöglichen der Erfassung geschlossener Umrisse
2.4 Ermöglichen der Erfassung von Grenzen zwischen Fließ- und Anordnungsrichtungen
2.5 Ausgeprägte Linearität
   Beispiele: Skizzen, Diagramme
2.6 Prägnante ikonische Gestaltung
   Beispiel: Walzwerk durch „Brett" (= Bramme) zwischen zwei „Kreisen" (= Walzen)
2.7 Deutliche Tiefendimension
   Beispiele: Fotos von Landschaften, Skizzen

2.2 **Gestaltung** durch

1. Figur auf Grund – Superpositionen (deutliche Gestaffeltheit, z. B. seitlich hintereinander versetzt)
2. Übereinstimmung von Mitteilung und Illustration
   Beispiel: Beschreibung der Funktionsviertel einer amerikanischen Stadt – Illustration an einem Querschnitt
3. Vermeiden oder Verstärken von Dissonanzeffekten
   Beispiel: Karikaturen
4. Kontrastieren des Neuen mit dem Bekanntem
   Beispiele: Karikaturen; Bild- und Kartenmontagen

2.3 **Konturierung** über

1. Sichtbarmachen von Verflechtungen und Mehrschichtigkeiten
   Beispiele: Kausalprofile, Landschaftsquerschnitte
2. Sichtbarmachen von Unanschaulichem, schwer Zugänglichem
   Beispiele: Plattentektonische Profile, Querschnitt durch die Fronten eines Tiefs
3. Sichtbarmachen von Dynamik und Prozess
   Beispiele: Spiralen der negativen oder positiven Selbstverstärkung (Bildung von Gettos, Verkarstung); Flussdiagramme (integriertes Hüttenwerk), Produktstammbäume (z. B. Molkereiprodukte), Diagramm des demographischen Übergangs
4. „Aufmerker" (advanced organisers)
   Beispiel: Auswertung einer Karte der Verteilung der mittleren jährlichen Niederschläge in Europa nach Luv und Lee – gezielter Vergleich mit der physischen Karte
5. Ansprechen mehrerer „Kanäle" über
   – einen Text mit Informationen über den gedanklichen Zusammenhang
   – einem visuellem Medium
   Beispiel: Gliederung einer nordamerikanischen Stadt
6. Vermittlung authentischer Lebenswelt
   Beispiele: Brief, Erlebnisbericht, Tagebuch zu einem
   Besuch in London, Paris, New York (Informationen über die Atmosphäre und Merkmale von Metropolen)

Als verdeutlichende Beispiele werden die Abbildungen 11 und 12 herangezogen.

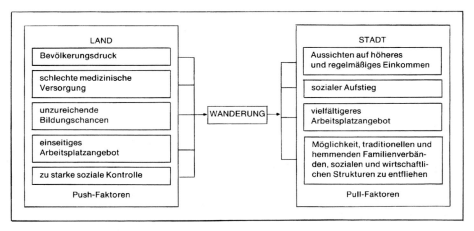

Abb. 11: **Pull- und Push-Faktoren der Land-Stadt-Wanderung (Landflucht) in Entwicklungsländer**
(aus: Brucker, A. (Hrsg.): Orbis. Dritte Welt. München 1990.)

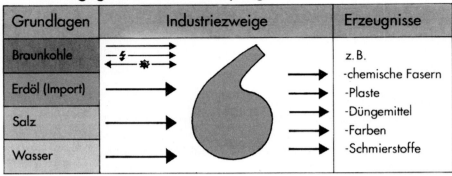

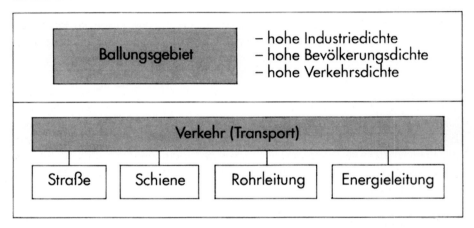

Abb. 12: Im Ballungsgebiet Halle – Leipzig
(aus : Ludwig Barth/Ambros Brucker: Merkbilder im Geographieunterricht. 2. Auflage 1995, S. 49. © Volk und Wissen Verlag GmbH, Berlin.)

2.7 Wirksamkeit von Medien im Erdkundeunterricht

Zunächst wird auf die Ergebnisse einer allgemeineren Untersuchung eingegangen. Diese Untersuchung wurde von Krämer (1991) ausgeführt. Sein Ziel war es herauszufinden, welche „Medien" Schüler einer 9. Klasse als wichtig oder weniger wichtig im Hinblick auf die Gewinnung von Informationen ansehen. Gefragt wurde nach den Präferenzen hinsichtlich der Freunde, der Lehrer, der Schulbücher, der Eltern, des Fernsehens und des Radios. Alle individuell ermittelten Werte wurden für alle Schüler addiert und anschließend auf einer Rangskala gemittelt. (Je höher der Zahlenwert, umso größer die Bedeutung als Informationsquelle für die Schüler.)

Das Ergebnis sieht folgendermaßen aus:

Freunde	2.4
Lehrer	2.2
Schulbücher	2.1
Eltern	2.0
Fernsehen	2.0
Radio	1.7

(Krämer, 1991, S. 82)
Eine Kommentierung erübrigt sich.

Was eine gezielte Wirkungsforschung hinsichtlich erkundlicher Medien betrifft, so liegen bisher relativ wenige Untersuchungen vor. Sie decken weder die erdkundliche Medienvielfalt ab, noch ergeben sie ein Gesamtbild. Dennoch ist jede einzelne von ihnen wegen der empirischen Befunde wertvoll. Daher werden im Folgenden eine Reihe von Beispielen teils knapp, teils ausführlicher vorgestellt.

Schulbücher
Mit den Kriterien für die Beurteilung beschäftigten sich Volkmann 1976 und 1984, Sperling und Closs 1978.
Gezielte Vorschläge zur Verbesserung von Schulbüchern machte Niemz 1978 und 1984. Er verwies auch auf die überragende Rolle, die Schulbücher für die Auswahl der Lerninhalte durch die Lehrer besitzen. (Vgl. das Ergebnis von Krämer 1991.)

Karten und Skizzen
Schrettenbrunner (1976) belegte minutiös, welche großen Schwierigkeiten die topographische Karte 1 : 25000 tatsächlich Schülern der 5., 6., 7. Jahrgangsstufen bereitet.
Hahn (1982) zeigte auf, welche Bedeutung Kartenskizzen besitzen (s. o.: Strukturierung, Konturierung).

Schulfunk, Schulfernsehen
Bürvenich (1977) beurteilte den Lernzuwachs durch das Schulfernsehen als gering; wesentlich besser schnitten strukturierte schriftliche Mitteilungen ab.

Film
Kraatz (1994) wies anhand eines Vergleichs des älteren und des jüngeren Oasen-Films (FWU) nach, dass das Bild-Kommentar-Verhältnis entscheidend für die Brauchbarkeit eines Films ist.
Abträglich wirken sich aus: zu hohe Informationsdichte im Kommentar, zu schnelle und daher oberflächliche Informationen, ein zu breiter Kommentar, das Auseinanderklaffen von visueller Darstellung und Kommentar. Er macht begründete Vorschläge zur Gestaltung von Erdkundefilmen (sog. Film- „Grammatik").

Bild

Mit der optimalen Gestaltung von Bildern (Fotos, Dias) bzw. einer entsprechenden Auswahl von Bildern nach solchen Kriterien hat sich Stonjek (1993) gründlich auseinander gesetzt.

Nach Kaminske (1993) ist der kognitive Wert von Bildern (Fotos) gering. Ohne eine gezielte Anleitung durch den Erdkundelehrer werden die Inhalte kaum ausgeschöpft. Sie eignen sich daher eher für Motivation und Ergänzung der Anschauung.

Birkenhauer (1985/86) stellt heraus, dass den Schülern die Arbeit an Bildern dann am besten gelingt, wenn diese klar gegliedert sind und nur wenige, einprägsame Sachverhalte wiedergeben.

Er beschäftigte sich auch mit der Motivationswirkung bestimmter Landschaftsfotos. So besitzen Alpenlandschaften sowie Flusslandschaften aus den Mittelgebirgen einen hohen „Appeal". Bilder dagegen, die eine starke Zersiedlung zeigen, werden als unästhetisch abgelehnt. Je „negativer" bzw. krasser aber der Sachverhalt ist, umso mehr regt er zu spontanen Äußerungen und zur Auseinandersetzung an (s. o.: Dissonanzeffekt).

Positive Äußerungen zu Landschaften werden weniger von objektiven Kriterien geleitet, d. h. nach dem „An-sich-Aspekt", als vielmehr nach dem „Für-mich-Aspekt", wie z. B. „was man in der Freizeit in solcher Landschaft tun oder nicht tun kann".

Birkenhauer stellte ferner heraus, dass ein entwicklungspsychologischer Aspekt für den Einsatz von Bildern sehr bedeutsam ist. Dieser Aspekt ist der Unterschied von kindlichem Sehen und dem Sehen des Erwachsenen. Das kindliche Sehen hält an bis zum Alter von etwa 14 Jahren. Der „kindliche" Schüler ist auf auffällige und leicht erfassbare Details aus, keinesfalls aber auf das Erfassen des Bildzusammenhangs . Der „erwachsene Schüler" (hier ab etwa 14 Jahren) geht dagegen vom Gesamtbild aus und bevorzugt daher als Bild zuerst einen Überblick. Frank (1992) berichtete von Überprüfungen, die diese Auffassung bestätigen.

Texte

Kaminske (1993) konnte belegen, dass strukturierte Texte (insbesondere die von ihm sog. Kausalbeschreibungen) einen hohen kognitiven Wert besitzen, und zwar durchgehend von Kl. 5 bis 13.

Unstrukturierte und nur beschreibende Texte sind, je älter die Schüler sind, umso weniger für die Vermittlung von Informationen geeignet.

Grafiken, Diagramme

Nach Kaminske (1993) erzielen Grafiken in allen Klassenstufen gute Resultate, da sie Anschaulichkeit mit Vereinfachung verbinden.

Dagegen gelingt die optimale Auswertung von Diagrammen erst in den Klassen 11, 12 und 13. In allen Klassenstufen ist gerade bei Diagrammen eine sorgfältige Arbeit mit Unterstützung durch den Lehrer notwendig.

Literatur

Birkenhauer, J. (1985/1986): Landschaftsbewertung und perspektivisches Sehen. In: Geographie und ihre Didaktik, Teil I: 13. Jg., S. 169 ff., Teil II: 14. Jg., S. 14 ff.

Birkenhauer, J. (1992): „Aufmerker". In: Zeitschr. f. d. Erdkundeunterricht, S. 420 ff.

Boeckmann, K., Heymen, N. (1990): Unterrichtsmedien selbst gestalten. Neuwied.

Bohn, R., Müller, E., Ruppert. R. (Hrsg.) (1988): Ansichten einer künftigen Medienwissenschaft. Berlin.

Bürvenich, H. (1977): Schulfernsehen und Geographieunterricht. Diss. Bonn.

Fleming, M. L.(1975): Wahrnehmungsprinzipien für das Entwerfen von Lehrmaterial. AV-Forschung, 13, S. 7–75.

Hahn, R. (1982): Wie dicht sind Orientierungsraster und womit sind sie gefüllt? Dt. Schulgeographentag Basel, Tagungsband, S. 300 ff.

Kaminske, V. (1993): Überlegungen und Untersuchungen zur Komplexität von Begriffen im Erdkundeunterricht. München. Stud. z. Did. d. Geogr., Bd. 4, München.

Klöpfer, R. (1987): Sympraxis. In: Uniker-Scheck, J., Scheck, T. A. (Hrsg.): Marketing and signs. Berlin.

Köhler, F. (1975): Zur Konzeption eines audiovisuellen Unterrichtsraumes. In: Medien im Lehr- und Lernprozess. Stuttgart.

Köhler, W. (1924): Die physischen Gestalten in Ruhe und im stationären Zustand. Erlangen.

Kraatz, T. (1994): Empirische Analyse erdkundlicher Unterrichtsfilme. Münchn. Stud. z. Did. d. Geogr., Bd. 5. München.

Krämer, F. (1991): Das Schulbuch im Geographieunterricht. GuiD, 19, S. 70 f.

Niemz, G. (1978): Die Evaluierung geographischer Curricula – realistische Möglichkeiten. In: Hoffmann/Ernst (Hrsg.) Geographie für die Schule, S. 92 ff. Braunschweig.

Niemz, G. (1984): Zur Realität des geographischen Unterrichts. Frankfurter Beitr. z. Geogr., H. 7. Frankfurt.

Rock, I., Palmer, S. (1991): Das Vermächtnis der Gestaltpsychologie In: Spektrum d. Wiss., 1991, H. 2 (Feb.), S. 68 ff.

Ruprecht, H. (1970): Lehren und Lernen mit Filmen. Bad Heilbrunn.

Salzmann, W. (1985): Didaktische Reduktion als Auftrag für die Mediengestaltung und Kriterium für die Medienauswertung. In: Stonjek, D. (Hrsg.) Massenmedien im Erdkundeunterricht. = Geographiedidaktische Forschungen, Bd. 14. Braunschweig.

Schenck, M. (1987): Medienwirkungsforschung. Tübingen.

Schenck, M. (1988): Agenda-Setting: zur Wirkung der Massenmedien. In: Spektr. d. Wissensch., H. 6 (Juni), S. 42 ff.

Schramke, W. (1982) Medien. In: Metzler Handbuch für den Geographieunterricht. Stuttgart, S. 196 ff.

Schrettenbrunner, H. (1978) Konstruktion und Ergebnisse eines Tests zum Kartenlesen. In: Der Erdkundeunterricht, H. 28, S. 60 ff.

Sperling, W., Closs, H.-M. (1978): Das Geographie-Lehrbuch. In: Hefte z. Fachdid. Geogr., H. 2, S. 3 ff.

Stonjek, D. (1978): Wirksamkeit des Schulfunks im Geographieunterricht. Dt. Geogr.tag Mainz, Verh.-bd. Wiesbaden, S. 695 ff.

Stonjek, D. (1993): Die kritische Auswahl von Bildern für den Erdkundeunterricht. Prax. Geogr., H. 7/8, S. 67 f.

Sturm, H. (1987): Medienwirkung auf Wahrnehmung, Emotion, Kognition. In: Issing, L. J. (Hrsg.) Medienpädagogik im Informationszeitalter. Weinheim, S. 91 f.

Volkmann, H. (1976): Lehrwerke für den Geographieunterricht. In: G. R., 28, S. 242 ff.

Volkmann, H. (1984): Learner activities promoted by West German Geography text-books. In: Haubrich, H. (Hrsg.): Perception of people and places through media, vol. 2. Freiburg, p. 631 ff.

Wertheimer, M. (1925): Drei Abhandlungen zur Gestalttheorie. Erlangen.

3. Erdkundliche Medien: Einzelbetrachtung

Vorbemerkung
Wie in Kapitel 1 begründet, sind Medien definiert als Träger von Informationen. Geographiedidaktische Medien werden daher ebenfalls genutzt, um Informationen zur Verfügung zu halten. Darüber hinaus werden sie häufig gebraucht, um sich Informationen selbstständig zu erarbeiten. Sie werden somit als Arbeitsmittel verwendet. Wie eben ausgeführt, ist eine solche Verwendung jedoch kein terminologischer Widerspruch. Denn es geht ja jeweils um die Gewinnung von einschlägigen Informationen. Bei der Beschreibung der einzelnen Medien in den folgenden Abschnitten wird daher auf ihren Charakter als Arbeitsmittel häufig ebenfalls reflektiert.

Josef Birkenhauer

3.1 Originale Gegenstände

Es handelt sich bei diesen Gegenständen um Handstücke von Gesteinen und Erzen, um Früchte und Pflanzenteile, auch um Produkte. Sie liegen in der originalen Form vor und im originalen Material in ihren ursprünglichen Farben und Zusammensetzungen.
Ihr Zweck besteht besonders in zwei Möglichkeiten:
1. Jeder kann sie in die Hand nehmen und von allen Seiten fühlen und betrachten. D. h. sie dienen der unmittelbaren Anschaulichkeit.
2. Sie sind die unmittelbaren Stellvertreter eines fernen Sachverhaltes, der auf diese Weise in den Unterricht hereingeholt werden kann. Das heißt: Sie helfen den bloßen und öden Verbalismus unanschaulichen Dozierens zu vermeiden.

Die Frage ist: Sind solche originalen Gegenstände wirklich im eigentlichen Sinn Medien zuzuordnen oder sind sie nicht eine völlig eigene Klasse?
Die Antwort muss lauten: Sofern sie Informationen vermitteln, erfüllen sie den Zweck eines jeden Mediums. In diesem Sinne ist ja auch ein Experte, den wir einladen, am Unterrichtsgeschehen, an der Darbietung teilzunehmen und sein Wissen im Gespräch weiterzugeben, ein Medium.
Wesentliche Voraussetzung für den Gebrauch originaler Gegenstände ist ihre Handlichkeit. Dann bieten sie dem Schüler die Möglichkeit den oben definierten Zweck für ihn zu erfüllen.
Wie wenige andere Medien – von den konkreten Modellen abgesehen – sprechen sie direkt mehrere Sinne an: Sehen, Fühlen, Tasten, Halten, Riechen.

Daher sind auch keine besonderen Fähigkeiten oder Fertigkeiten der Schüler erforderlich. Doch sind zwei allgemeine Fähigkeiten notwendig: nämlich die Fähigkeit zur genaueren Beobachtung und die Fähigkeit zur angemessenen sprachlichen Beschreibung. Sind diese Fähigkeiten wenig ausgebildet, bieten die originalen Gegenstände eine hervorragende Möglichkeit, sie zu üben und auszubilden und damit allgemeine Qualifikationen auch für das Leben außerhalb der Schule zu erwerben und zu trainieren.

Jene Schüler, die sich in konkreten Sachverhalten besser zu Hause fühlen, werden durch die originalen Gegenstände in einer ihnen gemäßen Situation „abgeholt". Jene Schüler aber, die eher an einer gedanklich-verbalen Welt orientiert sind, werden solche Begegnung ebenfalls als Gewinn erfahren.

Das heißt: bei dem Gebrauch originaler Gegenstände im Unterricht gibt es keine besonderen Probleme. Empirische Untersuchungen dazu liegen jedenfalls nicht vor.

Unsere geographiedidaktischen Kenntnisse beruhen auf den reflektierten Erfahrungen, die jeder Lehrer immer wieder in derselben Weise machen kann. Das „immer wieder" bedeutet: solche Erfahrungen können vorerst als bestätigt gelten.

Diese Erfahrungen betreffen u. a. auch: einmal die Stufengemäßheit, ein andermal den didaktischen Ort der Verwendung.

Zur Stufengemäßheit gilt, dass Schüler bis in die 8. Jahrgangsstufe hinein mit Sicherheit durch originale Gegenstände animiert werden, indem sie zu Aha-Effekten führen. Nach diesem Alter beginnt bei vielen Schülern eine stärkere formal-abstrakte Phase. Doch auch solchen Schülern können Aha-Erlebnisse vermittelt werden. Haben sie z. B. noch nie rohes Erdöl kennen gelernt, wird es höchste Zeit, dass sie an einer Probe riechen und den Finger herumrührend hineinstecken können. Selbst Studenten geht im wahrsten Sinne des Wortes noch ein Licht auf, wenn man sie eine Prise Ton und eine Prise Löss schmecken und Sand und Löss zwischen den Fingerkuppen zerreiben lässt. Bei solchem Tun erfahren wir hautnah die Unterschiede der Materialien und gewinnen über sie klassifizierende Informationen.

Mit diesen Beispielen ist bereits ausgedrückt, unter welchen Umständen der Gewinn von Informationen durch originale Gegenstände am fruchtbarsten ist. Es sind besonders zwei Umstände: einmal der Überraschungseffekt, der ein Aha-Erlebnis auslöst, ein andermal das Vergleichen.

Gerade im Vergleichen zweier Gegenstände werden auch die allgemeinen, oben genannten Fähigkeiten trainiert: Beobachten und Beschreiben. Eignen sich die Gegenstände zum Abzeichnen, wird dadurch erst recht das genaue Beobachten geschult. Z. B. sollte im Unterricht nicht über „Faltung" und „Faltengebirge" bloß verbal-begrifflich gesprochen werden, sondern es sollte vorher ein Gesteinsstück mit Fältelung in die Hand genommen und gezeichnet werden. Erst beim genaueren Hinsehen, das gerade aus dem Zeichnen herrührt, wird die besondere Textur des Gesteins erkannt.

Im Rahmen einer Unterrichtseinheit gibt es zwei didaktische Orte für den Gebrauch originaler Gegenstände: einmal die Motivationsphase, ein andermal die Erarbeitungsphase.

In der Motivationsphase werden Gegenstände verwendet, um einen fernen Ort ins Klassenzimmer zu holen. Der Gegenstand ist also der Stellvertreter des fernen Ortes. Zu Beginn einer Unterrichtseinheit über Japan stellt man einen Walkman mit der Aufschrift „Sony" aufs Pult, ohne etwas dazu zu sagen. Die Schüler äußern alles, was ihnen spontan dazu einfällt.

Zu Beginn einer Unterrichtseinheit über eine Huerta, etwa am Beispiel von Valencia, nehmen die Schüler Orangen in die Hand, die einen entsprechenden Stempel oder ein einschlägiges Einwickelpapier haben.

Bei beiden Beispielen führt das anschließende Gespräch zu den Fragen: Wo? (Wandkarte) und Warum?

Weitere Beispiele sind: eine Packung Datteln (Oase), verschiedene Etiketten von Flaschen mit Olivenöl (Griechenland, Italien, Spanien), was ebenfalls zur Frage nach dem Warum führt (Mittelmeerklima).

In der Erarbeitungsphase werden die Gegenstände nicht nur stellvertretend, sondern direkt verwendet. Beispiele sind oben bereits genannt worden.

Ein weiteres Beispiel ist der Vergleich von Zweigen eines Ölbaums und einer Buche (immergrün, Hartlaub; weich, schnell welkend).

M.E. gehören auch gedruckte Gegenstände dann zum originalen Material, wenn sie unmittelbar aus der Realität stammen und in dieser Realität immer wieder von jedem gebraucht werden können. Ich denke hier etwa an Fahrpläne und Kursbücher. Bei der Vorbereitung eines Wandertages sollten die Schüler die Aufgabe erhalten, sich aus diesen Unterlagen selbst die notwendigen Informationen zusammenzustellen. Hierbei lernen sie im Übrigen zusätzlich eine Kulturtechnik kennen und verwenden, mit der man im Alltag umgehen können muss.

Jede Schule sollte eine Sammlung originaler Gegenstände besitzen: die wichtigsten Gesteinsarten, einige Erzstücke, Stücke von Braun- und von Steinkohle, Proben von Erdöl, Salz, Sand und Ton, eine aufgesprungene Baumwollkapsel, Metallstücke aus Autos und dgl. mehr.

Josef Birkenhauer

3.2 Konkrete Modelle

Unter konkreten Modellen sind körperhafte, dreidimensionale Wiedergaben von Ausschnitten der Wirklichkeit zu verstehen, die nicht in ihrer realen Größe in den Unterricht gebracht werden können. Der Globus z. B. repräsentiert die Erde, das Tellurium das System Erde – Mond – Sonne.

Modelle weisen somit einen Verkleinerungsmaßstab auf. Zudem sind sie oft auf jene Grundzüge hin vereinfacht, die der „Modellbauer" auf alle Fälle repräsentiert haben möchte, weil er sie für seine Zwecke für wesentlich und sinnvoll hält. In diesen beiden Eigenschaften (Verkleinerung, Vereinfachung) unterscheiden sie sich von den originalen Gegenständen. Mit ihnen haben sie gemeinsam: die Dreidimensionalität, die reale Gegenwart, das Betrachten-können von allen Seiten, das Tasten und Fühlen. Gegenüber dem originalen Material haben sie den Vorzug, dass sie gestaltet und verändert werden können, d. h. dass mit und an ihnen auch gestalterische Handlungen stattfinden können.
Diese Handlungen können bis zum Experimentieren anhand der Modelle führen.
Modelle sind somit eine mittelbare Stellvertretung eines ferner liegenden Sachverhalts, aber eben in körperhafter Weise. Sie verbleiben somit voll im konkreten Bereich. Das unterscheidet sie vom ansonsten vergleichbaren Blockbild, das aber eben nur ein zweidimensionales Abbild ist.
In diesem Sinn gehören auch Modelle im Sandkasten zu dieser Gruppe von Medien.
Die didaktischen Anforderungen an die Modelle sind vor allem zwei:
1. Das Material muss einfach zu handhaben sein.
2. Das Modell sollte einen einfach gestalteten Umriss besitzen. Modelle, die zu komplex sind und wegen zu geringer Vereinfachung nicht eindeutig genug sind, sollten im Unterricht erst gar nicht verwendet werden.

Zur Verwendung der konkreten Modelle im Unterricht und ihrem unterrichtlichen Erfolg sind keine empirischen Untersuchungen bekannt. Man kann sich nur auf die Erfahrungen stützen, die jeder im reflektierten Unterricht gewinnen kann. Im Hinblick auf diese Erfahrungen sagt Achilles (1994) ausdrücklich: „Modelle kommen immer an". D. h. nach seiner Auffassung hat man mit ihnen bei Schülern immer einen Erfolg. Anders ausgedrückt: das manchmal mühsame und zeitaufwendige Erstellen von Modellen lohnt sich. Sind sie einmal erstellt, kann man sie immer wieder neu verwenden. Dies gilt besonders dann, wenn sie auf einer festen Unterlage montiert sind oder in einer transportablen Wanne (Fotowannen der verschiedensten Größen) dauerhaft installiert sind. (Fotowannen sind u. a. deswegen günstig, weil man sofort mit Wasser experimentieren kann.)

Achilles (1994) unterscheidet fünf Gruppen oder Klassen von Modellen:
1. Modelle der Anschauung
   Kliff, glaziale Serie, Schichtvulkan, Watt und Deich, Höhenstufen im Gebirge, Talsperre
2. Modelle von Funktionen
   Umschlag im Hafen, Schleuse
3. Modelle von Arbeitsvorgängen
   Rodung im Urwald
4. Modelle von Planungsvorgängen
   Verkehrstrassen in Bezug zu Siedlungen und anderen Nutzflächen
5. Modelle von Versuchsvorgängen
   Versickern von Wasser bei verschiedenen Gesteinen

So richtig die Einteilung insgesamt erscheint, so ist doch zu betonen, dass alle aufgeführten Beispiele der Anschauung dienen und Sachverhalte verdeutlichen. Somit ist die für die Gruppe 1 gewählte Bezeichnung wenig trennscharf. Insofern, als die von Achilles genannten Beispiele einen jeweiligen Zustand und dessen Struktur(en) verdeutlichen sollen (und keine Funktion oder keinen Prozess, wie bei den anderen Gruppen), wäre es vermutlich am geschicktesten, die Gruppe 1 „Modelle von Strukturen" zu nennen.
Dazu würde dann auch das Modell eines Bauernhofes und dgl. passen.
In seinem Aufsatz zeigt Achilles ebenfalls auf, wie die von ihm beschriebenen Modelle erstellt werden können und welches Material sich für den jeweiligen Zweck als geeignet erwiesen hat.
Der didaktische Ort der konkreten Modelle innerhalb einer Unterrichtseinheit ist einerseits die Erarbeitungsphase, andererseits die Phase der Lernsicherung. Hat man sich z. B. den Film „Landschaft am Rande der Alpen" (FWU) angesehen, kann man daran gehen, die Grundzüge dieser Landschaft, d. h. die glaziale Serie, entsprechend den Informationen aus dem Film im Sandkasten zu gestalten. In das Zungenbecken bzw. bis zum Wall aus End- und Seitenmoränen kann man das Modell einer Gletscherzunge hineinlegen. Die Zunge mit Ober- und Unterfläche kann z. B. aus Pappmaschee geformt werden.
Aufgrund des Berichtes über eine Wanderung in den Alpen baut man ein Gebirgsmodell mit den Höhenstufen der Vegetation nach (vgl. Achilles 1994).
An beiden Modellen können die Schüler zusammenfassend demonstrieren, welche Begriffe sie kennen gelernt haben. Sie können sie nicht nur aufzählen, sondern am Modell direkt und konkret benennen und zeigen. D. h. über solche konkreten Operationen wird deutlich, ob und dass die Schüler den Sachverhalt verstanden haben.

Der *Globus* kann dank der durch das Fernsehen vermittelten Kenntnisse schon in der Grundschule verwendet werden, und zwar problemlos, wenn es um die bloße Anschauung geht. Unter Anschauung wird hier verstanden: Vermittlung der Erde als dreidimensionaler Körper mit einer bestimmten Neigung seiner Hauptachse und seiner Drehung um sich selbst. Kontinente und Ozeane, ihre Lage zueinander, ihre Verteilung über die Erde wird auch dem Grundschulkind schon höchst anschaulich vermittelt.

Wie eine empirische Untersuchung gezeigt hat, kann darüber hinaus auch ein Grundschulkind (4. Klasse) verstehen, wie die Tages- und Nachtzeiten aufgrund der Drehung des von der Sonne (Taschenlampe) beschienenen Körpers in ein und derselben Richtung (von W nach O) entstehen und was das „Unter- und Aufgehen" der Sonne bedeutet. Die tellurischen Grundverhältnisse werden damit anschaulich.

Im Übrigen ist der Globus in der grundschuldidaktischen Literatur ein Stiefkind, obwohl Vogel sich bereits 1967 vehement für die Verwendung des Globus in der Grundschule (wie anschließend in der Sekundarstufe 1) eingesetzt hat. Die erwähnte empirische Untersuchung versuchte in allen Jahrgängen einer Grundschule herauszufinden, welches Bild von der Erde Grundschulkinder besitzen. Anhand von Bildern, die Kinder nach ihrer Vorstellung von der Erde malten, zeigte sich, dass man die Darstellungen in vier Gruppen (A, B, C und D) einteilen kann. Gruppe A enthält Bilder, auf denen zwar die Erde als runde Scheibe gezeichnet ist, in die Fläche aber eine sehr persönliche Umgebung (Haus, Spielplatz, Segelboot) liebevoll hineingemalt wurde. Gruppe B umfasst Zeichnungen, in denen Land und Meer ungegliedert und ungeordnet auf die Kreisfläche verteilt sind. Die Zeichnungen sind mit konkreten Dingen angereichert: Schiffe auf dem Wasser, Häuser und Tiere auf dem Land. Eine Reihe Schüler versucht sich an der Vogelperspektive, „da der Astronaut auf die Erde hinuntersieht" (Schüleräußerung). Die Zeichnungen der Gruppe C sind ebenfalls noch ungeordnet, weisen aber keine Ausschmückungen mehr auf. Erst die Bilder der Gruppe D lassen erkennen, dass sich die Schüler vom eigenen Standort gelöst haben und um eine naturgetreue Darstellung bemüht sind. Die Verteilung der Bildgruppen über die Jahrgänge sieht folgendermaßen aus: im 1. Schuljahr dominiert die Gruppe A (54 %), gefolgt von Gruppe B (28 %) und C (18 %). Vom 2. Schuljahr ab kommen die Gruppen A und B nicht mehr vor. Im 2. und 3. Schuljahr dominiert die Gruppe C mit 76 bzw. 70 % und im 4. Schuljahr liegen bereits 72 % der Schüler in Gruppe D.

Im Unterschied zu den Karten im Atlas besitzt der Globus eine weitere wesentliche Funktion: Mit ihm wird das Miteinander und Zueinander der Verhältnisse auf der Erdoberfläche in gegenseitiger, verzerrungsfreier Abbildung repräsentiert. Die wahren Größen- und Lagenverhältnisse können erkannt und auch beschrieben werden. Der Atlas dagegen verkleinert die Welt zunehmend in seinen Erdteilkarten dort, wo die Welt tatsächlich an Ausdehnung und Weite gewinnt.

Das folgende kleine unterrichtliche Experiment gibt darüber Aufschluss: Man lasse einmal Europa und Indien nach Gestalt und Lage zeichnen, bevor der Globus betrachtet worden ist – und beobachte die Reaktionen der Schüler beim

Korrigieren der Zeichnungen mithilfe des Globus. Ferner sind mit dem Globus korrekte Entfernungsmessungen zwischen zwei Orten möglich (Spannen eines Fadens, Abnehmen, Messen der Zentimeter, Umrechnung mithilfe des Maßstabes). Das ist allerdings nur möglich, wenn der Maßstab angegeben ist. Ein Globus ist somit nicht voll brauchbar, wenn er keine Maßstabsangabe aufweist.

Doch nicht nur die „Landgestalten" und deren Lage zueinander, sondern auch die Verteilung von Wasser und Land, der wahre Verlauf der großen Gebirgssysteme kann über den Globus am besten in die Vorstellung eingehen. Dieses Eingangfinden wird noch unterstützt, wenn dem Globus das Relief nicht nur aufgedruckt ist, sondern dieses an seiner Oberfläche dreidimensional gestaltet ist. (Größere Schulen sollten die Anschaffung eines teureren Reliefglobus nicht scheuen.)

Auf dem „stummen" Globus (d. h. einem Globus, der außer einem rudimentärem Gradnetz keine weiteren Informationen enthält) kann für die höheren Jahrgangsstufen die Corioliskraft verdeutlicht werden. Vom Pol ausgehend versucht man mit der Schreibkreide auf dem sich drehenden Globus einen Strich zu ziehen, der genau senkrecht zum Äquator verläuft. Es wird niemals gelingen. Der Strich wird immer nach W abgelenkt, weil die Erde sich gleichzeitig unter der Kreide hinwegbewegt. (Das Experiment gelingt nur vom Pol zum Äquator, nicht umgekehrt. Warum dies so ist und dass dieser Sachverhalt keine Widerlegung des Experiments, sondern eine Bestätigung der Ablenkung ist, sollten die fähigeren Schüler selber zu erklären versuchen.) (Hinweis: Der „stumme" Globus wird auch Induktionsglobus genannt.)

Oft wird der Globus in Verbindung mit dem Gradnetz gebracht. Das ist jedoch nur bedingt richtig. Denn das Gradnetz gehört nicht direkt zum Globus. Es ist vielmehr nur eine vom Menschen erfundene, mathematische Hilfestellung. Diese dient zwei Zwecken: erstens der Festlegung der Position auf der Erdkugel (Schiffe, Flugzeuge), zweitens der Projizierung von Flächen, Linien, Umrissen auf die zweidimensionale Karte. Vom Entwerfen einer Erdteilkarte aus sollten die Schüler handlungsorientiert das Gradnetz als eine geometrische Konvention erfahren. (Wir zeichnen Afrika. Wie können wir das „richtig" machen, wenn wir nicht einfach abpausen?) Vom 7. Schuljahr an kann mit einer sicheren Lösung dieser Aufgabe und mit einem guten Verständnis dafür gerechnet werden.

Die sinnvolle Verwendung des Globus im Unterricht setzt eine Mindestgröße voraus, die aus didaktischen Gründen nicht unterschritten werden sollte. Der Durchmesser sollte größer als 33 cm sein. Das entspricht nämlich einem Maßstab der Abbildung der Erdoberfläche von ungefähr 1 : 39 000 000. Dieser Maßstab ist in etwa vergleichbar mit dem Maßstab vieler Erdteilkarten in den Schulatlanten (zwischen 1 : 25 und 1 : 36 000 000). (Ein Globus mit einem Maßstab von 1,5 Millionen, auf dem z. B. Deutschland groß genug abgebildet werden könnte und auch noch die Lage des jeweiligen Bundeslandes erkennbar wäre, müsste einen Durchmesser von 8,5 m haben.)

Das *Tellurium* ist nach Sinn und Absicht mit dem Globus verwandt. Es verdeutlicht, wie Erde, Mond und Sonne zueinander angeordnet sind, wie sie sich zueinander bewegen. Auch die scheinbare Wanderung der Sonne zwischen den Wendekreisen und damit die Entstehung der Jahreszeiten kann demonstriert werden, wenn an der Stelle der Sonne eine Lichtquelle angebracht ist. Die Entstehung der Mond- und Sonnenfinsternisse kann gut erklärt werden. Ferner können auch die Größenverhältnisse der drei Himmelskörper zumindest verdeutlicht werden. Was die Entfernungen zwischen den Körpern angeht, so können diese beim Tellurium niemals maßstabgerecht sein. Bei einem Maßstab von z. B. 1 : 100 000 000 wäre der Mond 3,5 m von der Erde entfernt, die Sonne aber 1400 m. Auch bei noch wesentlich kleiner gewählten Maßstäben würde nur schwer eine realistische Entfernungsdarstellung erzielbar sein.

Im Zusammenhang mit den konkreten Modellen ist bereits mehrmals auf den *Sandkasten* verwiesen worden. Wegen seines hohen didaktischen Stellenwerts gebührt ihm aber auch eine ausführlichere, systematische Behandlung. Um genau zu sein: es ist nicht der Sandkasten das Medium, sondern das Modell, das im Sandkasten gebaut wird. Der Sandkasten ist also im Grunde nichts als die Hardware – d. h. der technische Teil, der das eigentliche Medium trägt. Da dieser Sachverhalt hinsichtlich des Sandkastens vermutlich auch ohne solche Klarstellung bekannt ist, ist es wohl erlaubt, den Ausdruck „Sandkasten" als zusammenfassende Abkürzung zu verwenden für alles, was in ihm und mit ihm demonstriert werden kann. Auf Einzelnes braucht an dieser Stelle nicht weiter eingegangen zu werden, da alles, was auf die konkreten Modelle zutrifft, ebenso für die im Sandkasten angefertigten Modelle gilt. Besonders aber soll darauf hingewiesen werden, dass der „Sandkasten" im umrissenen Sinn eines der wichtigsten Instrumentarien darstellt, um verbale Kenntnisse motorisch umzusetzen, d. h. Handlungen durch den Schüler vornehmen zu lassen. Bei diesem Umsetzen wird etwas Gesehenes, Gehörtes, Gelesenes, von einer Karte Abgelesenes in eine so und nicht anders als wirklich vorgestellte konkrete Situation verwandelt, in eine Wirklichkeit, die erst im Sandkasten entsteht: ein Gebirgshang mit Siedlungen und Vegetation, ein Deich mit Koog, ein Hafen, die Heimatlandschaft mit Hügeln und Siedlungen und Gewässern, eine Schichtstufe, eine Schleuse – was immer dreidimensional realisiert werden kann.

Ein solches Umsetzen und Realisieren braucht seine Zeit. Immer wieder wird die Frage gestellt, ob solches Tun ein ökonomisches Umgehen mit der knappen Unterrichtszeit ist. Sofern das Umsetzen nicht zu bloßem und sturen „Sandkastentun" ausartet, ist der Einwand als vordergründig abzulehnen. Denn wichtiger als die knappe Zeit ist der Erkenntnisgewinn der Schüler. Und dieser ist nachgewiesenermaßen höher, wenn ein Sachverhalt raumhaft am Modell simuliert wird. Die modellierte Heimatlandschaft z. B. fördert stärker als jede Karte das Verständnis dafür, dass die Dinge (Siedlungen, Straßen, Gewässer) zueinander eine bestimmte Lage besitzen. Die Lage kann mit den subjektiven Worten ‚vorn‘, ‚hinten‘, ‚links‘, ‚rechts‘, ‚davor‘, ‚dahinter‘ beschrieben werden. Dabei sollte man aber keinesfalls stehen bleiben. Stattdessen müssen die Schüler anschließend lernen objektive Kritierien zu verwenden, wie z. B. die Himmelsrichtungen anzugeben oder die Lage zu markanten Gebäuden (Kirche, Schule, Bahnhof z. B.).

Von diesem Modell aus kann dann – hinführend – der Weg zu der zweidimensionalen Darstellung in der Karte gewonnen werden, auch eine Einsicht darin, dass die Karte ein notwendiges Hilfsmittel der Orientierung ist und damit die Fertigkeit, Karten lesen zu können, als eine wichtige Kulturtechnik eingeführt und eingeübt wird.

Auch ein Verständnis für eine andere Form der zweidimensionalen Zeichnung, nämlich dem Profil, kann vom Sandkasten aus gewonnen werden, vorausgesetzt der „Kasten“ besteht auch an den Seiten aus Glas. In diesem Fall kann man nämlich auf der Glasseite die Profillinie – durch einen Deich, eine Schichtstufe, ein Hafenbecken mit Kais und Verladeeinrichtungen – unmittelbar mit dem Fettstift nachfahren und anschließend in eine Strichzeichnung auf der Tafel übertragen.

Bei allen diesen oft und immer wieder von den Didaktikern der Geographie beschworenen Vorzügen des Sandkastens ist es leider eine unbestreitbare Tatsache, dass der Einsatz des Sandkastens praktisch auf die Grundschulen beschränkt ist.
Die geringe Verwendung in den weiterführenden Schulen, besonders im Gymnasium, kommt einer Diskriminierung gleich, einer Diskriminierung, die objektiv betrachtet sich als völlig haltlos erweist. Sie ist auch deswegen haltlos, weil mit den heutigen Materialien, die für die Arbeit im Sandkasten entwickelt worden sind, problemlos gearbeitet werden kann (Xyloform-Masse, Farben zum Bestreuen, Bänder, Holzklötzchen usw.).

Literatur
Achilles, F. (1994): Modelle selber bauen. geogr. heute, 122, S. 6–11.
Geibert, H. (1980): Der Globus in der Orientierungsstufe. Prax. Geogr., 10, H. 8, S. 350 f.
Ittermann, R. (1977): Physische Karte und Globus. Beih. z. Geogr. R., 7, S. 182 f.
Sandrock, A., Dahm, S. (1973): Grundschüler arbeiten mit dem Globus. G. R., 12, S. 150 f.
Vogel, A. (1967): Der Bildungswert der Erdkunde in der Volksschule. Ratingen.

Wolfgang Salzmann

3.3 Sprachmedien

3.3.1 Rolle der Sprache

Sprache ist mit das wichtigste Element eines jeden Lehr- und Lernprozesses (vgl. z. B. Wittern 1975, S. 9). Ein jeder Unterricht ist Sprachunterricht. Die Beschäftigung mit Sprache und Sprachmedien ist somit eine unabdingbare Voraussetzung für die Vermittlung, den Erwerb und die Verarbeitung von Wissen. Doch werden heute z. B. Reisebeschreibungen, die gelesen werden wollen, von vielen als mühsam und zeitaufwendig empfunden und man lässt sie sich lieber durch Film, Video oder Fernsehen ersetzen – aber auch diese „Übersetzungen" kommen ohne die Sprache als kommentierendes und verbindendes Medium nicht aus. (Vgl. dazu das Kapitel Verbundmedien.)

Trotz solcher „Übersetzungen" sind Reisebeschreibungen über Entdeckungsreisen oder Erzählungen wie „Auf den Spuren Marco Polos" oder „Mit Fernando Magellanes um die Welt segeln" immer noch motivierende und willkommene Abwechslungen im Vergleich zur audiovisuellen Übersättigung im Leben, aber auch der Schule. (Vergleiche dazu Kapitel 3.4)

Wocke (1968, S. 418) spricht von der „Magie des gesprochenen und des geschriebenen Wortes", betont aber darüber hinaus noch eine andere wesentliche Funktion von Sprache: Im Vergleich zu anderen Medien (Karte, Bild, Statistik) ist allein sie in der Lage ein Gesamtbild zu vermitteln. „Ihr (d. h. der Sprache) Einzugsgebiet ist fast unbeschränkt: Sie bringt Messbares und Sichtbares, Hörbares und Fühlbares, Zustände und Vorgänge, Natur und Menschenwelt – grundsätzlich ist ihr alles zugänglich" (Ebenda).
Auch Birkenhauer sieht in Anlehnung an Wocke den Vorteil des Mediums Wort darin, „dass durch die sprachliche Formulierung ein Tatbestand in seiner Gesamtheit, als Gesamtbild, dargestellt, erfahren und erfasst werden kann, während Bilder immer nur Ausschnitte aus der Wirklichkeit zu geben vermögen. Die eindrückliche Schilderung genau beobachteter Vorgänge und Einzelheiten sowie die dadurch ausgelösten Wirkungen und Erlebnisse vermögen unter Umständen unvergesslicher und nachhaltiger zu sein als jedes Bild" (Birkenhauer 1975, II, 80).

3.3.2 Empirische Untersuchungen

Wie ein vergleichender Überblick (Abb. 13) über die bisherige Repräsentanz und die Systematik der Sprachmedien im Geographieunterricht zeigt, ist ein sehr differenziertes Bild festzustellen, sowohl was die Klassifizierung, die begriffliche Fixierung und Trennschärfe als auch die Anzahl der genannten und behandelten Sprachmedien betrifft.

A U T O R	Birkenhauer 1975, 4. Aufl. Erdkunde Bd. 2, S. 80–84	Kreuzer (Hrsg.) 1980 Didaktik des Geographie- unterrichts S. 193–195	Brucker (Hrsg.) 1986 Medien im Geographie- unterricht S. 236–257	Theißen 1986 in: Köck, H. Handbuch des Geographie- unterrichts, Bd. 1 S. 283–285	Haubrich u. a. 1988 Didaktik der Geographie konkret S. 260–270
S P R A C H M E D I E N	*Medien (Arbeits- mittel)* Bericht und Schilderung – originale Be- gegnung durch das Wort – der gespro- chene oder gelesene Text – verwandte technische Medien: Schulfunk, Schallplat- te, Tonband	*Arbeitsmittel* Das Wort – Quellen- texte, – Ganzschrif- ten, – Zeitung, Fachzeit- schriften, – Schulfunk- sendungen (Fick)	*Wort und Ton* – Der Sach- text (Schrand) – Die Zei- tung (Volkmann) – Der Schul- funk (Stonjek) – Tonbandar- beit (Stonjek)	*Verbale Ar- beitsmittel* – Texte – Arbeitsbü- cher, Ar- beitshefte – Schulfunk – Tonband, Kassette, Schall- platte	*Unterrichts- medien* – Der Sach- text (Brucker) – Die Zei- tung (Brucker) – Das Schul- buch (Brucker) – Arbeits- heft, Ar- beitsblatt, Informati- onsblatt (Brucker) – Schulfunk (Haubrich)

Abb. 13: Zur Repräsentation und Systematik der Sprachmedien in verschiedenen Didaktiken des Geographieunterrichts
(Entwurf: Salzmann 1997)

Dass Differenzierung angesagt ist, ergibt sich ebenfalls aus den empirischen Untersuchungen von Birkenhauer, Kaminske, Oerter und Klotz (Birkenhauer 1983, Klotz 1983, Oerter 1983, Kaminske 1993).
Während Oerter die Entwicklung der sprachlichen Kompetenz bei Kindern und Jugendlichen aus entwicklungspsychologischer Sicht darstellt, geht es Birkenhauer um die altersspezifische sprachliche Differenzierung.

Die jüngsten Arbeiten (Birkenhauer 1992, Kaminske 1993) beschäftigen sich ausführlich mit der Komplexität und der Akzeptanz von Begriffen im Erdkundeunterricht und leisten damit einen wichtigen Beitrag zum Bemühen um schüleradäquate Verständlichkeit von Unterricht und Schulbüchern.

Die Ausführungen zum Stellenwert und Einsatz des gesprochenen Wortes sind in den Geographiedidaktiken meist nur knapp gehalten, leider. Dabei ist doch die Fähigkeit zu einem Umgang mit der Standardsprache, die der jeweiligen Situation angemessen ist, ein sehr wesentliches Lernziel auch in der Erdkunde. In einer neueren Publikation (1995) macht Birkenhauer die Ergebnisse dieser Untersuchungen leichter zugänglich. Einige der Befunde seien kurz referiert.

– Lehrersprache: ist meist blass und abstrakt
– Sprachlich schlichte Formulierungen: helfen Schülern aller Schularten, Aufgaben besser zu lösen
– Anspruchsvollere Formen sind ab der 10. Jgst. möglich
– Beispiele für sprachliche Schlichtheit: „nicht tun" statt „vermeiden", „gebrauchen" statt „verwenden" (usw.)
– Satzbau: sollte ebenfalls schlicht sein (Muster: „erst dann – dann das")
– Formulierung von Regeln: Muster: „Wenn Löss vorhanden ist, ist es fruchtbar." – „Sind die Böden ganz schlecht, gibt es nur noch Wald")
– Vertrautheit mit Begriffen: die wichtigste Bedingung für ihr Verwenden
– Vertrautheit: abhängig von „Nähe", Bekanntheit (Freizeit, Urlaub)
– Sperrigkeit eines Begriffes, Fremdwort: an sich kein Hindernis (z. B. Massentourismus)
– Verbalismus (bloßes Nennen von Begriffen): Schüler lassen sie gleich fallen
– Einführung neuer Begriffe: mit Sorgfalt, vom Vertrauten ausgehend (z. B. 9. Jgst.; kein Problem: Kultur, Region, Investition, Tradition, Infrastruktur)
– Volles Verständnis für alle Variablen und Beziehungen eines Begriffes: ab Jgst. 12 (Steigungsregen: Schüler der Jgst. 5 reduzieren Variablen und Beziehungen drastisch auf die Hälfte: Aufsteigen im Luv – Abkühlen oben – Niederschlag).

Nun macht bekanntlich der reine Wortlaut in einer konkreten Sprechsituation nur einen Teil dieser Situation aus. Spontane, mimische, gestische, situative Momente treten hinzu. Sie können nicht oder nur unzureichend durch Verschriftung oder Vertonung umgesetzt und verdeutlicht werden (vgl. Kochan/Kochan 1994, S. 217). Eine weitere Ursache der Vernachlässigung des medialen Charakters des gesprochenen Wortes liegt u. a. auch darin, dass es oft nur bei den Aktions- und Sozialformen des Unterrichts abgehandelt wird.

Eine andere Ursache für die bisher nur geringe geographiedidaktische Repräsentanz der Sprachmedien sieht Rinschede (1995, S. 89) in der Konkurrenz der Medien: „Wegen der vielen ‚modernen' Medien wird der Text in der geographiedidaktischen Literatur nicht genügend behandelt, obwohl er … das mit Abstand am häufigsten eingesetzte Medium des Geographieunterrichts ist".

3.3.3 Systematik und Klassifizierung der Sprachmedien im Erdkunde-unterricht

Bei den Sprachmedien ist zu trennen zwischen dem gesprochenen Wort, das sich direkt an das Ohr wendet (aber auch an andere Sinne: s. o.), und dem geschriebenen Wort, dem Text, der über das Auge aufgenommen wird. (Vgl. hierzu Abb. 13 und die folgende Übersicht.)

Das gesprochene Wort: über Sprechakte.
Das geschriebene Wort: über Texte als schriftlich geäußerter
Mitteilungsformen

(Vgl. Abb. 14 und 15)

Häufig werden auch die gesprochenen Worte als „Texte" bezeichnet – ein offensichtlicher Widerspruch in sich. Ein Text ist ja nicht ein unmittelbarer Sprechakt, sondern eine recht mittelbare Weitergabe einer Information. Er ist ein „Medium zweiter Hand".
Dagegen ist die – oft spontan eingebrachte – Schilderung eines Erlebnisses (Wattwanderung, Bergbesteigung) „aus erster Hand" spannend und lebendig. In Abb. 14 werden Sprechakte und Texte in den funktionalen Zusammenhang von Sprachaufgabe und Lebens- bzw. Schulkontext eingeordnet, in Abb. 15 werden die Zusammenhänge zwischen „Sender" und „Empfänger" sowohl beim gesprochenen als auch beim geschriebenen Wort übersichtlich systematisiert.

3.3.4 Einsatz der Sprachmedien

Sinn von Sprache und Text ist eine funktionierende und gelingende Kommunikation. Im Unterricht bedeutet dies, die jeweilige konkrete Lernsituation und die jeweiligen konkreten Adressaten zu berücksichtigen (nicht zu schwierige Wortwahl, einfacher Satzbau je nach Milieu und Klassenstufe u. dgl.).
Mit Bühler muss zugleich auch die Funktion einer Mitteilung beachtet werden. Er unterscheidet drei Funktionen, die jeweils einer Textart zugeordnet werden. (vgl. folgende Übersicht). Hinzugefügt wird die Eignung der Texte für einen didaktischen Ort.

Funktionen	Text	didaktischer Ort
Darstellung	sachlich	Erarbeitung von Zusammen- hängen und Vorgängen
Ausdruck	erlebnishaft	Einstieg und Motivation
Aufforderung	appellativ	Phasen von – Diskussion – Problematisierung – Transfer

Beispiele für appellative Texte sind Forderungskataloge von Umweltorganisationen zu bestimmten Problemen und Handlungsfeldern (Umwelt-, Arten-, Biotopschutz).

Grundsätzlich sind für die Konzeption und den Einsatz aller Sprachmedien (gesprochen, geschrieben) im Erdkundeunterricht, aber nicht allein dort, folgende zwölf Anforderungen zu beachten:
– sachliche Richtigkeit
– Lehrplanrelevanz
– Lernzielorientierung – Erwerb von Kompetenzen
– sprachliche Korrektheit
– altersstufengemäße Verständlichkeit
– altersstufengemäßer Sprachstil in Wortwahl und Satzbau
– angemessene Abstraktion in der fachsprachlichen Begrifflichkeit
– motivationaler Charakter
– Anschaulichkeit
– Überschaubarkeit (Umfang, Leseaufwand)
– guter Vortrag
– gute Lesbarkeit und übersichtliche Gestaltung
(Vgl. zu Verständlichkeit, Sprachstil, Begrifflichkeit: Birkenhauer, Kaminske: s. o.)

3.3.5 Mündliche Mitteilungsformen

Diese sind zu unterteilen in monologische und dialogische Sprechakte.

- Monologisch sind u. a. Vortrag, Referat, Erzählung.
  Sie sind gewöhnlich geplant.
- Dialogisch sind u. a. Debatte, Gespräche.
  Sie sind spontaner und können einen wesentlichen Beitrag zu Problematisierung, Meinungsbildung und Entscheidungsfindung leisten.

Es sind also ferner spontane und geplante Mitteilungsformen zu unterscheiden. Spontane Erzählungen über Eindrücke von einer Radtour, einer Betriebsbesichtigung und dgl. sind Informationen aus erster Hand. Sie berichten über das, was man mit eigenen Augen gesehen hat, was einem „mit allen Sinnen" unmittelbar begegnet und dann zu einer originalen Begegnung geworden ist (usw.), was man gefühlt, erfahren, erlebt hat.

3.3.6 Ergänzende Formen

Die häufigste Art der Ergänzung sind die Hausaufgaben, seien sie vor- oder nachbereitend. Bei ihnen geht es um verschiedene Tätigkeiten.
– Gliederung eines vorgegebenen Textes
– inhaltliche Auswertung nach vorgegebenen Leitaspekten
– selbstständige Anfertigung eines Berichts (Schleuse, Kraftwerk, Mülldeponie, Betriebsbesuch, Bergtour usw.)

3.3.7 Stilformen des gesprochenen und geschriebenen Wortes

Zu unterscheiden sind folgende Stilformen (vgl. auch Abb. 16):
– Erlebnisstil: persönlich gehalten, sich an das Gemüt wendend
  Beispiele: Schilderung („Malen mit Worten"), Erzählung
– Sachstil: kurz, knapp, nüchtern gehalten, auf das Wesentliche beschränkt, sich an den Verstand wendend
  Beispiele: Bericht, Beschreibung, Erörterung, Interpretation

Einige Charakterisierungen solcher Darstellungsformen folgen.

– Schilderung: bemüht sich um anschauliche und treffende Darstellung der Einzelheiten, sodass der Hörer (oder Leser) Einzelheiten mit- und nacherleben sowie nachvollziehen kann, wie z. B. eine Landschaft oder ein Naturereignis. Es soll gewissermaßen vor dem inneren Auge des Hörers (oder Lesers) neu entstehen.
– Bericht: informiert über die geplante Verkehrsführung in der Innenstadt.
– Beschreibung: liefert Informationen über den Verlauf eines Flusses, die Verbreitung von Nutzpflanzen, die Lage von Städten.
– Protokolle: eignen sich zur Darstellung von Ergebnissen, z. B. einer Befragung, eines Projekts oder des Unterrichts.

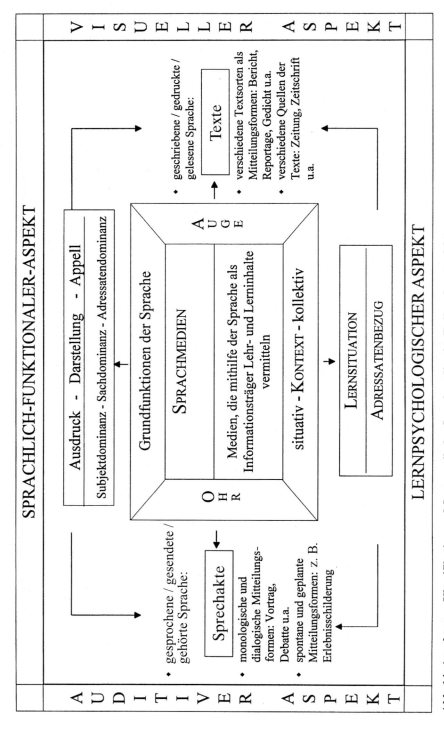

Abb. 14: Aspekte zur Klassifikation und Systematik der Sprachmedien im Erdkundeunterricht (Entwurf: Salzmann 1995)

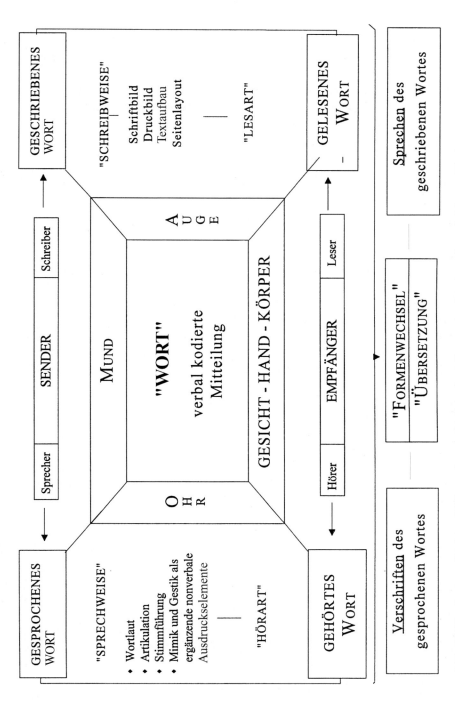

Abb. 15: **Zur kommunikativen Differenzierung der Sprachmedien gesprochenes und geschriebenes Wort**
(Entwurf: Salzmann 1996)

3.3.8 Das gesprochene Wort

Bei diesem handelt es sich, wie oben bereits bemerkt, um einen Sprechakt in einer konkreten Sprechsituation. Diese Situation kann
1. in einem spontanen Kontext stehen,
2. ein Vorleseakt sein, in dem ein Leser an die Stelle des ursprünglichen Autors tritt.

In der Schule sollte man allerdings auf bloßes Vorlesen weitgehend verzichten. Vielmehr sollte der Lehrer sich einen Sachverhalt so zu eigen machen (verinnerlichen), dass er frei darüber berichten kann.

Wie beim Fall 1) ergibt sich nämlich auch hierbei das ganz Wesentliche: nämlich eine unmittelbar adressatenbezogene Mündlichkeit, mit unmittelbarem Sicht- und Hörkontakt zwischen Sprecher und Hörer, begleitet von entsprechender Mimik und Gestik.

Wegen dieser Unmittelbarkeit (auch eines verinnerlichten Textes) ist die Wirkung faszinierender, weil die Mithörer direkt angesprochen werden, der Sprecher als Garant der Glaubwürdigkeit seiner Aussagen und Informationen wirkt, persönliche Betroffenheit mit einfließen kann.

Der Lehrer muss also lernen eine jeweilige Rolle zu übernehmen, d. h. sich in die jeweilige Situation so realitätsnah und lebendig wie möglich hineinzuversetzen. Nur so gelingt „originale Begegnung" über das Wort. Dazu muss sich der Lehrer sowohl sachkundig machen als auch den Stil seines Sprechens bedenken. „Der Lehrer muss versuchen, sich sowohl den Sachbericht als auch die Schilderung so anzueignen, als ob er selbst alles schon einmal gesehen, beobachtet, erlebt hätte. Nur so ist das notwendige Staunen zu wecken, das daraus resultierende Fragen hervorruft" (Birkenhauer, 1975, II, S. 82).

Natürlich ist das gesprochene Wort immer dann am effektivsten und eindrucksvollsten, wenn ein Sprecher einen Sachverhalt aus eigener Erfahrung kennt und mit persönlicher Betroffenheit sprechen kann. Wenn z. B. ein Entwicklungshelfer, ein Mitarbeiter auf einer Forschungsstation, ein Stadtplaner oder Verkehrsexperte der Klasse von seiner Arbeit berichtet und Planungskonzepte und Forschungsergebnisse vorstellt und erläutert – dann hinterlässt eine solche „originale" Begegnung durch das gesprochene Wort einen sehr nachhaltigen Eindruck.

Auch bei anderen Redeformen (Textsorten) sollte der personale Aspekt seine gebührende Rolle spielen, beispielsweise auch bei Vorträgen, auch wenn hier eine bestimmte Gliederung vorweg festgelegt sein muss und der Vortrag deswegen auch von einer Strukturvorlage (Folie, Tafel) begleitet sein kann (oder gar begleitet sein sollte).

Unter den audiovisuellen Möglichkeiten lässt sich das gesprochene Wort auch in der Form der „technischen Konserve" einsetzen und verliert damit einen gewissen Teil Ursprünglichkeit. Trotzdem lässt z. B. das aufgezeichnete Interview mit einem Betroffenen, sein persönliches Schicksalsbild, seine konkrete Le-

benssituation (es muss keineswegs eine Naturkatastrophe sein) eine größere
Betroffenheit und Nachhaltigkeit zurück als irgendein Text. Auch erlauben es
technische Wiedergabemöglichkeiten, bestimmte Sprechpassagen oder Dialog-
stellen zu wiederholen, was beim spontanen Gespräch kaum mehr zu erreichen
ist.

Was den didaktischen Stellenwert und Einsatzort des gesprochenen Wortes angeht, so gilt prinzipiell das Gleiche wie für das geschriebene Wort. Dennoch verlangt das freie Sprechen eine höhere Konzentration, eine situationsgerechte
Mimik, Gestik, Stimmführung, ein Achten auf Anschaulichkeit, Verständlichkeit, auf interessante und fesselnde Sprache. Solches tun zu können verlangt
Übung. Ein solches Üben aber lohnt sich durchaus.

Natürlich sollte man auch die Schüler zu solchen Erzählungen animieren, dass
sie sich selbst einbringen können. Auch die Eigenlektüre der Schüler kann aktiviert werden, sodass ein Schüler die Rolle des Berichtenden übernimmt. Das
hat zugleich den Vorteil, dass er die Inhalte in seiner, d. h. in einer altersstufen-
gemäßen Weise vorbringt (vgl. Birkenhauer 1975, II, S. 82).

Trotz aller großen aufgezeigten Vorzüge der tatsächlich gesprochenen Sprache
als Medium wird sie leider häufig (und immer mehr?) durch Kassette oder Text-
kopie ersetzt. Nach dem Ausgeführten ist klar, dass dann vieles seine Unmittelbarkeit, sein Betroffenmachen verliert – Sachverhalte, von denen ein lebendiger, handlungsorientierter Erdkundeunterricht allemal stark profitieren
könnte.

3.3.9 Das geschriebene Wort

Systematik und Klassifikation
Bei den Texten in der Erdkunde stehen Sachinformationen im Vordergrund,
selten ein literarischer oder ästhetischer Aspekt, eher schon Werturteile (seien
sie verdeckt oder direkt ausgesprochen). Nach der Herkunft der Sachinformation kann man eine bestimmte Untergliederung vornehmen, wie folgt.
– Quellen: Zeitungen, Zeitschriften
– Textsorte/Textart: Bericht, Reportage, Kommentar, Erzählung, Gedicht
  u. a. m. (Vgl. dazu Abb. 17)

Je nach der Bearbeitung der Texte für den Unterricht müssen unterschieden
werden:
– didaktisch konzipierte Texte,
– didaktisch selektierte Texte.

Didaktisch konzipierte Texte finden sich vor allem in Schulbüchern (Formulierung in Bezug auf verbindliche Lerninhalte und im Hinblick auf die Altersgemäßheit).

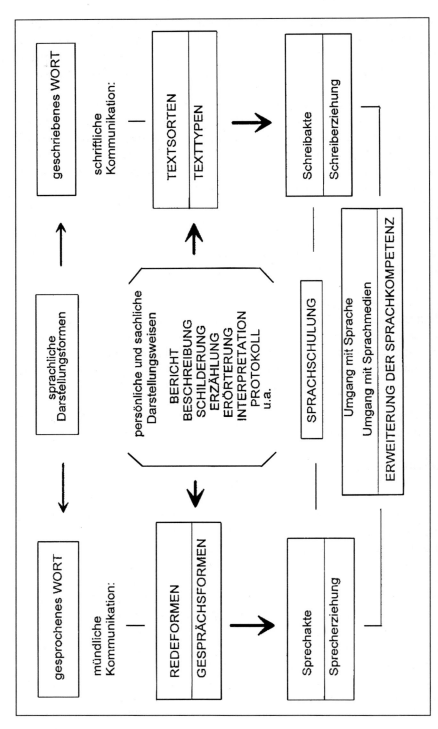

Abb. 16: Zur Systematik sprachlicher Darstellungsformen des gesprochenen und geschriebenen Wortes (Entwurf: Salzmann 1996)

Didaktisch selektierte Texte sind ursprünglich für andere Zwecke und Zielgruppen verfasst worden. Sie dienen dann als Quellentexte mit sorgfältiger Auswahl, Kürzung, Kommentierung. Sie werden Zeitungen, Zeitschriften, Lehrbüchern oder speziell zusammengestellten Quellensammlungen entnommen.

Für das Anspruchsniveau von Sprache und Stil gilt alles zuvor Ausgeführte (wie z. B. Informationsgehalt, Betroffenheitsbezug, Altersgemäßheit). Sie müssen eine schnelle und genaue Informationserfassung ermöglichen, also übersichtlich sein.

Im Unterricht muss ferner textkritisch untersucht werden, welche Wertvorstellungen in die Darstellung der Sachinformation eingegangen sind – eine kritische Fähigkeit, die die Schüler nach und nach als übergeordnete Qualifikation erwerben müssen. (Vgl. dazu Schrand 1986, S. 237.)

Arbeitsschritte für den Umgang mit Texten

In Anlehnung an Schrand (1986, S. 237) lassen sich folgende acht Anforderungen an den Umgang mit Texten und die dabei erforderlichen Arbeitsschritte formulieren:

– das Erfassen der Textstruktur und der Sinneinheiten,
– den Text in eine Strukturskizze umsetzen zu können,
– die Unterscheidung von Sachinformationen und Meinungen,
– das Erkennen von Wirkungsabsichten,
– das Erkennen von Unvollständigkeit und Lückenhaftigkeit,
– das Beschaffen evtl. erforderlicher Zusatzinformationen,
– die kritische Auseinandersetzung mit dem Wahrheitsgehalt und der Richtigkeit der dargestellten Sachverhalte.

Als Beispiel vergleiche man hierzu den Text bzw. die Strukturskizze: Das Mittelmeer – eine Müllkippe?

Für den Stellenwert von Texten sowie ihren Einsatzort im Unterricht gibt es keine starren Festlegungen. Sprachmedien können in allen Unterrichtsphasen eingesetzt werden: Für die Motivation, die Erarbeitung, für Differenzierung und Ausweitung, Vertiefung und Problematisierung, Abrundung und Zusammenfassung, Ergebnissicherung und Transfer, Vorbereitung der nächsten Stunde, Nachbereitung (also als Hausaufgabe). (Vgl. auch Birkenhauer 1975, II, S. 237)
Die beigegebenen Textbeispiele sollen davon eine differenzierende Vorstellung vermitteln.

Texte werden auch in vielen mündlichen und schriftlichen Prüfungen als Grundlagen für Aufgaben zur Lernerfolgskontrolle verwendet. Meist wird unter vorgegebenen Leitfragen eine erklärende Beschreibung der im Text dargestellten Sachfragen bzw. der aufgeworfenen Probleme oder aber eine kritische Auseinandersetzung bzw. Stellungnahme zu verschiedenen Themenkomplexen verlangt. Der Text „Nordsee – Ostsee" gibt dafür ein Beispiel.

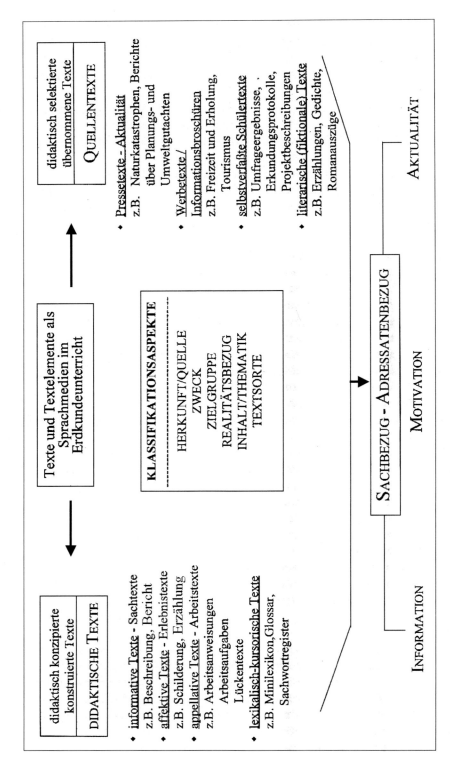

Abb. 17: Zur Systematik und Klassifikation von Texten im Erdkundeunterricht (Entwurf: Salzmann 1996)

Nordsee – Ostsee:

Tote See:

„Seehunde gehen vor die Hunde – Epidemie geht nicht zurück"

„Killeralgenteppich treibt nach Norwegen – Badestrände von Algenschaum überschwemmt"

„Ölbohrinsel ‚Piper Alpha' explodiert – Ölteppich schwimmt auf Norwegens Küste zu"

„Ostfriesische Gemeinden fürchten das Ausbleiben der Badegäste"

„Unsere Meere haben keinen Abfluss. Der Dreck bleibt drin."

Solche und ähnliche Schlagzeilen machen seit einiger Zeit einer breiten Öffentlichkeit die Gefährdung der Nordsee und ihres Küstenraumes bewusst. Die Nordsee ist am Rande ihrer Belastbarkeit angelangt.

„Die Katastrophenmeldungen von der Nordsee zeigen, dass der Mensch im Küstenraum und Hinterland bisher unbekümmert gewirtschaftet hat:
– Noch Anfang der 80er-Jahre hatte Bremen keine voll ausgebaute Kläranlage,
– noch immer werden legal zum Teil hochgiftige Produktionsrückstände ins Meer eingeleitet oder mit Schiffen hinaus aufs offene Meer gebracht um dort verbrannt oder verklappt zu werden,
– durch die küstennahe Verhüttung gelangen Blei und Zink ins Meer,
– durch Industriebetriebe an der Küste und an den großen Flüssen wie Rhein und Elbe gelangen Giftstoffe aller Art ins Meer.

Inzwischen ist die Belastung der Nordsee nicht mehr nur ein Thema für Wissenschaftler, Naturschützer und Politiker, auch Urlauber erfahren, dass Meer und Küstenraum nicht unbegrenzt belastbar sind:
– übel riechende Schaumteppiche aus abgestorbenen Algen bedecken ganze Strände,
– seit Jahren nimmt die Zahl der Quallen zu, weil sie in der eutrophierten Nordsee prächtig gedeihen,
– Wattenwanderer stellen von Jahr zu Jahr eine Verödung der Lebenswelt des Watts fest,
– besorgt fragen sich die Urlauber, ob man in der Nordsee noch baden kann."

(aus: Noll, E.: Die Nordseeküsten. In: geographie heute 63/1988.)

Das Mittelmeer – eine Müllkippe?

Die Urlauber beklagen sich über das mangelnde Umweltbewusstsein der Südländer. Einige namhafte Touristenstädte an der Adria bilden mit dem Bau von Großkläranlagen eher eine Ausnahme. Dass die Urlauber selbst es sind, die auf der Hinfahrt und im Urlaubsland die Umwelt erheblich belasten, ist ihnen meist nicht bewusst.

Am Mittelmeer, das fünfmal größer ist als die Nordsee (Fläche: 2,5 Mill. km^2), leben unmittelbar an den Küsten etwa 100 Millionen Menschen, die meisten davon in Ballungsräumen. Aber hinzu kommen noch etwa 100 Millionen Urlauber im Jahr. Davon sind mehr als 10 Millionen Deutsche. Heute gilt das Mittelmeer als eines der schmutzigsten Meere der Welt, weil es von den Anwohnern nach wie vor als billige Müllkippe betrachtet und missbraucht wird:

★ Mehr als zwei Drittel aller Abwässer in Küstennähe werden ungereinigt ins Meer geleitet, auch die der 100 Millionen Urlauber.

★ Ein Drittel des gesamten Ölabfalls auf den Weltmeeren (2 Mill. Tonnen) fließt ins Mittelmeer.

★ Rund ums Mittelmeer – dazu an insgesamt 15 000 km langen Flussläufen – sitzen neben den Siedlungen noch andere Verschmutzer, wie zum Beispiel die Landwirtschaft, die Industrie und der Verkehr mit jährlich 800 000 t Stickstoff, 60 000 t Waschmittel, 320 000 t Phosphate, 12 000 t Phenol, 3000 t Blei.

Es wäre falsch, wenn man den Italienern, Spaniern, Griechen, Jugoslawen, Türken usw. pauschal mangelndes Umweltbewusstsein vorwerfen würde. Sie alle wollen die Einkommen steigern, indem sie nicht nur die landwirtschaftliche, sondern auch die industrielle Produktion intensivieren. Gerade Länder mit ausgedehnten strukturschwachen Regionen denken bei der Entwicklung ihrer Wirtschaft zunächst nicht an weitgehende umweltpolitische Maßnahmen. Sie glauben, sie würden sonst Gefahr laufen ihren wirtschaftlichen und technologischen Rückstand gegenüber den reichen Industrienationen noch mehr zu vergrößern, wenn der Staat den Industriebetrieben entsprechende Auflagen machte.

(aus Brucker, A. (Hrsg.): Orbis: Europa. München 1989.)

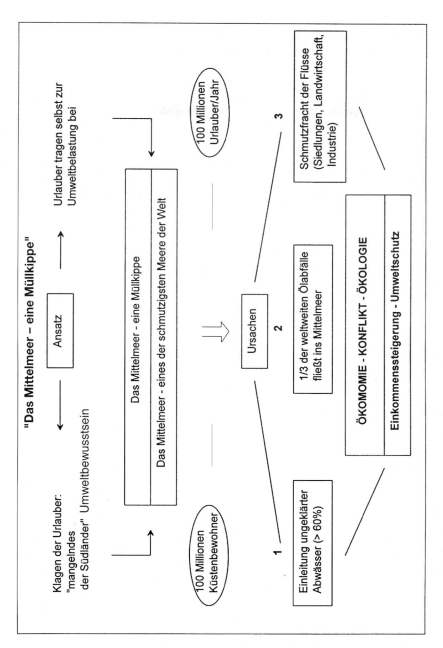

**Abb. 18: Strukturskizze zum Text „Das Mittelmeer – eine Müllkippe?"
(Entwurf: Salzmann 1996)**

Aufruf von Greenpeace

„Wir fordern eine sofortige Beendigung der Dünnsäure-Verklappung in der Nordsee als ersten wichtigen Schritt zur Verringerung der Schadstoffbelastung dieses für uns lebenswichtigen Gewässers.

Wir fordern sofort wirksame Maßnahmen, die das Einleiten giftiger Abwässer in die Nordsee und ihre Zuflüsse für alle Zeiten unterbinden. Wir fordern, umgehend alle geeigneten Maßnahmen in die Wege zu leiten, die der ständig zunehmenden Verseuchung der Nordsee ein Ende machen und zur Gesundung dieses einst so fischreichen und ökologisch äußerst wertvollen Gewässers führen.

Im Interesse aller kommenden Generationen muss schnellstens etwas geschehen!"

Aus einer Diskussion, die „Sowjetunion heute" zum Schutze der Ostsee veranstaltet hat (1988)

Prof. Anatoli Simonw: „Die Ostsee ist ein relativ kleines Wasserbecken, wobei sein Wasseraustausch mit dem Weltmeer wegen der Meerengen sehr erschwert ist. Durch die Meerengen gelangt aus der Nordsee in die Ostsee eine beeindruckende Menge Schadstoffe.

Die Ostsee verfügt über einige spezifische Besonderheiten: Sie ist in zwei Schichten aufgeteilt, eine obere mit geringerem Salzgehalt und eine untere mit höherem Salzgehalt, die folglich auch eine höhere Dichte hat. Eine dünne Zwischenschicht verhindert die Vermischung der beiden Schichten."

Dr. Violetta Andrjustschenko: „In der unteren Schicht mangelt es mitunter an Sauerstoff. In den vergangenen zehn bis fünfzehn Jahren entdeckten die Spezialisten eine früher in der Ostsee unbekannte Erscheinung – in ihren tiefen Schichten entstanden stabile Schwefelwasserstoffzonen. Leben kann bekanntlich in solchen Zonen nicht existieren, weshalb der Schwefelwasserstoff als ein ernst zu nehmendes Anzeichen für die Entwicklung regelrechter Seewüsten anzusehen ist."

Dr. Wladimir Kusnezow: „Eine große Menge gifthaltiger chemischer Pflanzenschutzmittel sowie Stickstoff- und Phosphordüngemittel wird von den Feldern ins Meer gespült. Das zieht eine lange Kette ökologischer Folgen nach sich. Das Phytoplankton nimmt eine übermäßige Entwicklung und verbraucht beim ‚Blühen' und Zersetzen den gesamten Sauerstoff. Meeresorganismen sterben ab."

Prof. Anatoli Simonow: „In die Ostsee gelangen jährlich rund 50 000 Tonnen Erdöl und Erdölprodukte. Das ist zwar viel weniger als noch Mitte der Siebzigerjahre, die Konzentration von Erdölprodukten in der Ostsee übersteigt jedoch fast um das Zehnfache die Werte in den offenen Regionen des Weltmeeres. Positiv zu bewerten ist, dass sich der DDT-Gehalt in Gewässern, Fischen und Vögeln verringert. Das ist ein Ergebnis des abgestimmten Verbots DDT in den Anliegerstaaten anzuwenden. Der Kupfer-, Nickel- und Kadmiumgehalt in den baltischen Gewässern übersteigt jedoch die analoge Kennziffer zum Beispiel für den Nordatlantik um fast das Dreifache.

Unser Ziel muss die Entwicklung abfallfreier Technologien sein, sodass in den nächsten Jahrzehnten nichts mehr ins Meer eingeleitet oder in die Luft emittiert werden wird."

(aus: Sowjetunion heute 4/1988.)

Die Zeitung als Textquelle

Zeitungen und Zeitschriften sind vor allem wegen ihrer Aktualität die am häufigsten genutzten Textquellen, weil sie eine Fülle an Informationen zu auch erdkundlich relevanten Tagesfragen zur Verfügung stellen.

Das Spektrum der Textsorten reicht von der kleinen sachlichen Kurzmeldung über Kommentare, Reportagen, Kritiken (die oft manipulativ sind und aus einer bestimmten ideologischen Einstellung heraus geschrieben wurden) bis zur seriösen oder eben auch unseriösen Werbung. Eine besondere Form der manipulierenden Textsorte stellen die Schlagzeilen dar.

Wie unterschiedlich die Wertungen sein können, zeigt die Übersicht von Volkmann (1986, S. 247), die hier als Abbildung beigegeben ist.

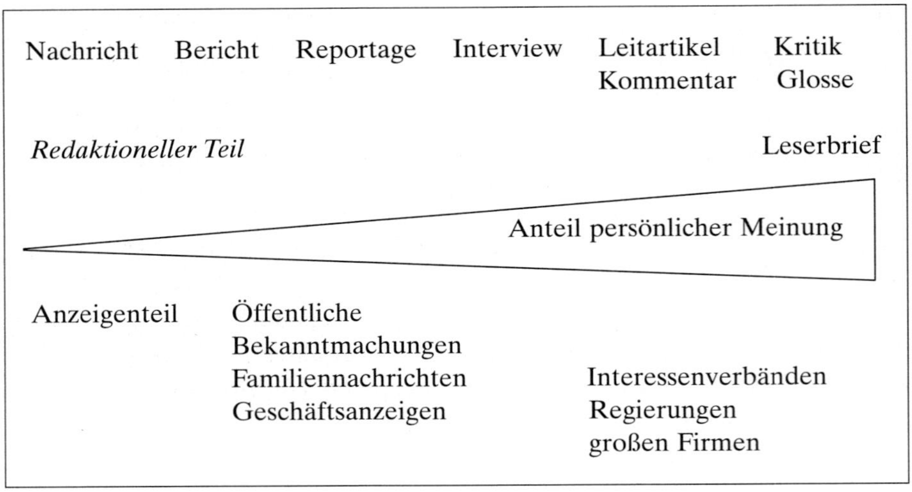

Nachricht   Bericht   Reportage   Interview   Leitartikel   Kritik
                                                   Kommentar   Glosse

Redaktioneller Teil   Leserbrief

Anteil persönlicher Meinung

Anzeigenteil   Öffentliche
                    Bekanntmachungen
                    Familiennachrichten   Interessenverbänden
                    Geschäftsanzeigen   Regierungen
                                           großen Firmen

Abb. 19: Textliche Darstellungsformen in der Zeitung
(aus: Volkmann, H.: Die Zeitung. In: Brucker, A. (Hrsg.): Medien im Geographie-Unterricht. Düsseldorf 1986.)

Wie schon oben erwähnt, kann und muss an wertenden Passagen der kritische Umgang eingeübt werden. Der Bonus der Glaubwürdigkeit des Mediums Zeitung muss im Einzelfall hinterfragt werden.
Was schon von den anderen Texten gesagt worden ist im Hinblick auf den unterrichtlichen Verwendungszusammenhang, so gilt für Zeitungstexte ebenfalls grundsätzlich ihre vielseitige Verwendungsfähigkeit. Auch in Lernerfolgskontrollen, Überprüfungen und Klausuren werden sie verwendet.
Gerade wegen der vielseitigen Verwendbarkeit ist die Anlage eines Archivs für den Lehrer ein wichtiges Postulat – aber auch für die älteren Schüler.

Literarische Texte im Erdkundeunterricht

Solche Texte werden selten eingesetzt – obwohl sie durchaus von geographischer und ökologischer Relevanz sein können. Sie mögen zwar Probleme in einer lyrischen Sprechweise wiedergeben, sensibilisieren gerade dadurch aber auch.
Um dies zu belegen, wird das Gedicht von Oertgen einerseits und die Keunergeschichte von Brecht andererseits hier angeführt.

Erde

Zeitlebens sind wir Gäste
der Erde,
die uns nährt und trägt
und uns annimmt
im Tod, der großen Anverwandlung
an ihren Staub.
Wir hätten Grund,
sie zärtlich zu lieben
und das Gastrecht zu achten.
Wir haben nur
diese eine Erde.

Wir bohren ihr Löcher ins Fleisch,
rasieren von ihrer Haut
die Wälder,
und in die Wunden gießen wir
den alles erstickenden Asphalt.

Wir, Herren der Erde,
Räuber mit Wegwerflaunen,
plündern sie aus
über und unter Tag.
Schatzgräber ohne Maß.
Mag sie verenden am Gift,
zu Wasser, zu Lande
und in der Luft,
wie die Fische verenden
und Wasservögel
mit Öl im Gefieder.
Der Heilige Franz,
der ihre Sprache verstand,
nannte sie Brüder.

Der Erde
bleibt im Gedächtnis,
was wir ihr antun
und ihren Geschöpfen.

Nach uns
die Sintflut.

(Elke Oertgen: Erdberührung, Gedichte, GILLES & FRANCKE VERLAG, Duisburg 1985.)

„Befragt über sein Verhältnis zur Natur sagte Herr K.: ‚Ich würde gern mitunter aus dem Haus tretend ein paar Bäume sehen. Besonders da sie durch ihr der Tages- und Jahreszeit entsprechendes Andersaussehen einen so besonderen Grad von Realität erreichen. Auch verwirrt es uns in den Städten mit der Zeit, immer nur Gebrauchsgegenstände zu sehen, Häuser und Bahnen, die unbewohnt leer, unbenutzt sinnlos wären. Unsere eigentümliche Gesellschaftsordnung lässt uns ja auch die Menschen zu solchen Gebrauchsgegenständen zählen, und da haben Bäume, wenigstens für mich, der ich kein Schreiner bin, etwas beruhigend Selbstständiges, von mir Absehendes, und ich hoffe, sie haben selbst für Schreiner einiges an sich, was nicht verwertet werden kann.‘ ‚Warum fahren Sie, wenn Sie Bäume sehen wollen, nicht einfach mal ins Freie?‘, fragte man ihn. ‚Ich habe gesagt, ich möchte sie sehen aus dem Hause tretend.‘ "

(Bertolt Brecht: Geschichten von Herrn Keuner. In: Gesammelte Werke. © Suhrkamp Verlag Frankfurt am Main 1967.)

3.3.10 Sprache als Verbund- und Kontrollmedium

Beinahe jedes Medium kann in ein anderes „übersetzt" werden, ein Sachtext in ein Diagramm (Bevölkerungspyramide), ein Bild (Schleuse, Dockhafen) in eine Konstruktionsskizze oder Beschreibung, eine Statistik zur Arbeitslosigkeit in eine Karte. Dadurch werden Verständnis und Einsicht wesentlich verbessert und die jeweiligen Meriten eines Mediums auch den Schülern deutlich. (Vgl. zu der Ausführung Birkenhauer 1975, II, S. 83.)

Alle Medien „sagen" uns etwas in jeweils ihrer „Sprache", wobei jedes Medium eine Domäne besitzt, wo es seine spezifische Aussagekraft am besten zur Geltung bringen kann.

Doch kommt kein nichtsprachliches Medium ohne die Hilfe der Sprache als Zusatzmedium aus. Das betrifft allein schon die Angabe des Themas bzw. des Titels. Dazu folgen einige Beispiele:

Karten: sind nur lesbar mit der zusätzlichen Kodierung in einer Legende

Signaturen: ihre Bedeutung wird sprachlich fixiert

Karteninhalt: er bedarf der Interpretation

Bilder: werden über das Wort ausgewertet

Experimente: werden nach Aufbau, Verlauf, Ergebnis durch das Wort beschrieben

Texte: müssen interpretiert, analysiert, inhaltlich zusammengefasst werden

Geographische Sachverhalte sind häufig so komplex , dass zu ihrer Darstellung und Erklärung mehrere Medien miteinander kombiniert werden müssen (nicht nur im Schulbuch). Erläuterungen sind notwendig, um sie untereinander zu verbinden, Arbeitsanweisungen, um sie zu entschlüsseln. (Vgl. das beigegebene Beispiel Schleuse.)

Demgegenüber ist aber das gesprochene oder geschriebene Wort das Medium schlechthin, das schnell, spontan und variabel einsetzbar ist. Es gibt kein anderes Medium, von dem diese Behauptung in einem solchen Umfang gilt.

Schließlich kann das geschriebene Wort auch ein Medium der Kontrolle sein, so etwa in der Form von Aufgabenstellungen. Die dadurch geforderten Lösungen bedienen sich ebenfalls des Wortes und ermöglichen damit erst Leistungsmessung und Bewertung.

3.3.11 Abschließender Gedanke

Die Formulierung „Die Grenzen meiner Sprache sind die Grenzen meiner Welt" bringt einen eminent wichtigen Zusammenhang von Sprache und Welterfahrung zum Ausdruck. Für den Unterricht, gerade auch in der Erdkunde, bedeutet er: Der gezielte Einsatz von Sprachmedien trägt ganz erheblich zur Erweiterung des Verständnisses der Welt bei – und damit auch der Mensch-Raum-Beziehungen in der Welt.

Wie eine Schleuse arbeitet
Eine Schleuse ist eine Wasserkammer, die auf jeder Seite durch eine Klapptür verschlossen ist. Kommt ein Schiff von der Seite des höheren Wasserstandes, so lässt man die Schleuse voll laufen, bis sich der Wasserstand ausgeglichen hat. Dann kann man die Schleusentore auf dieser Seite leicht öffnen und das Schiff kann hineinfahren. Auf der anderen Seite steht das Wasser bedeutend niedriger. Die Schleusentore sind aber so eingerichtet, dass der Wasserdruck von innen sie fest zudrückt. Nachdem das Schiff ganz in die Kammer hineingefahren ist, schließt man hinter ihm die Tore und öffnet auf der anderen Seite die Schotten, das sind Klappen unter Wasser, sodass nun das Wasser aus der gefüllten Schleuse wieder abfließen kann. Das Schiff sinkt mit dem Fallen des Wassers langsam in die Tiefe. Das Abfließen dauert so lange, bis der Wasserstand wieder ausgeglichen ist. Dann werden auf dieser Seite die Tore geöffnet und das Schiff kann unbehindert aus der Schleuse hinausfahren. Beim Durchschleusen in umgekehrter Richtung lässt man nach dem Schließen der Tore das Wasser durch Einströmen von der anderen Seite wieder steigen.

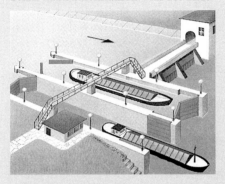

Schleusendurchfahrt bei einer Staustufe (Unterwasser dunkler)

Johannes Sass. In: Hopf u. a.: Diktate aus dem deutschen Schrifttum. Frankfurt 1972

Die Halligen. Im Wattenmeer liegen kleine Inseln, die bei Flut gerade noch über den Meeresspiegel hinausragen. Diese Inseln nennt man *Halligen*. Die Halligbauern errichteten ihre Häuser auf Erdhügeln, den Warften. Da auf den Halligen nur Gras gedeiht, wird hier ausschließlich Viehzucht betrieben. Bei Sturmflut wird oft „Land unter" gemeldet. Dann brandet die See bis an die Häuser heran. Das Wasser bedroht Mensch und Tier und trägt Teile des Landes mit sich fort. In den sturmfreien Sommermonaten erzielen die Halligbewohner zusätzliche Einnahmen durch den Fremdenverkehr und die Krabbenfischerei.

Abb. 20
Hallig bei normalem Wasserstand und Sturmflut („Land unter")

Literatur

Birkenhauer, J. (1975): Erdkunde. 2 Bde. 4. Aufl. Paderborn.

Birkenhauer, J. (1983): Sprache und Denken im Geographieunterricht. Paderborn.

Birkenhauer, J. (1992): Akzeptanz von Begriffen im Erdkundeunterricht. Münchn. Stud. z. Did. d. Geogr., 3. München.

Birkenhauer, J. (1995): Sprache und Begriffe als Barrieren im Erdkundeunterricht. In: Zeitschrift. f. d. Erdkundeunterricht, S. 458 ff.

Birkenhauer, J. (1996): Begriffe im Geographieunterricht. Guid, 24, 1996, H. 1, S. 1–15, und H. 2, S. 57–70.

Bohnen, G. u. a. (1987): Umgang mit Texten. 7/8 Sek De I. Düsseldorf.

Brucker, A. (Hrsg.)(1986): Medien im Geographie-Unterricht. Düsseldorf.

Bühler, K. (1978): Sprachtheorie. Frankfurt/M.

Fuchs, G. (1980): Zeitungsberichte im Erdkundeunterricht. Der Erdkundeunterricht, 33, Stuttgart.

Fuchs, G. (1980): Zeitungsberichte im Erdkundeunterricht. In: Praxis Geographie 10, H. 2, S. 54–58.

Hopster, D. (1992): Handbuch Deutsch Sek I. Paderborn.

Kaminske, V. (1993): Überlegungen und Untersuchungen zur Komplexität von Begriffen im Erdkundeunterricht. Münchn. Stud. z. Did. d. Geogr., 4. München.

Klotz, P. (1983): Fachsprache und Sprache des Faches Erdkunde. In: Birkenhauer, J. (1983), S. 25–36 (s. o.)

Köck, H. (1978): Geographie in der Zeitung. In: H. Fachdid. Geog., 2, S. 63–83.

Noll, E. (1988): Die Nordseeküsten. In: geographie heute, Heft 63, S. 4–8.

Oerter, R. (1983): Entwicklung der sprachlichen Kompetenz von Kindern und Jugendlichen. In: Birkenhauer, J. (1983), S. 10–23 (s. o.).

Schanze, H. (1974): Medienkunde für Literaturwissenschaftler.

Schrand, H. (1977): Der Sachtext. Beih. Geogr. R., 1977, H. 4, S. 184–152.

Schrand, H. (1986): Der Sachtext. In: Brucker, A. (Hrsg.): Medien im Geographie-Unterricht. Düsseldorf, S. 236–244.

Stonjek, D. (1985): Massenmedien im Geographieunterricht. Geographiedidaktische Forschungen. Lüneburg.

Stonjek, D. (1988): Medien in der Geographie. GuiD., 16, S. 125–135.

Schuster, K. (1988): Arbeitstechniken Deutsch. Bamberg.

Volkmann, H. (1982): Die Zeitung. In: Prax. Geogr., 12, H. 3, S. 4–10.

Volkmann, H. (1986) Die Zeitung. In: Brucker, A.: Medien im Geographie-Unterricht. Düsseldorf, S. 245–257.

Watzke, O., Friedrichs, R. (o. J.): Umgang mit Texten in der Sekundarstufe I. München.

Wendel, K.-H. (1982): Themenheft Presse. Prax. Geogr., 12, H. 3.

Werlich, E. (1975): Typologie der Texte. Heidelberg.

Wittern, J. (1975): Mediendidaktik. 2 Bde. Opladen.

Wocke, M. F. (1968): Beschreibung und Schilderung. In: Bauer, L. (Hrsg.): Erdkunde im Gymnasium. Darmstadt, S. 419–425.

Diether Stonjek

3.4 Bilder

3.4.1 Einführung

Bilder sind aus unserem täglichen Leben und auch aus dem Erdkundeunterricht nicht wegzudenken. Bildern wurde von der Didaktik für den Erdkundeunterricht als Ersatz für die Realbegegnung ein hoher Stellenwert zugeordnet. Bilder glaubte man jedoch in den 70er-Jahren aus dem Erdkundeunterricht verbannen zu können. Bilder werden wieder verstärkt im Erdkundeunterricht eingesetzt. Bilder in Zeitschriften am Kiosk locken zum Kauf. Bilder sind Wesenselemente von Werbeplakaten. Bilder … Überall gibt es Bilder. Jeder redet von Bildern. Was aber wird im Erdkundeunterricht darunter verstanden? Wenn hier und im Folgenden der Begriff „Bild" gebraucht wird, so ist jeweils die Fotografie eines begrenzten Ausschnittes der Erdoberfläche gemeint (= Definition).

Nicht jedes Foto eines Ausschnittes unserer Lebensumwelt ist zur Vermittlung geographischer Sachverhalte geeignet. Es ist also kritisch zu überprüfen, ob ein konkretes Bild dieser Aufgabe gerecht wird. Dafür ist es notwendig, sich zu verdeutlichen, dass Bilder – wie alle Medien – in doppelter Weise wirken sollen: Bilder informieren und Bilder motivieren. Bilder sprechen damit den Verstand und das Gefühl an. Bilder sollen im Erdkundeunterricht bestimmte – vom Lehrer gewünschte – Funktionen wahrnehmen. Dafür ist es notwendig zu wissen, in welcher Weise Bilder informieren, wozu sie motivieren und welche Bedeutung dieser Doppelcharakter von Bildern für den Unterricht hat. (Vgl. Kap. 1.)

3.4.2 Die Funktion von Bildern

Das Foto als Informationsquelle
In einer Anleitung für Fotografen liest man, dass Fotografieren ein Weg ist, Realität subjektiv darzustellen. In die Überlegungen zu und in die Auseinandersetzung mit einem Bild muss also die Tatsache einbezogen werden, dass Fotografien subjektive Wiedergaben der Wirklichkeit sind. Dabei wird die Subjektivität durch zwei Faktoren bestimmt. Zum einen fotografieren wir gezielt nur das, was wir wahrnehmen und außerdem auch noch für geeignet erachten, fotografiert zu werden. Zum anderen aber bietet die Technik der Fotografie über die Wahlmöglichkeiten der Filmsorte, der Brennweiten der Objektive, der Auswahl des Lichtes (Tageszeit und Jahreszeit der Aufnahme) die vielfältigsten Möglichkeiten der subjektiven Darstellung der realen Umwelt (vgl. auch Preti 1983, S. 9–10).

Die subjektive Auswahl des Bildausschnitts sollen zwei Bilder vom gleichen

Abb. 21: Altes Bauernhaus im Pfitschtal

Erdraum verdeutlichen. Das erste Bild (Abb. 21) zeigt ein altes Bauernhaus im Hochgebirge. Es ist aufgenommen im Pfitschtal in Südtirol. Das Haus ist nicht im besten Zustand und es erhebt sich die Frage, ob ein solches Haus überhaupt noch bewohnbar ist. Aber unzweideutig ist es als ein Haus ausgewiesen, das sowohl Wohnung als auch bäuerliche Wirtschaftsräume beinhaltet. Das Bild vermittelt Ärmlichkeit in einem Hochgebirgstal.

Ein zweites Bild (Abb. 22) zeigt einen größeren Ausschnitt. Und plötzlich wird eine andere Wirklichkeit vermittelt. Neben dem alten Einhof entsteht ein neuer Bauernhof mit einem großen, zweigeschossigen Wohnhaus und einem getrennten Wirtschaftsgebäude. Die Bauweise beim Wohngebäude lässt darauf schließen, dass hier Vorsorge getroffen wird Zimmer an Urlaubsgäste zu vermieten. Dieses Bild vermittelt nicht Armut, sondern einen beginnenden, bescheidenen Wohlstand.

Und es stellt sich die Frage, welches der beiden Bilder die Realität objektiv wiedergibt. Aber gerade im Vergleich wird deutlich, dass in jedem Ausschnitt der Wirklichkeit, dass gerade in der Wahl dieses Ausschnittes, die von der Wahrnehmung des Fotografen abhängt, bereits ein Teil der Subjektivität des Mediums Bild begründet liegt.

Andererseits muss aber auch daran erinnert werden, dass Fotos Beweismittel sind. Denn natürlich gilt, „dass die Fotografie nichts (ohne Tricks) aufnehmen kann, was nicht vorhanden ist. Ein reichliches Maß an Authentizität wird man diesem Medium also nicht absprechen können. Authentizität ist aber etwas anderes als Objektivität." (Freier [6]1989, S. 199) Es kann also festgehalten werden:

Abb. 22: Neues und altes Bauernhaus im Pfitschtal

Ein Bild informiert
1. über einen Ausschnitt ausschließlich aus der sichtbaren, also nur der visuell wahrnehmbaren Realität,
2. über einen Augenblicksmoment der Wirklichkeit,
3. über einen subjektiven Ausschnitt der Wirklichkeit,
4. mit authentischen Informationen über die Wirklichkeit.

Zu 1: Es zeigt, was bei persönlicher Anwesenheit an dem jeweiligen räumlichen Ort auch ohne Medium Bild zu sehen wäre.
Zu 2: Es ist in einer bestimmten Sekunde historischer Wirklichkeit entstanden und hält genau diesen Augenblick fest.
Zu 3: Es kann nie die volle Wirklichkeit, sondern nur den von einem einzelnen Menschen individuell bestimmten Ausschnitt zeigen. Deswegen wird ein subjektiver Ausschnitt der Wirklichkeit vermittelt, der durchaus von objektiver Wirklichkeit entfernt sein kann.
Zu 4: Das, was ein (nicht mithilfe von Tricks verfälschtes) Foto zeigt, ist tatsächlich vorhanden (gewesen). Damit ist es auch ein Zeitdokument.
Noch eine weitere Sache ist sehr wesentlich im Hinblick darauf, wie die „Botschaft" eines Bildes aufgenommen wird. Das ist der Blickwinkel. Eine Sicht von schräg unten z. B. führt dazu, dem Betrachtenden unterschwellig eine untergeordnete Position zu suggerieren, auch eine Situation des Bedrohtseins. Umgekehrt vermittelt eine Schrägsicht von oben intuitiv Distanz und Distanzierung. (Vgl. Birkenhauer 1980, S. 134)

Informationswahrnehmung

Die Überlegungen zur Subjektivität rückt die Frage der Informationsaufnahme in den Blick. Menschen haben im Laufe ihres Lebens gelernt zu sehen, nehmen dabei aber nicht alles wahr. Sie selektieren. Nur das, was interessiert, geht auch in das Bewusstsein ein. Folgt man dem Psychologen Joerger, so „lässt sich im Experiment zeigen, dass … der Mensch Objekte der Umwelt „übersieht", nicht bemerkt, nicht oder doch schlechter identifizieren kann, wenn sie in seiner (derzeitigen) Motivationsstruktur keine oder nur geringe Bedeutung haben" (1976, S. 77).

Es gilt also zu begreifen, dass keinesfalls alles, was zu sehen ist, auch zur Kenntnis genommen wird. Da die Wahrnehmung offensichtlich in hohem Maße vom jeweiligen Interesse und von der Motivation zur Aufnahme der gebotenen Informationen abhängt, kommt es bei der Benutzung von Medien darauf an, dass diese nicht nur Informationen vermitteln, sondern auch zur Informationsaufnahme motivieren können.

3.4.3 Das Bild als Motivator

Damit stellt sich die Frage, in welcher Weise das Medium Bild motiviert, es zu betrachten, und in welcher Weise es motiviert, sich mit einer Thematik zu beschäftigen, die das Bild aufgreift. Dabei ist sicher zwischen Bildern, die der Interessenslage der Betrachter entsprechen und solchen, die dies nicht tun, zu unterscheiden. Wenn Fotos einer gemeinsam unternommenen Reise betrachtet werden, ist das Interesse für die Fotos, ist die Motivation sich die Fotos anzusehen groß. Werden dagegen die gleichen Aufnahmen Personen gezeigt, die das Reisegebiet nicht aus eigener Anschauung kennen und die auch keine besonderen Beziehungen zu dem Reisegebiet haben, so interessieren nur einzelne Fotos. Schüler befinden sich in der Regel in der zweiten Personengruppe. Deshalb muss ergründet werden, welche Bilder aus welchem Grund die Aufmerksamkeit der zweiten Personengruppe finden.

Zwei Gründe lassen sich dafür ausmachen, dass ein Foto den Betrachter motiviert das Bild länger anzusehen, sich mit dem Bild zu beschäftigen. Ein motivierendes Foto muss sowohl den Verstand als auch das Gefühl ansprechen. Ein für den Unterricht brauchbares Bild soll wie ein gutes Bild „unterhalten und unterrichten, erfreuen, bilden, aufklären, informieren und gelegentlich sogar schockieren. In jedem Fall aber muss das gelungene Foto die Gedanken des Betrachters anregen und ihn bewegen sich mit dem Bild näher auseinander zu setzen." (Freier [6]1989, S. 201)

Dies führt zu folgenden Aussagen:

Ein Bild motiviert durch

1. eine klar erkennbare Aussage,
2. eine entsprechende Bildgestaltung.

Zu 1: Eine schnell erfassbare Bildaussage motiviert eher dazu, das Bild länger und intensiver anzusehen, als wenn eine Aussage nur mit Mühe zu entdecken ist. Nur so kann das Bild neugierig machen, noch mehr zu dem Thema zu erfahren, das das Bild aufgegriffen hat.

Aufgrund von Untersuchungen zum Landschaftssehen kam Birkenhauer (I: 1985; II: 1986) zum Ergebnis, dass Schüler in der Lage sind viele richtige Beobachtungen (z. B. Möglichkeiten für die Anlage von Freizeitplätzen, Abschätzen eines guten oder schlechten Baugrundes, Einschätzen von hydrologischen Verhältnissen: 1986, S. 21) dann zu machen, wenn ein im Bild gegebener Landschaftsausschnitt nur aus wenigen, klar erfassbaren Untereinheiten besteht, d. h. also klar zu überblicken ist. Dabei werden die breiteren, weiteren, ausgedehnteren Untereinheiten am besten „gesehen". Bei der Auswahl von Landschaftsbildern muss somit darauf geachtet werden, dass zumindest Vorder- und Mittelgrund von weiten, deutlichen Formen geprägt sind. Untereinheiten im Hintergrund finden wenig Beachtung – es sei denn, es handelt sich um eine imposante Gebirgskulisse (1986, S. 34). Auch eine durch ein Tal oder durch einen Fluss belebte Landschaft wirkt attraktiv (1985, S. 181).

Zu 2: Dadurch wird nicht nur der Verstand, sondern auch der emotionale Bereich angesprochen. Die emotionale Anregung bewirkt eine höhere Bereitschaft ein Bild länger und intensiver anzusehen.

In der zu 1) erwähnten Untersuchung Birkenhauers werden solche Bilder als besonders ansprechend empfunden, in denen
– Personen ins Bild kommen,
– der Betrachter intuitiv das Gefühl hat, hier, in dieser Landschaft, könne er etwas selbst machen (z. B. wandern, bergsteigen, spazieren gehen usw.) (1985, S. 76, 181).

3.4.4 Bilder als Medien im Erdkundeunterricht

Bilder spielen im täglichen Leben zwar eine große Rolle. Es gilt aber zu überlegen, welche Gründe für einen Bildeinsatz im Erdkundeunterricht sprechen. Schon 1895 spricht sich Harms für einen Einsatz von Bildern im Unterricht aus, da sie die Grundlage für die Schilderung eines Raumes seien. Lange wurde dann in der Geographiedidaktik betont, dass Bilder Ersatz für die Anschauung bieten müssten: „Es bietet den besten Anschauungsersatz für die natürliche Landschaft und veranschaulicht am besten geographische Einzelerscheinungen. Darum dient es sowohl der länderkundlichen Darstellung als auch der Untersuchung allgemein geographischer Fragen" schrieb bereits Wagner 1928 (S. 8). „Das Bild in seinen verschiedenen Formen", so sagt Ritter (1972, S. 38f), sei „das einzige Unterrichtsmittel, das eine Ersatzanschauung von der in der Unterrichtspraxis selten unmittelbar anschaubaren Wirklichkeit vermitteln kann." Deshalb hält er es für „das wichtigste Unterrichtsmittel für den Geographieunterricht, erlaubt es doch ein Nachvollziehen des induktiven, von der Beobachtung ausgehenden geographischen Verfahrens." Und nach Brucker (1988, S. 228) „stellt das geographische Bild als Ersatz für die originale Begegnung und Anschauung in flächenhafter Darstellung einen Wirklichkeitsausschnitt dar."

Doch Brucker weist auch darauf hin, dass am Bild „echte Grundanschauungen gewonnen werden" sollen. In gleiche Richtung argumentiert Schrand, für den Bilder Arbeitsmittel in einem schüler- und lernzielorientierten Unterricht sind, an denen „die Schüler möglichst selbstständig Kenntnisse und Einsichten in räumliche Erscheinungen und Ordnungsmuster erwerben sollen" (1986, S. 31). Damit stehen Brucker und Schrand nur in einer längeren geographiedidaktischen Tradition (vgl. Wocke, Schmidt, Birkenhauer).

Eine andere, den heutigen Aufgaben angemessenere Aufgabe von Bildern im Erdkundeunterricht sieht Stonjek (1992). Danach sind Bilder nicht mehr in erster Linie Informatoren, sondern besitzen auch Funktionen als Motivatoren und auch als Objekte für die Anwendung von Wissen. Nach Theißen (1986, S. 263) kann z. B. ein Bild „eines Ätna-Ausbruchs zur Motivation in einer Stunde über den Vulkanismus" benutzt werden. Doch es ist bekannt, dass Grundwissen notwendig ist, damit Bilder Fragen auslösen können. Bereits 1973 verwies Jungfer auf Erkenntnisse von Psychologen, „dass Wahrnehmung gelernt wird" (S. 92) und dass es die Aufgabe von Unterrichtsprozessen sei, „die Entwicklung von Beobachtungsstrategien zu fördern". Und schon 1928 betonte Wagner (S. 16 ff.), dass zur „Erarbeitung des allgemeinen Bildinhaltes" ein z. T. sehr umfangreiches Vorwissen notwendig sei: „Vorbedingung für die geographische Anschauungsfähigkeit sind ein geschultes Auge und eine gründliche Fachausbildung. Die Fachausbildung liefert die für den Anschauungsprozess wichtigen Suchbilder."

„Im heutigen Erdkundeunterricht wird der sichtbare Raum als das Ergebnis raumgestaltender Prozesse verstanden. Raumverhaltenskompetenz muss sich u. a. darin äußern, dass räumliche Erscheinungen als Ergebnis von solchen Prozessen erkannt und beurteilt werden können. Damit hat das Bild … seine dominierende Informantenrolle verloren. Eingetauscht hat es aber dafür eine nicht minder wichtige Rolle im Unterricht: In der Interpretation von Bildern … muss erworbenes Wissen, müssen erworbene Fertigkeiten und Fähigkeiten eingesetzt werden, um das visuell Wahrnehmbare als das Ergebnis von zu benennenden und darzulegenden Prozessen zu interpretieren. In gleicher Weise aber muss das Bild die immer wieder geforderte Anschauung nun zur Vervollständigung und zur Verifizierung gewonnener Kenntnisse und Erkenntnisse liefern. Bilder sind als Medium der Anschauung auch in einem Unterricht, der sich den räumlichen Strukturen und den Raum verändernden Prozessen widmet, unverzichtbar, äußern sich doch Strukturen und Prozesse im Raum auch in sichtbaren Erscheinungen." (Stonjek 1992, S. 131)

Auf der Basis der dargelegten Funktion von Bildern und Aufgaben des Mediums Bild im Erdkundeunterricht lassen sich die sechs Aufgaben für einen Bildeinsatz im Erdkundeunterricht wie folgt formulieren:

1. Bilder können motivieren sich mit räumlichen Erscheinungen auseinander zu setzen.
2. Bilder bieten die Möglichkeit bei der Interpretation Wissen um räumliche Strukturen und raumverändernde Prozesse anzuwenden und zu erproben.
3. Bilder schaffen die Anschauung zu räumlichen Erscheinungen als Ausdruck von räumlichen Strukturen und als das Ergebnis von raumverändernden Prozessen.
4. Bilder fordern dazu auf, gelesen zu werden.
5. Bilder erfordern, dass man lernt, in ihnen auch das zu sehen, was sie vordergründig nicht zeigen.
6. Bilder sollten in ihren vielfältigen Funktionen im öffentlichen Leben (z. B. in der Werbung) erkannt werden.

3.4.5 Bildbeurteilung und Bildauswahl

Ausgehend von obigen Überlegungen lässt sich ein Prüfkatalog entwickeln, der der Reihenfolge nach abgearbeitet werden sollte, um zu einer Beurteilung der unterrichtlichen Brauchbarkeit eines Bildes zu gelangen.

3.4.5.1 Bildaussage
Die Brauchbarkeit eines Bildes hängt von der Bildaussage ab. Zur Beurteilung dieser Bildaussage ist in zwei Schritten vorzugehen. Im ersten Schritt ist in einer aufzählenden Beschreibung festzustellen, welche sichtbaren Elemente der Realität das Bild zeigt. Erst danach sollte geprüft werden, ob das Bild darüber hinaus auch die Aussage enthält, die in der jeweiligen Unterrichtsstunde benötigt wird.

Beschreibung: Was zu sehen ist
So beginnt also die kritische Bildauswahl mit der ganz simplen Feststellung, was zu sehen ist. Krauß spricht von der „faktischen Bestandsaufnahme", bei der es gilt, „die bildhaften Fakten zu erkennen und zu benennen" (1977, S. 14). Hier sollte die Mühe nicht gescheut werden das Bild so zu beschreiben, dass jemand, der das Bild nicht kennt, trotzdem einen richtigen Eindruck von diesem Bild bekommt. Es gehört also dazu, dass gesagt wird, was auf dem Bild wo zu sehen ist (vorn links …, vorn rechts …, vorn in der Mitte …, …). Nur so macht man sich bei der Bildauswahl richtig bewusst, was jeweils zu sehen ist. Menschen sind in der Wahrnehmung darauf spezialisiert zu selektieren – und können dadurch auch Wichtiges übersehen. Andererseits ist bekannt, dass Schüler besonders in den unteren Klassen geradezu Meister darin sind, Einzelheiten zu erkennen und aufzunehmen. „Kinder sehen Bilder oft ganz anders als Erwachsene; ihre Beschreibungen und Formulierungen fallen anders aus als die des Lehrers." (Wocke [8]1968, S. 96). Long (1971) fand in einer empirischen Untersuchung heraus, dass 10–Jährige ein Bild nicht als Ganzheit erfassen, vielmehr nur bestimmte Details sehen – und zwar eher wegen der für sie auffälligen Form der

Abb. 23: Im Alentejo in Portugal

Details, weniger wegen ihrer objektiven Bedeutung. Long belegt auch, dass die Details nicht im Bezugsrahmen, sondern nur getrennt gesehen werden. Dabei werden physisch-geographische Details deutlich schlechter erkannt und behalten. Was an einem Bild von geographischer Relevanz ist, wird von den Schülern erst gegen Ende der Sekundarstufe I erkannt.

Ein Beispiel mag verdeutlichen, was beim „Lesen" eines Bildes vor sich gehen sollte: Auf einem Bild (Abb. 23) ist ein flachwelliges Relief zu erkennen. Die Grundfläche ist braun: abgeerntete Getreidefelder. Vereinzelte Laubbäume lockern das Bild auf. Um welche Art von Bäumen es sich handelt, ist nicht erkennbar. Aber es fällt auf, dass die Bäume inmitten ausgedehnter Felder stehen. Der Himmel ist wolkenlos. So etwa könnte man beginnen, das Bild zu beschreiben.
Die Beschreibung hat noch einen zweiten, wichtigen Sinn: Der Umgang mit Bildern im Unterricht muss die Schüler dazu anleiten, Bilder lesen zu können. „Bilder lesen" muss dabei in gleicher Weise eingeübt werden wie „Texte lesen". Bewusst ist, dass das Lesen eines Textes über das Erfassen von Buchstaben, von Buchstabengruppen (= Silben, Worte), von Sätzen abläuft. Geübte Leser können einen Text in seinen Worten und Sätzen sehr schnell erfassen, ihn „diagonal lesen" um so dann zu etwas anderem vorzudringen. So wie es notwendig ist, einen Text über Buchstaben, Worte und Sätze zu lesen, um zu erfassen, was er erzählen soll, so ist es auch notwendig, ein Bild über die dargestellten Einzelhei-

Abb. 24: Abb. 23 seitenverkehrt

ten, die Gegenstände in Form und Farbe, die Menschen mit ihrer Hautfarbe, ihrer Größe, ihrer Kleidung, ihrer Haarfarbe, ihrer Haltung, die Beleuchtung mit hell und dunkel, mit Schatten und Sonnenschein zu erfassen, um die Geschichte zu erfahren, die das Bild erzählen kann.

Die Gegenüberstellung der Elemente von Text und Bild, die erfasst werden sollen, macht deutlich, dass das Bild einerseits mit einer ungleich größeren Anzahl von zu erfassenden Elementen aufwartet, dass andererseits diese Elemente anschaulicher sind als die eines Textes. Steht in einem Text das Wort „Tisch", so müssen wir es erst in das Bild eines Tisches übersetzen. Sehen wir auf einem Bild einen Tisch, so steht er sogleich vor unserem inneren Auge. Diese so deutliche Anschaulichkeit versperrt uns allerdings leicht den Blick dafür, dass Bilder auf mehreren Ebenen „erzählen" und dass man die vordergründige Anschaulichkeit verlassen muss um mehr von der Geschichte zu erfahren, die ein Bild erzählen kann.

Wenn wir auf einem Bild ein Stoppelfeld sehen, so können wir zunächst nicht mehr wahrnehmen, als eben diese Stoppeln und vielleicht noch die Farbe des Bodens. Dennoch verbinden wir sofort mit diesem Bild die Tatsache, dass hier Getreide abgeerntet wurde, dass dieses Bild im Spätsommer oder Herbst aufgenommen wurde, weil es nach der Ernte und vor dem Umbrechen des Feldes fotografiert worden sein muss. Damit wird schon mehr gelesen, als das Bild in der vordergründigen Anschaulichkeit zeigt.

Erdkundeunterricht hat wie bei allen Medien, die eingesetzt werden, so auch beim Bild die Aufgabe den Schülern das richtige Erfassen und Interpretieren zu vermitteln. Deshalb müssen die Schüler auch im Erdkundeunterricht (nicht nur im Deutsch- und Kunstunterricht) lernen Bilder zu lesen.

Informationsgehalt: Welche Informationen das Bild vermittelt
Nach der reinen Beschreibung, die vollständig und nicht selektierend vorgenommen wurde, kommt es jetzt darauf an festzustellen, ob dieses Bild eine Aussage enthält und welche Informationen es vermittelt. Der Informationsgehalt eines Bildes ist dabei keineswegs gleich der Summe der wahrnehmbaren Einzelerscheinungen auf dem Bild. Erst das Zusammenspiel dieser formt die Information.

Für den Erdkundeunterricht ist zudem nach dem geographischen Informationsgehalt zu fragen, der einen Einsatz des Bildes im Erdkundeunterricht rechtfertigen würde. Was aber ist ein „geographischer" Informationsgehalt? Bestimmt wird er dadurch, dass er dem Erdkundeunterricht dienlich ist. Bezüglich des Informationsgehaltes fordert Brucker (1988, S. 228), dass das „geographische, unterrichtlich bedeutsame Bild (...) aussagekräftig und vielschichtig im Inhalt sein" und „sich für die Gewinnung von Erkenntnissen eignen" muss. Die Auffassungen z. B. darüber, wann ein Bild aussagekräftig ist, können weit auseinander gehen. Und muss ein Bild wirklich für jede Altersstufe vielschichtig sein? Um die Informationen eines Bildes in seiner geographischen Aussage einordnen zu können, bzw. um diese Information überhaupt erst zu einer geographischen Information zu machen, ist die Kenntnis des Aufnahmeraumes notwendig. In dem Beispiel (Abb. 23) erhalte ich dann die Aussage: „Der Alentejo (Portugal) ist leicht hügelig. Große Getreidefelder, in denen einzelne Bäume stehen, prägen das Bild."

Für eine Entscheidung, ob dieses Bild im Unterricht einzusetzen ist, wird geprüft, ob es genau diese Aussage ist, die den Schülern vermittelt werden soll, ob diese Aussage des Bildes, ob dieser Informationsgehalt den Einsatz rechtfertigt. Vor den Antworten auf diese Fragen sind jedoch noch weitere Aspekte der Bildauswahl zu bedenken.

3.4.5.2 Bildgestaltung

Grundsätze
Das „geographische, unterrichtlich bedeutsame Bild" muss nach Brucker (1988, S. 228) „dominante Merkmale betonen und keine Nebensächlichkeiten herausstellen". Damit stellt Brucker eindeutig eine Anforderung an die Gestaltung eines Bildes. Allerdings wird nur ein Aspekt der Gestaltung angesprochen.
Ein Bild für den Erdkundeunterricht sollte aber in seiner Gestaltung drei Anforderungen genügen:
Erstens muss eine *Blicklenkung* gegeben sein, die die Aufmerksamkeit sofort und eindeutig auf die wesentlichen Aussagen des Bildes lenkt. Dies entspricht der Forderung Bruckers.

Zweitens aber sollte ein Bild auch ein gewisse *Anmutungsqualität* (vgl. Ritter 1972, S. 20) haben, also so gestaltet sein, dass es die Betrachter anregt genauer hinzusehen.

Drittens ist zu verlangen, dass das Bild einen *Aufforderungscharakter,* einen Motivationswert, besitzt.

Blicklenkung: Was gesehen wird

Unser Blick kann in einem Bild durch bestimmte Bildelemente derart gelenkt werden, dass wir das Bild in einer bestimmten Reihenfolge „lesen" und dass uns bestimmte Bildelemente sofort „ins Auge springen". Allerdings kann ein Bild auch quasi ein Irrgarten sein. Wir irren mit dem Blick durch das Bild, ohne dass wir einen Platz zum Verweilen finden.

Bei dem als Beispiel gewählten Bild zieht im Vordergrund das Feld mit den einzelnen Bäumen immer wieder den Blick auf sich. Um in Ansätzen zu erkennen, dass es in einem Bild Elemente gibt, die den Blick lenken, wird das gleiche Bild seitenverkehrt angesehen (Abb. 24). Jetzt wird der Blick statt in den Vordergrund in die Ferne gelenkt. Damit fallen andere Bildelemente ins Auge.

In einem Bild wird der Blick durch verschiedene Gestaltungselemente gelenkt. Am häufigsten finden wir die Diagonalen als Leselinien. Eine betonte Diagonale von links unten nach rechts oben führt den Blick in die Ferne, eine Diagonale von links oben nach rechts unten dagegen in die Nähe. D. h. wir lesen Bilder von links nach rechts. Der Grund dafür ist höchstwahrscheinlich, dass wir über das Lesen in dieser Richtung eingeübt sind. Chinesen dagegen „lesen" Bilder von oben rechts nach unten links. Werden unsere Augen beim „lesen" zusätzlich von unten nach oben geführt, so empfinden wir bei einem normalen Bildaufbau, dass wir von der Nähe unten in die Ferne oben geleitet werden.

Diese Diagonalen müssen keineswegs linienhafte Elemente im Bild sein, vielmehr können diese Diagonalen auch durch Helligkeitskontraste, durch Farbabfolgen, durch Muster oder Oberflächenstrukturen von Flächen oder durch eine entsprechende Anordnung von Formen betont werden.

Eine weitere Form der Blicklenkung ist vorgegeben durch die Zentralperspektive: Durch gleiche Bildkomponenten wie bei der Diagonalperspektive wird jetzt das Zentrum des Bildes oder bei einer ausgeprägten Symmetrie zumindest der mittlere Streifen des Bildes betont.

Für die Bildbeurteilung kommt es nicht darauf an, jede Form der Blicklenkung zu kennen, geht es hier doch nicht um eine Anleitung zur Anfertigung, sondern ausschließlich um die Auswahl guter Fotos. Für die Anfertigung erhält man in den einschlägigen Fotobüchern gute Anregungen. Für die Bildbeurteilung aber ist es wichtig zu wissen, dass es bei jedem Bildaufbau, bei jeder Blicklenkung darauf ankommt, dass der Blick sofort auf das Wesentliche des Bildes gelenkt wird. Bei der Auswahl von Bildern für den Unterricht sollte darauf geachtet werden, dass die Bilder diesem Anspruch genügen.

Anmutungsqualität: Wie das Bild anspricht
Ist das Bild „schön" oder „hässlich"? Die Meinung dazu wird nicht immer einheitlich sein. Dennoch: Wir kennen alle die Situation, dass bei einem Diavortrag ein Raunen durch die Reihen geht, wenn ein besonders „schönes" Foto gezeigt wird. Es muss also auch eine Reihe von allgemein anerkannten Kriterien für ein „schönes" Bild geben. Weniger das ‚schöne' als vielmehr das ‚ansprechende' Bild wird für den Erdkundeunterricht gesucht. Ein solches Bild, das zu den Betrachtern spricht, hat eine Anmutungsqualität. „Unter ‚Anmutungsqualität' sollen dabei alle die vom Wahrnehmungsobjekt ausgehenden Kräfte verstanden werden, die seelisch-erlebnisartige Bezüge zum Betrachter stiften." (Ritter 1972, S. 20)
In jedem guten Fotobuch sind Kriterien genannt, denen ein Bild genügen muss, damit es Anmutungsqualität besitzt. Dazu gehört, dass das Bild klar aufgebaut und ästhetisch gestaltet ist, den emotionalen Bereich anspricht, anregend und interessant ist, Harmonie und Ausgewogenheit oder bewusste Disharmonie zeigt. Nach Ritter bestimmen u. a. Bildinhalt, Bildstruktur und Bildästhetik die Anmutungsqualität (1972, S. 33).
Diese Anmutungsqualität sollte ein Bild für den Erdkundeunterricht besitzen. Denn sie regt zum Betrachten des Bildes, zur Auseinandersetzung mit dem Bild an. So weist Ritter darauf hin, dass „die bei der Bildwahrnehmung steuernden Interessen und Gefühlsregungen ... selbst durch bildimmanente oder das Bild ergänzende Anmutungen beeinflusst und gelenkt werden" können (1972, S. 19). Es ist also zu prüfen, ob das Bild über den geographischen Informationsgehalt hinaus auch eine Anmutungsqualität besitzt, ob das Bild anspricht.

Abb. 25: Leninvàros in Ungarn

84

Ein Beispiel (Abb. 25) soll verdeutlichen, dass mit der Forderung nach Anmutungsqualität keineswegs gemeint ist, dass Bilder gesucht sind, die nur die schönen Seiten der Wirklichkeit zeigen. Durch die Bildgestaltung ist erreicht, dass der Blick auf die Rauchfahne gelenkt wird. Der Kontrast zwischen dem angenehmen Grün der Bäume und Büsche einerseits und der die heile Welt störenden Rauchfahne andererseits löst Fragen aus.

Ähnlich löst eine durch Hotelkomplexen zersiedelte alpine Landschaft entschieden negative Stellungnahmen aus (Birkenhauer, I: 1985, S. 176–181).

Motivationswert: Wozu das Bild motiviert

Ein Bild kann aufgrund seiner Aussage und seiner Gestaltung dazu motivieren, es genauer anzusehen. Zusätzlich kann es Fragen aufwerfen, die es selbst nicht beantwortet. Für den Erdkundeunterricht besitzt es einen Motivationswert, wenn es nicht nur dazu verleitet, es anzusehen, sondern wenn es zudem die Schüler motiviert miteinander über das Bild zu sprechen und wenn es ggf. dazu anregt, sich mit Fragen auseinander zu setzen, die über den Bildinhalt hinausgehen. Diese Motivation kann ausgehen von der Vertrautheit mit dem Dargestellten, kann aber auch ausschließlich hervorgerufen werden durch die Bildgestaltung. Wellenhofer (1977, S. 77) spricht von der Motivationskraft eines Bildes, die seiner Meinung nach dann gegeben ist, „wenn der Schüler sich mit den abgebildeten Personen oder Gegenständen identifizieren kann".

Folgende drei Aspekte sind für die Beurteilung des Motivationswertes vorrangig zu betonen:

Werden die Betrachter dazu angeregt,

1. sich das Bild anzusehen? (Wodurch wird erreicht, dass das Bild genauer betrachtet wird?)
2. sich mit dem Bild auseinander zu setzen und darüber zu sprechen? (Welches könnten die Fragen sein, über die bei der Auseinandersetzung mit dem Bild gesprochen werden wird?)
3. Fragen zu stellen, die nicht das Bild selbst betreffen, sondern über dieses hinausgehen? (Welche könnten diese sein?)

3.4.5.3 Realitätsausschnitt

Realität und Ausschnitt

„Das geographische Bild stellt als Ersatz für die originale Begegnung und Anschauung in flächenhafter Darstellung einen Wirklichkeitsausschnitt vor", schreibt Brucker. Ein Ausschnitt kann nicht alles zeigen. So ist zu prüfen, in welcher Weise der Ausschnitt der Wirklichkeit gerecht wird oder ob der Ausschnitt ein schiefes Bild der Wirklichkeit vermittelt.

Subjektivität: Was nicht gezeigt wird

Es wurde aufgezeigt, dass jedes Bild ein subjektiv ausgewählter Ausschnitt aus der objektiv vorgegebenen Realität ist. Soll ein Bild kritisch auf seine Einsatzmöglichkeit im Erdkundeunterricht geprüft werden, muss man sich deshalb deutlich machen, was im Einzelnen bei dem betreffenden Bild subjektiv und was objektiv ist. Hier bedarf es der Überlegung, wie man den gewählten Ausschnitt der Wirklichkeit auch anders zeigen bzw. welchen anderen Ausschnitt man wählen könnte. Erst wenn man die subjektiven Elemente des jeweiligen Bildes begriffen hat, kann der verantwortete Einsatz dieses Bildes beurteilt werden. Dabei sollte deutlich sein, dass jedes Bild Informationen zwar subjektiv, aber gleichwohl doch Informationen über die reale Umwelt vermittelt.

Bei der kritischen Bildauswahl ist also viererlei zu fragen:

1. Worin besteht die Subjektivität der Bildaussage?
2. Was wird gezeigt und was wird bewusst oder unbewusst nicht gezeigt?
3. Was ist als objektiver Tatbestand dem Bild zu entnehmen?
4. Welche Ergänzungen sind im Unterricht aufgrund der Subjektivität des Bildes notwendig?

Begrenztheit des Mediums: Was nicht gesehen werden kann

In einem Fotolehrbuch wird darauf hingewiesen, dass „Fotos tatsächlich nur eng begrenzte Abbilder einer dreidimensionalen, komplexen Wirklichkeit sein können. Dies bedeutet aber auch, dass sie weit weniger Informationen enthalten als vielschichtige Realität selbst" (Freier [6]1989, S. 153).

Ein Bild vermittelt Informationen, aber es vermittelt eben nur einen Ausschnitt aus der vielschichtigen Realität. Es kann nur einen Ausschnitt vermitteln, da es ausschließlich sichtbare Realität und diese nur in einer Sekunde ihrer Existenz vermittelt. Damit liegt es in der Natur der Sache, dass ein Bild der Ergänzung anderer Medien bedarf, die andere Informationen der vielschichtigen Realität vermitteln können. Bei der Beurteilung eines Bildes muss Klarheit darüber geschaffen werden, welche zusätzlichen Informationen sinnvollerweise mithilfe welcher zusätzlicher Medien zu ergänzen sind.

In unserem Beispiel aus dem Alentejo (Abb. 23) zeigt das Bild einen Ausschnitt der Realität im Alentejo Portugals. Kaum etwas vermitteln kann es z. B. über die Besitzverhältnisse an Grund und Boden. Über Fruchtfolgen, Arbeitsbedingungen der Landbevölkerung, über das Klima, über Erntemengen erfahren wir nichts. Hier könnten Karten, Tabellen, Diagramme, Texte usw. weiterhelfen. (Alentejo = südportugiesische Landschaft zwischen dem Unterlauf des Tejo und der Algarve.)

3.4.5.4 Unterrichtsrelevanz

Da die Bilder im Erdkundeunterricht Verwendung finden sollen, müssen seine Rahmenbedingungen in die Bildauswahl miteinfließen. Ein noch so gutes Bild kann in einer konkreten Unterrichtssituation, wenn es den jeweiligen unterrichtlichen Bedingungen nicht genügt, keine Verwendung finden. Vor allem zwei Aspekte sind es, die überprüft werden müssen: Ist das Bild dem Alter der Schüler in der jeweiligen Klasse angemessen und entspricht es den Vorstellungen des Curriculums?

Altersgemäßheit: Wem das Bild zu zeigen ist

Ein noch so ansprechendes, informatives Bild ist dennoch keineswegs in allen Altersstufen in gleicher Weise einsetzbar. Vielmehr ist bei jüngeren Schülern die einfache Strukturiertheit wichtig. Bei Schülern jeden Alters ist stets auch das Vorwissen zu berücksichtigen.

Zwei Bilder (Abb. 26 u. 27), die beide einen Bezug zur gewerblichen Produktion haben, sollen als Beispiel dienen.

Abb. 26: Kohlemeiler im Bükkgebirge in Ungarn

Abb. 27: Industriestadt Miskolc in Ungarn

Die Kohlenmeiler im ungarischen Bükkgebirge sind von Gestaltung und Inhalt einfach strukturiert. Für einen Einsatz im 5./6. Schuljahr wäre es besser, wenn auf dem Bild noch Arbeiter bei dem Bau der Meiler zu sehen wären. Erfassbar aber ist das Bild leicht.

Anders sieht es bei dem Bild aus dem ungarischen Industrierevier in Miskolc aus. Hier sind Inhalt und Bildaufbau komplexer: Der Blick geht zuerst zu den hellen, mehrgeschossigen Wohnbauten in der Mitte des Bildes, die wie eine neuartige Stadtmauer den Bereich der Industriestadt von dem umgebenden agrargenutzten Raum trennen. Innerhalb der Stadt sind – zu der Zone der neuen Wohnquartiere am Rand – im Zentralbereich zwei weitere Zonen auszu- machen: Die alten Wohnviertel mit niedrigen, kleinen Häusern und der In- dustriekomplex.

Wie entscheidend das Alter der Betrachter ist, darauf ist von Birkenhauer mehrfach hingewiesen worden. Je älter die Schüler sind, umso leichter gelingt es ihnen, zutreffende Beobachtungen zu machen und sie richtig zu lokalisieren. Eine sprunghafte Zunahme richtiger Lösungen um 36 % erfolgt zwischen Klas- sen 8 und 10 (1985, S. 31).

Birkenhauer erklärt dies mit dem sich anbahnenden Wechsel vom sog. kindli- chen Sehen zum erwachsenen Sehen. In den Klassen 12 und 13 liegen die rich- tigen Beobachtungen und Eintragungen um 89 % höher als jene in Kl. 8 (1985, S. 31).

Unter kindlichem Sehen versteht Birkenhauer (erstmals: 1971 I, S. 30, 120, II, S. 71) die noch schlecht ausgebildete Fähigkeit, ein Bild als Ganzes von vorn- herein zu erfassen. Der Schüler „klebt" an für ihn wesentlich erscheinenden Details (Personen, Früchte, große Gebäuden wie Eiffelturm, Big Ben, Kapitol, Kreml). Er sieht keinen Zusammenhang. Haus, See, Berge, Bäume, Wald wer- den für sich erfasst, nicht im Miteinander. Ein entferntes Dorf wird erst beim Nachfragen erfasst „als am Ende des Sees liegend".

Der Erwachsene dagegen ist vor allem an Überblicken interessiert. Der Lehrer als Erwachsener neigt somit intuitiv dazu, Überblicksbilder auszuwählen – und wundert sich dann, dass jüngere Schüler so wenig auf das so „schöne" Bild an- sprechen.

Als Beispiel möge das Unterrichtsthema ‚Huerta' dienen. Jüngere Schüler „springen an", wenn sie mitten in einen Orangenhain (womöglich mit einem großen Haufen geernteter Orangen) geführt werden, ältere Schüler, wenn ih- nen zuerst ein Überblick gegeben wird. (Selbstverständlich erhalten auch die jüngeren Schüler einen Überblick – aber erst am Ende!)

Eine vergleichbare Studie mit entsprechenden Ergebnissen in unterschiedli- chen Klassen trug Frank auf dem Geographentag in Basel vor (1989).

Adäquatheit zum Curriculum: Welches Curriculum unterstützt wird
Jeder Erdkundeunterricht ist einem Curriculum verpflichtet. Dabei sind wir uns bewusst, dass die Zielvorstellungen für den Erdkundeunterricht sich verändert haben und verändern werden. Bilder haben zwar generell in jedem Erdkunde- unterricht unabhängig vom Curriculum ihren Platz. Gleichwohl gilt dies aber

nicht für jedes einzelne Bild. Schrand weist darauf hin, dass sich die Aufgaben eines Bildes im Erdkundeunterricht „jeweils in Abhängigkeit von allgemein- und geographiedidaktischen Grundkonzeptionen der Zeit" verändern (1986, S. 31).

Wenn Bilder Anschauung eines sichtbaren Ausschnittes der Erdoberfläche liefern, so sind die Informationen zunächst solche, die visuell wahrnehmbar sind, die zudem nur einen bestimmten Augenblick betreffen. Prozesse aber sind mit Einzelbildern nicht vermittelbar. Wohl können Bilder die Anregung geben nach dem Ablauf von Prozessen zu fragen. Während Ritter noch 1972 das Übersichts- und landschaftliche Charakterbild typischer deutscher Landschaften für eine Wiederholungsstunde suchte (1972, S. 50/51), so ist nach Schrand das Bild im „Geographieunterricht der Gegenwart ... in erster Linie Arbeitsmittel, mit dem und an dem Schüler ... Kenntnisse und Einsichten in räumliche Erscheinungen und Ordnungsmuster erwerben sollen" (1986, S. 31). Schrand folgt darin wiederum der gängigen Auffassung (vgl. Wocke 1968, Birkenhauer 1971).

Und Brucker verlangt vom Bild im Erdkundeunterricht, dass es „den Menschen als Gestalter des Raumes präsentieren" muss (1988, S. 228). Es ist deutlich, dass je nach Zielvorstellung des Erdkundeunterrichts die Anforderungen an das Bild wechseln. Gerade für jüngere Schüler ist das Vorhandensein von Personen bedeutsam.

Bei der Auswahl eines Bildes ist somit zu klären, welchem Curriculum und welcher Unterrichtsauffassung das Bild genügen soll und welcher didaktische Ort für das Bild vorgesehen ist. Das heißt also: Welches ist die didaktische Zielvorstellung für den Einsatz dieses Bildes?

3.4.5.5 Zusammenfassung zur Bildbeurteilung

Kriterien zur Bildauswahl sind somit:

Bildaussage
  1. Beschreibung: Was zu sehen ist
  2. Informationsgehalt: Welche Informationen das Bild vermittelt

Bildgestaltung
  3. Blicklenkung: Was gesehen wird
  4. Anmutungsqualität: Wie das Bild anspricht
  5. Motivationswert: Wozu das Bild motiviert

Realitätsausschnitt
  6. Subjektivität: Was nicht gezeigt wird
  7. Begrenztheit des Mediums: Was nicht gesehen werden kann

Unterrichtsrelevanz
  8. Altergemäßheit: Wem das Bild zu zeigen ist
  9. Curriculum adäquat: Welches Curriculum unterstützt wird

Selten wird ein Bild allen Auswahlkriterien voll genügen. Selbst wenn es in der pädagogischen Freiheit der Lehrer und der Medienproduzenten liegt, die Gewichtung der Kriterien bei der kritischen Bildauswahl unterschiedlich vorzunehmen, bleibt es dabei, dass ausgewählte Bilder diesen Anforderungen weitgehend entsprechen sollten.

3.4.6 Bildeinsatz im Unterricht

Ob Motivator, Informator oder Wissensanwendungsobjekt – am Beginn der Arbeit mit einem Bild wird immer eine sachgerechte Beschreibung stehen. Schüler müssen zunächst äußern, was sie von dem, was das Bild zeigt, wahrnehmen. Dabei wird bereits deutlich werden, dass die Wahrnehmung subjektiv stattfindet: Die jeweils anderen, subjektiven Vorkenntnisse und Einstellungen der einzelnen Schüler gehen in deren Wahrnehmung ein. Doch „das Bild soll nicht nur angesehen, sondern beobachtet (d. h. zielgerichtetes, planmäßiges Wahrnehmen) und ausgewertet werden", schreibt Möbius 1958 (S. 184). Dabei sei es aber „nicht notwendig, jede Kleinigkeit zu erfassen. Stattdessen" möchte er „das geographisch Wesentliche und Typische umso ausführlicher" besprechen. Dieser Aussage ist weiterhin zuzustimmen, auch wenn die Vorstellungen über das geographisch Wesentliche und Typische sich gewandelt haben. Mit der von Möbius geforderten Vorgehensweise wird für das induktive Verfahren plädiert, zu dem nach Wocke das Bild zwinge. Gegebene Tatsachen sollen „entdeckt, beobachtet, erkannt, genau verfolgt, betrachtet, sorgfältig beschrieben, erklärt und schließlich benannt werden" ([8]1968, S. 89).

Damit steht bei der Verwendung eines Bildes im Unterricht immer die Bildbeschreibung am Beginn. Doch diese reicht nicht aus. Weidemann macht darauf aufmerksam, „dass es keineswegs schon genügt, zu erkennen, was auf einem Bild dargestellt ist. Vielmehr ist ein informatives Bild erst dann verstanden, wenn man die Mitteilungsabsicht des Bildproduzenten angemessen erfasst hat" (1989, S. 32). Deshalb trage ein Bild erst dann zum Wissenserwerb bei, wenn sich Schüler aktiv mit dem Bild auseinander setzen müssen. Dies passt zu der alten Forderung, dass in einer Unterrichtsstunde nur wenige Bilder zu verwenden sind.

Bildern kann ein unterschiedlicher didaktischer Ort innerhalb von Unterrichtseinheiten zugewiesen werden – je nach der Funktion.
- Einstieg: Hierfür sind motivierende Bilder geeignet, je nach Thema (z. B. Big Ben, Beton-Skiburgen …).
- Erarbeitungsphase: Hierfür sind alle Bilder geeignet, die für das Verständnis der Problemstellung entscheidende Informationen geben können (z. B. Vergleich von Heute und Früher, Arbeitsprozesse).
- Endphase: Gut strukturierte Übersichtsbilder, in denen das Gelernte eingeordnet werden kann.

Allerdings muss man heutzutage aufgrund der „Überschwemmung" mit Bil-

90

dern aller Art berücksichtigen, dass sich die Einstellung der Schüler erheblich geändert hat. Bilder sind für sie längst nichts Neues mehr. Sie langweilen eher. Bilder sind somit keine „Selbstgänger" mehr (vgl. in diesem Band: Birkenhauer, Kap. 4.). Umso wichtiger ist es allerdings, alle im Vorstehenden begründeten Qualitätsmerkmale zu berücksichtigen.

Literatur

Birkenhauer, J. (1971): Erdkunde. I und II. Düsseldorf.

Birkenhauer, J. (1980): Psychologische Grundlagen des Geographieunterrichts. In: Kreuzer, G. (Hrsg.): Didaktik des Geographieunterrichtes. Hannover, S. 104–135.

Birkenhauer, J. (1985/1986): Landschaftsbewertung und perspektivisches Sehen. Guid, 13, S. 169–182 (Teil I); Guid, 14, S. 14–34 (Teil II).

Brucker, A. (1988): Das Bild: Wand-, Hand- und Stehbild. In: Haubrich, H. u. a.: Didaktik der Geographie konkret. München.

Fick, K. E. (1967): Das geographische Lichtbild, Wandbild und Lehrbuchbild. Psychologische und didaktische Anmerkungen über Bildbetrachtung im Erdkundeunterricht. In: Pädagogische Rundschau, 9. Jg., S. 665–684.

Fick, K. E. (1980): Die Funktion der Medien im lernzielbestimmten Geographieunterricht (Instrumentale Operationen). In: Kreuzer, G. (Hrsg.): Didaktik des Geographieunterrichtes. Hannover, S. 182–206.

Freier, F. (⁶1989): Fotografieren lernen – Sehen lernen. Fototechnik – Aufnahmepraxis – Bildgestaltung. Köln.

Geiger, M. (1986): Luftbild und Luftbildfilm. In: Brucker, A. (Hrsg.): Handbuch Medien im Geographie-Unterricht. Düsseldorf, S. 46–61.

Harms, H. (1895): Fünf Thesen zur Reform des geographischen Unterrichts. (8. Auflage 1929) Leipzig.

Hansen, J. (1934): Der Neubau der Heimat- und Erdkunde auf nationaler Grundlage. Frankfurt a. M.

Jakat, U. (1977): Der Medieneinsatz von Lichtbild und Unterrichtsfilm im Erdkundeunterricht aus der Sicht der Unterrichts- und Gesellschaftswirklichkeit. In: Geographie im Unterricht.

Jungfer, H. (1973): Lernen durch Bilder. In: Audiovisuelle Unterrrichtsmedien in der erziehungswissenschaftlichen Forschung. AV-forschung, Bd. 7. Grünwald: Inst. f. Film u. Bild in Wiss. u. Unterr., S. 91–116.

Köhler, E. (1986): Das Satellitenbild. In: Brucker, A. (Hrsg.): Handbuch Medien im Geographie-Unterricht. Düsseldorf, S. 61–70.

Krauß, H. (1969): Das Lichtbild in der Heimatkunde. Donauwörth.

Krauß, H. (1977): Dia und Diareihe im Unterricht. In: Aktuelle Fragen der Mediendidaktik. Donauwörth, S. 9–27.

Long, M. (1971): The interests of children in school geography. Geography, 56, p. 177 ff.

Möbius, S. (1958): Das Betrachten und Auswerten von Bildern im Erdkundeunterricht. In: Zeitschrift für den Erdkundeunterricht, S. 174–184.

Reinhardt, K.-H. (1986): Das Wandbild. In: Brucker, A. (Hrsg.): Handbuch Medien im Geographie-Unterricht. Düsseldorf, S. 20–29.

Ritter, G. (1972): Das Lichtbild im Erdkundeunterricht. Stuttgart (= Der Erdkundeunterricht, H.12).

Schrand, H./Walter, H. (1980): Das Bild im Geographieunterricht. In: Praxis Geographie, 10. Jg., S. 84–91.

Schrand, H. (1986): Stehbilder (Dia, Transparentbilder). In: Brucker, A. (Hrsg.): Handbuch Medien im Geographie-Unterricht. Düsseldorf, S. 30–39.

Stonjek, D. (1992): Bilder im Erdkundeunterricht – Notwendigkeit oder überholtes Relikt? In: Geographie und ihre Didaktik, 20. Jg., S. 125–137.

Stonjek, D. (1993): Die kritische Auswahl von Bildern für den Erdkundeunterricht. In: Praxis Geographie, H. 7–8, S. 67–69.

Theißen, U. (1986): Organisation der Lernprozesse. In: Köck, H. (Hrsg.): Grundlagen des Geographieunterrichts. Köln, S. 209–287.

Volkmann, H. (1986): Das Bild im Schülerbuch. In: Brucker, A. (Hrsg.): Handbuch Medien im Geographie-Unterricht. Düsseldorf, S. 40–45.

Wagner, J. (1928): Bildanalyse und Bildauswertung im Erdkundlichen Unterricht. Gotha.

Weidemann, B. (1989): Informative Bilder. Was sie können, wie man sie didaktisch nutzen und wie man sie verwenden sollte. – In: Pädagogik. 41. Jg., H. 9, S. 30–33.

Wellenhofer, W. (1977): Aspekte des Einsatzes audiovisueller Medien. In: Aktuelle Fragen der Mediendidaktik. Donauwörth, S. 62–79.

Wocke, M. F. ([8]1968): Heimatkunde und Erdkunde. Grundzüge einer Didaktik und Methodik. Hannover.

3.4.7 Wesentliche Kriterien der Beurteilung von Bildern und Fotos – eine Übersicht

1. Aspekte:
- einerseits **Subjektivität:**
  - bestimmt durch: Ausschnitt – Ausgewähltheit – erkennbare Gründe der Mitteilungsabsicht – subjektive Wahl des Objekts nach eigenen Interessen und Vorwissen – Bedeutung der eigenen Motivationsstruktur – Augenblickssituation – Blickwinkel
  - daher notwendig: Ergänzung durch weitere Medien

- andererseits **Authentizität:**
  - bestimmt durch: Vorhandensein visueller Realität – Dokumentcharakter – Beweischarakter

2. Funktionen:

- Motivator (Anmutung – Aufforderung) durch Ansprechen von
  Verstand   und   Gemüt
  – klar erkennbare Aussage   – Personen
  – klare Gliederung   – Attraktivität
                                   – Aktivität
                                   – Disharmonie
  Dadurch: Wecken von Neugier

- **Informator** über Details und Überblick

- **Operator** über Wissensanwendung – Interpretieren – Verwendung als Arbeitsmittel
  Ziel: bewusstes Gewinnen von Informationen

3. Beurteilung von

- **Aussage:**
  – Lesbarkeit
  – Interpretierbarkeit
     – ein Mehr an Information über die Summe der enthaltenen Elemente hinaus,
     – Vorhandensein dominanter Merkmale, daher kein Irrgarten
  – Blicklenkung auf das Wesentliche z. B. durch
     – Diagonale
     – links – rechts
     – Nähe – Ferne
  – Anmutung, Aufforderung
  – Authentischer Ausschnitt
  – Adäquatheit zum Lehrplan
- **Altersgemäßheit**
  Berücksichtigung des
     – kindlichen Sehens,
     – erwachsenen Sehens

4. Didaktischer Ort

Einsatzmöglichkeiten für
– Einstieg über Anmutung und Aufforderung
– Erarbeitungsphasen über Informationen
– Zusammenfassung über Vergleich und Überblick

3.5 Weitere Bildmedien

An weiteren Bildmedien stehen zur Verfügung:
– Luftbilder,
– Satellitenfotos,
– Zeichnungen, Idealtableaus, Gemälde,
– Karikaturen.
Auf diese Medien wird in den folgenden Abschnitten eingegangen.

Josef Birkenhauer

3.5.1 Luftbilder

Die Aufgabe von Luftbildern ist es, einen größeren realen Ausschnitt der Erdoberfläche auf fotografisch dokumentierte Weise wiederzugeben. Sie bilden damit eine wesentliche Ergänzung der Sicht „von unten" durch die Sicht „von oben".

Auf diese Weise wird das bessere Erkennen von
– Leitlinien (Verkehr, Gebirgsränder, Bruchlinien, Talschaften),
– Strukturen (Bodennutzung),
– Gegliedertheiten (Stadtviertel),
– Größenordnungen (Industrieanlagen)
ermöglicht.
Wie ein jedes andere Foto auch, dokumentieren sie den erdräumlichen Ausschnitt zu einer bestimmten Zustandszeit.
Durch das Vergleichen verschiedener Zeitzustände sind sie vorzüglich geeignet eingetretene Veränderungen abzulesen und damit einen abgelaufenen Prozess zu verdeutlichen, und zwar nach
– Ausmaß und Größenordnung
– räumlichen Richtungstendenzen
– strukturellen Tendenzen

Um die Qualität eines Luftbildes für den erdkundlichen Gebrauch zu bestimmen gelten dieselben Kriterien, wie sie in der Übersicht in Abschnitt 3.4.9 zusammengestellt worden sind.
Vom „Standpunkt" der Aufnahme aus werden zwei Gruppen von Luftbildern unterschieden: Senkrecht- und Schrägluftbilder. Der Standpunkt der Aufnahme entscheidet auch über die Sichtrichtung. D.h. die Konvention eindeutiger Himmelsrichtungen ist nicht eingehalten. Daher muss wenigstens die Blickrichtung bzw. die Lage des abgebildeten Geländeausschnitts zu den Himmels-

Abb. 28: Luftbilder von Schöpfendorf (Gemeinde Illschwang vor und nach der Flurbereinigung).

richtungen immer angegeben sein, wenn nicht sogar das Bild schon gleich eingeordnet wird. Auch der Zeitpunkt der Aufnahme nach Jahres- und Tageszeit muss verzeichnet sein, um Irrtümer zu vermeiden. Je nach Tageszeit unvermeidbare Schatten müssen stets auf den Betrachter zu fallen. Andernfalls werden z. B. dunkle Straßenzüge als hoch liegend wahrgenommen, helle Dächer als Tiefen, – der tatsächliche Sachverhalt also genau umgedreht.

Senkrechtluftbilder sind zu charakterisieren durch ihre Mittelstellung zwischen direkter Realität und Karte.
Unterschiede zur Karte bestehen allerdings darin, dass sie nicht generalisiert sind und somit eine jeweilige Individualität genauestens abbilden. Nach den empirischen Untersuchungen von Cordes (1973) sowie Cordes und Leibold (1974) mit Schülern sind sie besonders geeignet um z. B. Häfen und Hafeneinrichtungen, Industrieanlagen und Verkehrswege nach Ausmaß, Struktur, Lage und dgl. zu erfassen.
Schrägluftbilder sind dadurch ausgezeichnet, dass sie Aufsicht und Seitenansicht in einem gleichzeitigen Mit- und Ineinander vermitteln und somit das Neben-, In- und Miteinander, also die Dreidimensionalität erdräumlicher Sachverhalte sehr gut sichtbar und erfassbar machen.
Ein Nachteil ist die Verzerrtheit des Hintergrundes, ein Nachteil, den sie mit dem menschlichem Sehen als solchem teilen und der aus der Erfahrung heraus automatisch korrigiert wird.

Weil Schrägluftbilder, wie oben gesagt, die Dreidimensionalität erdräumlicher Sachverhalte gut sichtbar machen, sind sie besonders gut hierfür geeignet. In diesem Zusammenhang wären beispielhaft zu nennen:

– Landschaftsformen (Hochgebirge, Mittelgebirge, Flussmäander, Badlands)
– Stadtstrukturen (Zentren, Viertel, Stadt-Rand-Übergang)
– Industriegassen
– Lage einer Einrichtung bzw. eines Ortes im Gelände
– Größenordnungen von Bauwerken (Industrieanlagen, Abschlussdeiche an der Rhein-Maas-Mündung)
– Strukturiertheiten landschwirtschaftlicher Nutzungen (Lage, Richtung und Größe von Parzellen, Huertas, Konturenpflügen)

Der didaktische Ort der Luftbilder in einer Unterrichtseinheit ist von der jeweiligen Dokumentationsabsicht abhängig.

Abb. 29: Die japanischen Inseln rücken näher zusammen: zum Beispiel Honshu und Shikoku durch den Bau der großen Seto-Brücke.

Für den Einstieg sind Aufnahmen geeignet, die unwillkürlich fragen lassen: Was ist da los? Das möchte ich erklärt haben! (z. B. Badlands, die Korrekturen der Rheinmäander, die sog. Schlingenlösung beim Rheinseitenkanal unterhalb von Breisach, Riesenbergrutsche wie im Veltlin …)

Andere Aufnahmen stellen Informationsdetails während der Erarbeitungsphase zur Verfügung. Lohnend ist für ein tieferes Eindringen der Vergleich mit demselben Ausssschnitt – nur in einer anderen Perspektive. Auffinden von charakteristischen Indizien und Deutung der funktionalen Zusammenhänge erfolgen in ein und demselben Arbeitsgang. Suchen, Bestätigtsein, Nichtbestätigtsein, erneutes Bestätigwerden machen die Arbeit interessant.

Überblicksfotos sind hervorragend geeignet die erarbeiteten Details am Schluss zusammenzufassen.

Wo immer möglich, sollten Luftbilder mit thematischen Karten verglichen werden (gegenseitige Ergänzung). Lohnend für die Schüler ist immer auch die Umsetzung in Skizzen und eigenständig entwickelte thematische Karten (z. B. Lage der Nutzungszonen in einer Huerta, erkennbare Funktionen von Stadtvierteln bzw. Skizzierung der baulichen Unterschiede).

Beim Einsatz der Luftbilder hat sich immer mehr, wie bei Fotos und Karten, der Gebrauch als Transparent durchgesetzt. Gerade auch für didaktisch wertvolle Luftbilder lohnt sich die Sammlung als Foliothek.

Für den Erfolg der Arbeit mit Luftbildern ist die Altersgemäßheit außerordentlich bedeutsam. Während häufig angenommen wird, Senkrechtluftbilder seien zu schwierig, konnte Sperling nachweisen, dass ihre Verwendung bereits in der Grundschule möglich ist. Die Kinder sind durchaus in der Lage auf dem Bild spezifische Straßen und Gebäude aufzufinden. Voraussetzung ist allerdings, dass es sich um einen ihnen vertrauten Raum handelt. Sie sind in erstaunlichem Umfang fähig sich diesen Nahraum aus der Senkrechten vorzustellen und ihn in den Grundzügen auch zu zeichnen.

Anders dagegen ist es bei Schrägluftbildern. Hier spielt der Unterschied zwischen dem kindlichen und dem erwachsenen Sehen eine erhebliche Rolle. Bayliss und Renwick machten bereits 1966 darauf aufmerksam, dass Kinder nur auffällige Details erkennen: Wasserflächen, Schornsteine, einzelne Häuser. Auf einem Luftbild mit hügeligem Gelände hatten sie dagegen Schwierigkeiten sich zurechtzufinden und irgendwelche relevanten Details auszumachen.

Selbst bis in die 8. Klassenstufe hinein empfiehlt es sich nicht, Schrägluftbilder (z. B. einer Huerta) zu benutzen, bevor nicht wesentliche Details des Geländeausschnitts sowie ihre Bedeutung darin erarbeitet worden sind. In der Zusammenfassungsphase dagegen ist der Einsatz einer solchen Landschaftsgesamtsicht durchaus angebracht. Die Schüler empfinden Genugtuung die Details an den richtigen Stellen wiederzufinden. Einordnung wird möglich.

Gesamtansichten als Einstieg eingesetzt führen in der Zeit des kindlichen Sehens nicht zu einer Motivation, sondern rufen das Gegenteil hervor, weil sie für die Schüler zu sehr die Distanz zu betonen scheinen.

Literatur

Bayliss, D. G., Renwick, T. M. (1966): Photograph study in a junior school. Geography, 51, S. 322 ff.

Brucker, A. (^{5}1993): Luft- und Satellitenbild. In: Haubrich u. a.: Didaktik der Geographie – konkret. München.

Cordes, G. (1973): Das dreidimensionale (stereoskopische) Luftbild. In: Geographische Rundschau, 25, S. 433 ff.

Cordes, G., Leibold, M. (1974): Das Senkrecht-Luftbild. In: neue wege, 25, S. 231 ff.

Ernst, E., Fricke, W., Schneider, S., Sperling, W., Völger, K. (1972): Das Luftbild im Erdkundeunterricht. = Der Erdkundeunterricht, 10. (2. Aufl.) Stuttgart.

Geiger, M. (1979): Schülerorientierte Arbeit am Luftbild. In: Der Erdkundeunterricht, 29, S. 43 ff.

Geiger, M. (1986): Luftbild und Luftbildfilm. In: *Brucker, A.* (Hrsg.): Medien im Geographieunterricht, Düsseldorf, S. 46 ff.,

Haubrich, H. (1995): Bilder Interpretieren. geographie heute, 127, S. 50 f.

Sperling, W. (1969): Kindliche Luftbildnerei. Film, Bild, Ton. 18, H.3, S. 10 ff.

Sperling, W. (1972): In: Ernst, E., Fricke, W., Schneider, S., Sperling, W., Völger, K.: Das Luftbild im Erdkundeunterricht. = Der Erdkundeunterricht, 10. (2. Aufl.) Stuttgart.

Diether Stonjek

3.5.2 Satellitenbilder

Wie sind Satellitenbilder zu definieren? Sind sie Bilder oder sind sie Karten? Von der Entstehung her gesehen sind sie Bilder: Wie Senkrechtluftbilder geben sie einen (größeren) Ausschnitt der Erdoberfläche in einem bestimmten Augenblick wieder. Sie vermitteln ein zunächst ungewohntes und daher auch faszinierendes Bild.

Wegen der Senkrechtsicht sind sie mit der Karte vergleichbar. Doch von ihr unterscheiden sie sich dadurch, dass sie
1. keine Signaturen und keine Symbole enthalten und
2. originalgetreue Aufnahmen sind.

Von „normalen" Fotos unterscheiden sich die Aufnahmen dadurch, dass die Satellitengeräte nicht nur das sichtbare Licht, sondern auch Infrarot, Ultraviolett ebenso wie Mikro- und Radarwellen verarbeiten, indem sie Strahlung in unterschiedlichen Messwerten registrieren. Diese müssen mithilfe von Computern zu sichtbaren Bildern aufbereitet werden, die z. B. in ihren Farben unseren Wahrnehmungen angeglichen sind.

Den Messwerten „müssen Farbwerte erst zugewiesen werden, wobei zur Kontrastverstärkung auch andere als die natürlichen Farbwerte gewählt werden können (Falschfarben)", wie Hassenpflug (1996, S. 5–6) schreibt.

Gerade diese Farbkontraste sind es, die die Arbeit mit Satellitenbildern didaktisch sehr fruchtbar werden lassen (Nutzungsgefüge der Kulturlandschaft in seiner ganzen Vielfalt: Landwirtschaft, Waldformen, Stadt-Land-Kontraste, Unterschiede zwischen intensiv genutzten Agrargebieten – Börden – und Grünland, Landnutzungsringe, Landnutzungszonen). (Vgl. dazu Birkenhauer 1982.) Die Messwerte, auf denen die Kontraste basieren, haben selbst jedoch keine eindeutige Funktion. Um Farbwerte sinnvoll zuweisen zu können, ist oft Ortskenntnis notwendig.

Zum sinnvollen Umgang mit Satellitenbildern ist es notwendig, sich Folgendes klar zu machen: „Satellitenbilder sind wie Schrift und Landkarte chiffrierte Wiedergaben der Wirklichkeit, sie wollen entziffert werden, sie zu lesen will gelernt sein" (Hassenpflug 1996, S. 5). Deshalb sollen nach Beckel u. a. (1989) die „Schüler im Laufe ihrer Beschäftigung mit Satellitenbildern erfahren:
– Das Satellitenbild ist kein Foto.
– Der Satellit sieht mehr und andere Dinge als der Mensch.
– Das Satellitenbild zeigt im Gegensatz zur Karte die tatsächliche Flächenausdehnung von Objekten.
– Satellitenbilder generalisieren nicht. Eine Änderung des Maßstabes beeinflusst nur die Lesbarkeit, nicht den Informationsgehalt."

Zum verstehenden Umgang ist folgendes Wissen notwendig: Wie das Zeitungsbild ist das Satellitenbild aufgebaut aus einzelnen Rasterpunkten, den so genannten Pixeln: Je nach Aufnahmehöhe und Geräteart wird die Erdoberfläche in Quadraten mit einer Seitenlänge zwischen 5 m und 3 km erfasst. „So werden vertraute Objekte wie Bäume, Garagen, Dächer, Wege usw. je nach Auflösung nicht für sich, sondern als mittlerer Reflektionswert der gesamten Pixelfläche erfasst." (Hassenpflug 1996, S. 5)

Die Bedeutung der Satellitenbilder in Wissenschaft und Praxis ist groß (z. B. Raumplanung und Umweltschutz). Da Erdräume in wiederkehrenden Abständen erfasst werden und damit eine Vielzahl von Daten für jeweils ein und den gleichen Erdraum zur Verfügung stehen, erschließen Satellitenbilder viele Vergleichsmöglichkeiten. Sie erlauben dadurch u. a. auch das Studium abgelaufener raumprägender Prozesse. (Zu den Hauptanwendungsbereichen: vgl. Beckel 1981, S. 13)

Für den Einsatz im Unterricht stehen Satellitenbilder in einer Anzahl von Büchern, aber auch in Foliensammlungen zur Verfügung. Diese Satellitenbilder stammen fast ausschließlich von den amerikanischen Satelliten der Landsat-Reihe. Über die genannten Printmedien hinaus gewinnt die Möglichkeit an Bedeutung, Satellitenbilder über Datenleitungen (z. B. Internet) auf den eigenen Computer zu laden und dann auf Papier oder Folie auszugeben (vgl. Krynitz 1996, Neumann-Mayer 1996).

Für die Arbeit mit Satellitenbildern sind die folgenden drei Schritte sinnvoll (nach Brucker 1988, S. 232–235 und Beckel u. a. 1989).

Vorbereitende Auswertung

- Bildorientierung bei Aufnahmen von Regionen mit höherer Reliefenergie: Die richtige räumliche Vorstellung des Reliefs wird erzeugt, wenn im Satellitenbild der Schatten auf den Betrachter zufällt, anderenfalls können für ihn Täler zu Bergen und Berge zu Tälern werden. (Ein Bild aus dem Alpenbereich im Satellitenbildatlas Deutschland kann dies deutlich zeigen: Das Drehen des Bildes um 180 Grad lässt Höhen und Täler anders erkennen.)
- Feststellung der Größenverhältnisse (ungefährer Maßstab): Dies ist notwendig, da im Gegensatz zur Karte im Satellitenbild alle Objekte (ob Felder, Häuser oder Straßen) im gleichen Maßstab abgebildet sind, d. h. dass z. B. Straßen und Eisenbahnstrecken nicht durch größere Signaturen ausgewiesen werden. Zur Identifizierung dieser Objekte ist der Vergleich mit einer Karte ratsam und hilfreich. Für Schüler kann es durchaus spannend sein, Straßen, Eisenbahnen oder Gebirgszüge in einem Satellitenbild zu identifizieren.
- Feststellung der Jahreszeit der Aufnahme: Die Jahreszeiten zeigen sich im Satellitenbild durch unterschiedliche Vegetation, unterschiedliche Landnutzung und im höheren Gelände durch unterschiedliche Schneebedeckung.
- Damit erlauben sie wertvolle Vergleiche. Neumann-Meyer (1996) veranschaulicht an Bildern der Monate Februar, März, April und Mai das Vorrücken des Frühlings in Europa. In ähnlicher Weise können Veränderungen durch menschliche Eingriffe und durch Naturkatastrophen als solche wie auch in ihrem Ausmaß herausgearbeitet werden.
- Verortung des Bildes: Es ist wichtig, dass festgestellt wird, welche bekannten

Raumgegebenheiten auf dem Bild zu sehen sind. Je nach dem Raumausschnitt kann dies leicht oder auch gar nicht gelingen. Da im Unterricht durch die Schüler eine Verortung der Satellitenbilder – wenn auch mithilfe von Lehrer und Atlas – notwendig ist, wird so die Auswahl eingegrenzt.

Systematische Auswertung
- Beschreibung und Identifikation: Sobald einzelne Objekte erkannt sind, schließt sich eine Grobgliederung des Bildes an, bevor die Identifikation von Feinstrukturen versucht wird. Dazu gehört auch, dass die Interpretation der Farben des Bildes erfolgt. Jetzt ist eine richtige Beschreibung möglich.
- Interpretation des Bildinhaltes in Verbindung mit Vorwissen und ggf. anderen Medien, insbesondere auch thematischen Karten (Stützung der Interpretation, Absicherung: vgl. Birkenhauer 1982).

Darstellung der Auswertungsergebnisse
- Die Verbalisierung der Auswertungsergebnisse ist ein wichtiger Schritt im Unterrichtsablauf. Auf der Grundlage von Satellitenaufnahmen können thematische Karten gefertigt und diese zusammen mit Auswertungstexten zu informativen Schautafeln verarbeitet werden.

Der didaktische Ort in jeweiligen Unterrichtseinheiten richtet sich nach der Auffälligkeit der Kontraste. Sehr auffällige Kontraste eignen sich für den Einstieg, weil sie unmittelbar zu Fragen führen: Warum hier so – dort so? (Z. B. herrschen im Umland des Ijsselmeeres in der Regel die satten grünen Farben des Grünlandes vor, dagegen in den Poldern Ackernutzung – dabei liegen beide im Meeresniveau.)

Genauere Differenzierungen werden (s. o.) in der Erarbeitungsphase erfasst und erklärt.

Eine Zusammenfassung von Themenbeispielen in ihrer altersangemessenen Zuordnung zu Klassenstufen bietet die folgende Übersicht (Birkenhauer 1982, S. 179).

Jahrgangsstufe

5/6	7/10	11–13
Küstenformen/Neulandge-winnung – Wattenküste – Einpolderung im Issel-meer	Agrarräume – Oberrheinisches Tiefland – Ackerfluren in den USA – Schwarzerdegürtel – Huerta von Murcia	Vegetationsstufen im Vergleich – Elbrusgebirge – Peru-Profil
Naturkatastrophen – Überschwemmungen	Wüsten – Nildelta	Agrarräume im Vergleich – Frühjahr und Sommer in der Agrarlandschaft – Bodennutzung am Oberrhein und in Nachbarlandschaften
Höhenstufen der Vegetation – Walliser Alpen – Gangesebene – Himalaya	Bewässerungsregionen – Gezira – Panjab	– Kasachstan – Amazonien – Paranádelta
Agrarräume/Flurformen und Parzellengrößen/ Grünlandnutzung – Ackerbau in der Börde – Westaustralien	Tropische Höhenstufen – von der Golfküste zum mexikanischen Hochland Energie/Industrie – Stauseen am Tennessee – Wolgastauseen	– Nigerbinnendelta Raumplanung/Industrieansiedlung – Rhein/Maas/Schelde – Fos – Europort du Sud
Bewässerungsregionen – Nildelta Industriegebiete – Rhein-Ruhr – Rhein-Neckar	Stadtsiedlungen – in den USA – in Japan – in Brasilien	Vergleich von städtischen Siedlungen
Braunkohleabbau – Niederlausitzer Revier Ballungsräume – Rhein-Ruhr – London		

Übersicht: Stufenangemessene Themenbeispiele (Birkenhauer 1982)

Literatur

Beckel, L. (1981): Nutzanwendung der Fernerkundung aus dem Weltraum. In: Diercke Weltraumbild-Atlas. Braunschweig, S. 13–15.

Beckel, L. u. a. (Hrsg.) (1989): Satellitenbilder im Unterricht. Einführung und Interpretation (mit 12 Satellitenbildern auf Farbfolien). Bonn.

Birkenhauer, J. (1982): Einsatzmöglichkeiten von Weltraumbildern im Unterricht. In: Textband zum Diercke Weltraumbild-Atlas, S. 178–179.

Bodechtel, J. (1981): Physikalisch-technische Grundlagen der Fernerkundung aus dem Weltraum. In: Diercke Weltraumbild-Atlas. Braunschweig, S. 8–12.

Brucker, A. (1988): Luft- und Satellitenbild. In: Haubrich, H. u. a.: Didaktik der Geographie – konkret. München, S. 232–235.

Diercke Weltraumbild-Atlas (1981): Braunschweig.

Hassenpflug, W. (1996): Satellitenbilder im Erdkundeunterricht. In: geographie heute 137, S. 3–4.

Krynitz, M. (1996): Isis. Datenfernübertragung für den Erdkundeunterricht mit dem Intelligenten Satellitendaten-Informationssystem (ISIS). In: geographie heute 137, S. 22–23.

Neumann-Mayer, U.-P. (1996): Frühling in Europa. Arbeit mit dem Vegetationsindex. In: geographie heute 137, S. 24–25.

Winter, R., Beckel, L. (Hrsg.) (1992): GEO Satellitenbildatlas. Berlin/Gütersloh/Leipzig/München/Potsdam/Stuttgart (5. Aufl.).

Josef Birkenhauer

3.5.3 Zeichnungen, Idealtableaus, Gemälde

Seitdem Fotos fast ganz die wirklichkeitsgetreue Abbildung konkreter räumlicher Gebiete, Gebäude und Gegenstände übernommen haben, sind die nicht authentisch wirkenden Zeichnungen, Idealtableaus und Gemälde immer weniger in der Erdkunde (Unterricht und Schulbuch) verwendet worden. Seit Jahrzehnten werden keine Wandbilder dieser Art mangels Nachfrage mehr hergestellt.

Sofern die genannten Formen weiterhin verwendet werden, unterliegen sie den gleichen Ansprüchen, wie sie anhand der Fotos herausgearbeitet wurden. (vgl. Abschnitt 3.4.)

In bestimmten Verwendungssituationen erfüllen die genannten Formen im Erdkundebuch einen wesentlichen didaktischen Zweck. Diese Situationen sind vor allem die folgenden zwei:

1. Vermittlung früherer Zustände (z. B. Zeichnungen von Stadtansichten, Gemälde, die das frühere Aussehen einer Landschaft wiedergeben).
2. Vermittlung einer Gesamtvorstellung. Dieser Zweck ist der wichtigste. Zu einer zeichnerischen bzw. gemäldeartigen Abbildung wird immer dann gegriffen, wenn weder eine geordnete Reihe von Einzelfotos zu einer Erfassung des Gesamtzusammenhangs führt, noch aussagekräftige Schrägluftbilder oder Satellitenfotos vorhanden sind.

Als eine geradezu klassische Verwendungssituation kann beispielhaft auf die Darstellung des tropischen Regenwaldes verwiesen werden. Alles, was an wesentlichen Merkmalen des pflanzlichen Lebensraumes in seiner Vielfalt und seiner vielgestaltigen Abfolge vom Boden bis zu den hoch herausragenden Urwaldriesen, alles, was über die Lebensräume urwaldspezifischer Tiere bedeutsam ist, kann in einem einzigen farbigen Gemälde wie auf einer Tafel gewissermaßen als Idealbild des Urwaldes repräsentiert werden. Daher wird ein solches Gemälde Idealtableau genannt.

Seinen Zweck erfüllt das Tableau dann am besten, wenn es so natürlich wie möglich gestaltet ist. Je gekünstelter es wirkt, umso mehr ist es abzulehnen. Solche Gekünsteltheit trifft man besonders in Idealtableaus an, die für verschiedene geologische Zeiträume rekonstruierte Tiere in eine erfundene Landschaft dioramaartig hineinstellen.

Auch andere komplexe Zusammenhänge lassen sich durch eine (farbig) gezeichnete „Totale" am besten verständlich machen, wie z. B. der Nährstoffkreislauf im Regenwald oder verschiedene ökologisch pflegliche Nutzungsformen.

Eine dritte Form bilden die Panoramen. Mit ihrer Hilfe ist es am besten möglich, sich einen Überblick über die Lage von Orten und Bauten in einem sonst unüberschaubaren Relief zu verschaffen (z. B. die Lage- und Höhenverhältnisse einer Kraftwerksgruppe mit den zugehörigen Dämmen und Speicherseen in einem Hochgebirge).

Literatur

Achilles, F. W. (1979): Die Landschaftszeichnung. Geogr. Rundschau, 30, S. 293–302.

Achilles, F. W. (1983): Zeichnen und Zeichnungen im Geographieunterricht. Köln.

Breitbach, T. (1990): Landschaftszeichnung. In: Böhn, D. (Hrsg.) (1990): Didaktik der Geographie – Begriffe. München, S. 52/53.

Diether Stonjek

3.5.4 Karikaturen

Karikaturen sind Bilder, die in keiner Weise die Aufgabe haben Realität originalgetreu wiederzugeben. „Karikatur" leitet sich her von dem vulgärlateinischen „carricare", das so viel wie „übertrieben komisch darstellen" bedeutet. Vielfach wird das aus dem Englischen stammende Wort „Cartoon" bei uns synonym für Karikatur gebraucht (Brucker 1986, S. 219). Karikaturen sind in der Regel Zeichnungen, manchmal auch Gemälde. Wir finden sie heute in jeder Zeitung, aber auch in Zeitschriften.

Nach Grünewald (1977, S. 165) ist eine Karikatur „visuelle Satire. Das Lachen, das sie provozieren will, ist nicht zweckfrei, sondern ist, vom gutmütigen Belächeln bis zum hasserfüllten Verdacht, Mittel parteilicher Kritik".

Fuchs (1980, S. 56) dagegen betont, dass die Karikatur in ihrem Wesen ein Kommentar sei „zu einer Nachricht, einem Tatbestand, wobei das Paradoxe der Sache gerade darin besteht, den wahren Kern einer Sache mit den Mitteln der Übertreibung, Überzeichnung, Verzerrung freizulegen." (1980, S. 56)

Die Zweckbestimmung der Karikatur ist eben kritische Kommentierung menschlichen Verhaltens und deren Folgen (Theißen 1986, S. 277). „Menschliches Fehlverhalten, ‚unhaltbare Zustände' werden so eindringlich durch die bildliche Darstellung oder die Kombination von Zeichnung und Text ‚karikiert', dass es manchen ‚wie Schuppen von den Augen fällt'." Theißen weist auch darauf hin, dass Karikaturen weniger neue Informationen, als vielmehr neue Sichtweisen vermitteln. Sie sensibilisieren den Betrachter durch die überspitzte Darstellung. Karikaturen haben somit eine Reizfunktion.

Aus der Zweckbestimmung ergeben sich die didaktischen Eigenschaften. Nach Brucker (1993, S 56) handelt es sich um die folgenden sechs Eigenschaften:

„– Die Karikatur ist einseitig und vertritt einen parteilichen Standpunkt; sie hat eine Reizfunktion.
– Die Karikatur reduziert die Komplexität eines schwierigen Sachverhalts.
– Die Karikatur fordert zur intensiven Auseinandersetzung, zur intellektuellen Durchdringung heraus.
– Die Karikatur betont das Charakteristische und lässt das Nebensächliche weg.
– Die Karikatur ist anschaulich und erleichtert so den Zugang zu einem Problem.
– Die Karikatur trägt zur engagierten Meinungsbildung der Schüler bei."

Fritz (1980) unterscheidet nach Inhalt und Darstellung vier verschiedene Arten von Karikaturen:
1. die politisch-satirische
2. das Cartoon als Witzzeichnung
3. die Pressekarikatur
4. die Personenkarikatur

(Ob eine solche Unterscheidung für den Gebrauch im Unterricht hilfreich ist, möge dahingestellt bleiben.)

Die „Reizfunktion" soll Schüler motivieren, sich mit einem Thema auseinander zu setzen. Dies gelingt der Karikatur aber nur dann, wenn die dargestellten Sachverhalte zumindest in Umrissen bekannt sind. So ist z. B. bei Reisen ins Ausland festzustellen, dass Karikaturen in den dortigen Zeitungen nicht verstanden werden, da in der Regel weder die dargestellten Personen noch die Sachverhalte vertraut sind.

Im Zusammenhang mit diesen Überlegungen sind für den Unterricht in Erdkunde folgende Konsequenzen zu ziehen.
1. Der didaktische Ort für den Einsatz von Karikaturen ist in der Regel zu Beginn eines Unterrichtsabschnitts, weil sich dort die ganze Motivationskraft der Karikatur voll entfalten kann.
2. Im Unterricht können nur Karikaturen eingesetzt werden, für die Vorkenntnisse vorhanden sind. Nur so kann die Zeichnung verstanden werden.

Einige Beispiele mögen dies verdeutlichen.

Abb. 30: „Herein"

Beispiel 1: Die Karikatur (Abb. 30) aus den 80er-Jahren zum bevorstehenden Beitritt Spaniens und Portugals zur (damaligen) EG zeigt, dass das Vorverständnis nicht nur etwa vom Alter der Schüler abhängt, sondern auch von aktueller Diskussion in Presse, Funk und Fernsehen beeinflusst wird. Nachdem Spanien und Portugal seit vielen Jahren Mitglieder der EU sind, ist die öffentliche Diskussion um Überschüsse von Obst, Gemüse und auch Wein weitgehend verstummt. So hat die damals aktuelle Karikatur heute eine wesentlich geringere „Reizfunktion". Im Unterricht kann mit dieser Karikatur nicht zur Beschäftigung mit aktuellen Problemen motiviert werden.

Abb. 31: „... im Meer der Armen"

Beispiel 2: Anders steht es mit Karikaturen (Abb. 31), die bekannte Themen und Probleme betreffen, wie z. B. den Unterschied zwischen der Welt der Armen und der Reichen.
Somit ist bei der Auswahl zu prüfen, inwieweit aktuelle Themen aufgegriffen werden.

Zum Umgang mit Karikaturen im Unterricht fordert Brucker (1993, S. 56), dass mit einer exakten Beschreibung dessen, was dargestellt ist, begonnen werden soll. Erst danach kann man eine Auswertung vornehmen. Dafür hat Brucker (1986, S. 222) u. a. folgende Leitfragen vorgeschlagen:
„2. Zur Aussage
...
– Was wird ausgesagt?
– Welches Problem wird dargestellt?
– Welcher Widerspruch wird aufgedeckt?
– Welche verdeckten Aussagen sind enthalten?
– Welche Gegenposition wird provoziert?

...
4. Zum Adressaten
 – Wer soll angesprochen werden?
 – Was muss der Empfänger wissen, um die Karikatur zu verstehen?
5. Zur Intention
 – Wer wird angegriffen?
 – Was wird angegrifen?
 – Was will der Karikaturist bewirken?
 – Ist die Karikatur berechtigt?
6. Zur Wirkung
 – Wie wirkt die Karikatur auf Sie?
 – Wie wirkt die Karikatur auf andere?
 – Welche Gefahren können von der Karikatur ausgehen?"

Materialquellen für Karikaturen für den Unterricht sind vornehmlich die verschiedenen Zeitungen und Zeitschriften. Weitere Quellen sind geographiedidaktische Zeitschriften. Auch Schulbücher verwenden inzwischen Karikaturen häufig. Daraus kann man sich nach und nach eine brauchbare Sammlung von Karikaturen zusammentragen.

Literatur
Brucker, A. (1976): Die Verwendung von Karikaturen im Geographieunterricht. In: Geographie im Unterricht, 1, S. 192–198.
Brucker, A. (1981): Die Karikatur. Möglichkeit des Einstiegs in die Behandlung politsch-geographischer Themen. In: Praxis Geographie, 11, S. 305–309.
Brucker, A. (1986): Die Karikatur. In: Brucker, A. (Hrsg.): Handbuch Medien im Geographie-Unterricht. Düsseldorf, S. 218–226.
Brucker, A. (Hrsg.) (1993): Erdkunde. Gymnasium Bayern. 7. Schuljahr. Lehrerband mit Arbeitsblattvorlagen. München.
Fritz, J. (1980): Satire und Karikatur. Fächerübergreifender Unterricht in Deutsch-Politik-Kunst-Musik. Braunschweig.
Fuchs, G. (1980): Zeitungsberichte im Erdkundeunterricht. In: Der Erdkundeunterricht, H. 33, Stuttgart.
Grünewald, D. (1979): Karikatur im Unterricht. Geschichte – Analyse – Schulpraxis. Weinheim und Basel.
Wenzel, H.-J. (1982): Karikatur. In: Jander u. a. (Hrsg.): Metzler Handbuch für den Geographieunterricht. Stuttgart, S. 121–128.

Josef Birkenhauer

3.6 Numerische Medien

3.6.1 Zahlen

Zahlen im Erdkundeunterricht haben die Aufgabe bestimmte quantifizierbare und daher quantifizierte Tatbestände genauer zu kennzeichnen und zu illustrieren.

Dies geschieht einerseits über absolute Zahlen, andererseits über relative Zahlen.

An einigen Beispielen soll im Folgenden die Verwendung *absoluter Zahlen* verdeutlicht werden. Die gewählten Beispiele zeigen darüber hinaus, dass der Gebrauch absoluter Zahlen in der Regel dann sinnvolle Informationen erbringt, wenn sie in vergleichenden Zusammenhängen interpretiert werden.

Ein Landwirt in der Börde hat drei Traktoren, von 60, 80 und 100 PS. Sein Maschinenpark besteht aus verschiedenen Saat- und Setzmaschinen für Getreide, Zuckerrüben und Kartoffeln. Für das Getreide hat er eine Mähmaschine, für die Ernte der Zuckerrüben hat er einen speziellen Rübenroder, für die der Kartoffeln einen Kartoffelroder. Der Neuanschaffungswert aller Maschinen zusammen beträgt knapp 1 Million DM. Diese Zahlen illustrieren, was das ist: kapitalintensiv.

Ein PKW-Werk produziert 200 Wagen pro Tag, im Monat aber nur 4000. Diese Zahlen belegen, dass die Arbeitsproduktivität pro Tag hoch ist, auf den Monat gerechnet aber deutlich geringer ausfällt. Sie illustrieren, dass in Staaten mit „weicheren" Regelungen für die Arbeitszeit eine höhere Produktivität erreicht werden kann.

Die Zahlen lassen darauf aufmerksam werden, wovon u. a. der Wettbewerb auf dem Weltmarkt abhängig sein kann.

Die Zahlen in den verwendeten Beispielen sind sehr konkret und glaubwürdig. Bei umfassenderen statistischen Zahlen ist jedoch Vorsicht geboten. Solche Vorsicht gilt zuallererst für globale Zahlen, wie etwa der Angabe, dass 1994 auf der Erde exakt 5 292 178 327 Menschen gelebt hätten. Davon ist allerhöchstens die erste Ziffer richtig; alles andere ist durch die Addition teils geschätzter, teils erhobener Zahlen zustande gekommen. Aber selbst die Volkszählungsergebnisse in Deutschland sind nie exakt!

Ähnliches gilt für weniger globale Zahlen wie etwa, dass pro Einwohner in Deutschland soundsoviel Kilogramm Käse verzehrt worden seien. Der Verbrauch wird ermittelt durch Addition, Subtraktion und Division (Erzeugung in Deutschland minus Export plus Import dividiert durch die Anzahl der Einwohner). Auch der Warenkorb, über den die jeweilige Teuerungsrate ermittelt wird, ist eher eine Fiktion. (Vgl. zum Vorstehenden Krämer 1992 und 1995.) Höchste Vorsicht ist geboten, wenn Wachstumsraten von Wachstumsraten gebildet werden. Solche Berechnungen dienen in der Regel der Manipulation und der bewussten Verzeichnung. Krämer schreibt ausdrücklich: „Die ehrliche Präsentation von Daten ist keine Sache des Könnens, sondern des Wollens" (1995, S. 8).

So werden die Zahlen für den uns beunruhigenden klimatischen Wandel über Extrapolationen dramatisiert, eben damit wir beunruhigt werden. Denn das sei besser für die Menschheit (und für die Bedeutung des Wissenschaftlers). (Vgl. Krämer 1995, S. 9.)

Die Gruppe der *relativen Zahlen* besteht aus einer Reihe von Unterklassen: Prozentzahlen, Indexzahlen, Mittelwerte, Zahlen, die Beziehungen ausdrücken zwischen einer Fläche und bestimmten Elementen auf dieser Fläche. Relative Zahlen machen auf Zusammenhänge aufmerksam. (Man könnte sie daher auch als „sprechende Zahlen" bezeichnen.)

Zu dieser Klasse gehören ferner Zahlen, die „echte geographische Zahlen" genannt werden. Darunter sind Zahlen zu verstehen, die genau das tun, was oben beschrieben worden ist: den Bezug zwischen Fläche und Elementen auf dieser Fläche zu kennzeichnen.

Dabei handelt es sich um Dichtezahlen aller Art wie ferner um Ertragszahlen je Hektar. Aufschlussreich ist stets der Vergleich zwischen der Einwohnerdichte eines jeweiligen Territoriums und der Dichte dieser Einwohner bezogen auf die Nahrungsfläche dieses Territoriums. Diese Dichte wird als Agrardichte bezeichnet. Während in Deutschland das Verhältnis von Einwohnerdichte zu Agrardichte relativ günstig ist, gestaltet sich das Verhältnis in China deutlich ungünstiger. Noch ungünstiger ist es in Russland, sehr ungünstig in Norwegen. Die Agrardichte sagt somit viel über die Gunst oder Ungunst des Lebensraumes eines Staates aus.

(Dichtezahlen: China 121, Agrardichte [AD] 278; Sowjetunion 13; AD: 47; Deutschland 227, AD: 442; Norwegen 13, AD: 446)

In den Hektarerträgen spiegeln sich Intensität oder Extensität der Landwirtschaft eines jeweiligen Gebietes wider. Die Prozentzahlen z. B. für die verschiedenen Flächen der Bodennutzung (Grünland, Ackerland, Sonderkulturen, absoluter Umfang der Produktionsfläche) für beispielsweise Großbritannien, Dänemark, Finnland verweisen auf unterschiedliche Produktionsmöglichkeiten. Zahlen belegen auch das Verhältnis der Größe des Nährraumes zu der jeweiligen Art der Nutzung dieses Raumes. In einer Sammelwirtschaft werden je Einwohner 100 ha benötigt, beim tropischen Hackbau 6 – 20 ha, beim intensiven Ackerbau weniger als 1 ha, beim Gartenbau 0,15 ha.

Während absolute Zahlen einen Sachverhalt nur belegen und daher nach ihrer Verwendung in der Regel wieder vergessen werden dürfen (Ausnahmen: s.u.), haben relative Zahlen im Erdkundeunterricht häufig eine tragende Bedeutung – und zwar über alle Jahre hinweg. Beispielhaft sei genannt: Einwohnerdichte Deutschlands im Vergleich mit jener Frankreichs, Chinas, Russlands, Brasiliens … Sie sind außerdem über die Schule hinaus für ein gründlicheres Verstehen räumlicher Zusammenhänge unverzichtbar. Daher müssen sie auf dem jeweiligen Sachhintergrund sorgfältig erarbeitet werden, damit den Schülern die Bedeutung einer relativen Zahl auch wirklich bewusst wird: erst an einem Beispiel, dann beim weiteren räumlichen Ausgreifen in die Welt an je weiteren Beispielen. Jedes neue Beispiel muss dabei mit allen vorigen verglichen werden: nur so kommt jede Zahl zu stets neuer Bedeutung, baut sich Verständnis auf. Hat man in vergleichender Interpretation auf diese Weise einige „sprechende" Zahlen erarbeitet, sollten Schüler gelernt haben, bei der einfachen Nennung einer ihnen unbekannten relativen Zahl für ein ebenfalls unbekanntes anderes Gebiet sich von selber zu fragen:"Was steckt wohl dahinter?" Das heißt: relative Zahlen sind auch für Problemstellungen durchaus geeignet.

Oft werden im Erdkundeunterricht *Mittelwerte* verwendet, besonders wenn es um Temperaturen und Niederschläge geht. Häufig wird mit diesen Zahlen „gearbeitet" (so sagt man), ohne dass sich echtes Arbeiten (d. h. eines, das von Verstehen begleitet ist) ereignet. Doch ohne ein Verständnis davon, wie solche Mittelwerte überhaupt zustande gekommen sind, bleibt das „Arbeiten" buchstäblich sehr oberflächlich.

Vor dem ersten Benutzen oder gar selbstständigen Erstellen eines Klimadiagramms muss den Schülern genauestens deutlich gemacht werden, auf welch kompliziertem Weg die Werte berechnet worden sind. Dasselbe gilt vor dem Benutzen einer Karte mit den Isolinien der Temperatur.

Viele Lehrer „schenken sich" die Mühe und bringen meist zeitökonomische Gründe dafür vor. Solche Gründe stechen aber nicht. Einmal bewusst gemacht bleibt solches Wissen ständige Grundlage eines verstehenden Umgehens – wiederum über die Schule hinaus.

Der Schüler muss wissen: Wie verläuft die Temperaturkurve an einem konkreten Tag – an welchen Zeitpunkten wird sie ermittelt – wie wird das Tagesmittel bestimmt? Dasselbe für einen konkreten Monat mit warmen und kühlen Perioden, dasselbe für alle Monate und schließlich für das gesamte Jahr.

Ausgehend von den konkreten Werten einer Wetterstation in der Nachbarschaft der Schule wird der Jahresmittelwert errechnet. Wenn dieser nun verglichen wird mit dem so genannten „amtlichen" Wert, der als Wert für diesen Punkt in die Temperaturkarte eingetragen worden ist, ist wiederum eine Abweichung festzustellen. Denn es liegt ja eine dreißigjährige Mittelbildung vor. Wie soll ein Schüler bzw. ein Erwachsener ohne das Wissen um auf diese Weise sozusagen potenzierte Mittelwerte verstehen, wie und warum das, was als „Treibhauseffekt" bezeichnet wird, eine Mittelwertbildung über die gesamte Erdoberfläche hinweg ist – also die konkreten Klimazonen total „weggemittelt" worden sind? (Vgl. oben auch das, was über „dramatisierte" Extrapolationen ausgeführt wurde.)

Nichts gegen die Bildung von Mittelwerten! Sie stellen das wichtigste Werkzeug überhaupt dar um kleinere und erst recht größere Zahlenmengen analysieren und mit ihnen sinnvoll umgehen zu können. Der Mittelwert ist gewissermaßen die „Stichprobe", mit deren Hilfe wir auf eine umfassendere ähnliche Ausprägung schließen. Z. B. ist der Mittelwert der Temperatur eines Monats ein Indiz dafür, wie relativ kühl oder warm dieser Monat gewesen ist. Unsere Erfahrung lehrt uns aber, dass auch in einem zu kühlen Monat durchaus warme Perioden vorhanden waren (und umgekehrt).

Um solche Singularitäten auszuschließen, greift man zum so genannten gewogenen arithmetischen Mittel. Ein solches Mittel bedeutet, dass man hier weniger wichtige Werte in ihrer Bedeutung reduziert hat. Z. B. setzen sich die Fahrtkosten eines PKW pro Monat aus dem Verbrauch an Benzin und Öl zusammen. Setzt man beide Ausgaben gleich 100, machen die Benzinkosten mehr als 90 % aus. D. h. die Ölkosten sind eher zu vernachlässigen.

Wie oben schon angedeutet wurde, streuen die Werte bei den Temperaturen eines Monats (erst recht eines Jahres) um den mittleren Wert in größerem oder geringerem Maß. Das ist nichts Außergewöhnliches, sondern kommt praktisch bei allen statistischen Mittelwerten vor. Daher ist es wichtig, ein Maß für die Größe der Streuung zu ermitteln. Dieses Maß wird *Standardabweichung* genannt. Sie ist das wichtigste und bekannteste Maß für die Streuung überhaupt und ermöglicht eine nützliche Information über die Verteilung der Werte. Liegt z. B. die mittlere Größe der erwachsenen Männer in Deutschland bei 180 cm mit einer Standardabweichung von 4, so weiß man sofort, dass zwei Drittel aller Männer zwischen 176 und 184 cm groß sind – eine wichtige Größe für die Bekleidungsindustrie.

Ähnlich könnte man für bestimmte Wuchsgebiete von Fichten das Mittel der Höhen der Bäume im Alter von 30 Jahren herausfinden einschließlich der Standardabweichung der Höhen in Metern. Auch hier wüßte man dann, dass zwei Drittel aller Fichten dem Mittel entsprechen, somit die Zahl für dieses Wuchsgebiet repräsentativ ist. Man könnte dieses Maß vergleichen mit Wuchsgebieten unter anderen klimatischen Bedingungen und erhielte dann eine genaue Messgröße für klimatische Einflüsse.

Ob nun wirklich die besseren oder schlechteren klimatischen Bedingungen für die Höhe in den einzelnen Wuchsgebieten verantwortlich sind, kann man über den *Korrelationskoeffizienten* feststellen. Dazu trägt man die mittleren Wuchshöhen einerseits und die mittleren Jahrestemperaturen der einzelnen Wuchsgebiete andererseits in das dadurch gegebene Koordinatensystem ein. Lassen sich die Punkte durch eine Gerade (der sog. Regressionsgeraden) gleichmäßig miteinander verbinden, liegt eine Korrelation zwischen Höhe und Jahresmittel vor. Je näher die Steigung der Geraden bei 45 Grad liegt, umso gewisser ist die Korrelation. (Die generellen Grundzüge für die vorstehenden Ausführungen findet man ausführlicher bei Krämer 1992.)

Oben wurde vom *Vergleichen* gesprochen. Zwischen den Zeilen, mit denen die Beispiele umrissen wurden, kann der aufmerksame Leser erkennen, dass das Vergleichen hier auf einer bestimmten Voraussetzung beruht. Diese Voraussetzung ist: es müssen bestimmte Bezugsgrößen vorweg vorhanden sein; ohne sie ist kein Vergleichen möglich oder auch nur sinnvoll. Diese vorweg vorhandenen

113

Bezugsgrößen bilden somit eine notwendige Voraussetzung. Weil sie in dieser Weise notwendig sind, werden sie gern „*eiserne Zahlen*" genannt, „eisern" deswegen, weil die Schüler sich diese Zahlen zur stets präsenten späteren Verwendung fest im Gedächtnis eingeprägt haben müssen. Auch für dieses feste Einprägen muss der Lehrer sich die Zeit nehmen und das Einprägen an Hausaufgaben und kurzen Wiederholungen üben (siehe die eben gebrachte Begründung).

Beispiele für solche „eisernen" Zahlen sind: die Einwohnerdichte unserer Region, in unserem Bundesland, in Deutschland, im Rhein-Ruhr-Gebiet als dem größten Ballungsraum Europas, die Einwohnerzahlen von konkreten Städten bestimmter Größenordnungen, unsere Mitteltemperatur, aber auch die Mitteltemperaturen von Januar und Juli, die mittleren Jahresniederschläge bei uns, die Höhen bei uns, in der Nachbarschaft, die höchste Höhe in Deutschland, Europa usw., bestimmte Distanzen: zur Landeshauptstadt, zwischen der W- und der O-Grenze Deutschlands, zwischen der N- und der S-Grenze. Solche Distanzen bilden die grundlegenden „Module" für alle weiteren (notwendigen) Größenvergleiche in anderen Staaten und Erdteilen.

Nur wenn man – als ein Beispiel – die Dichtezahlen in einem deutschen Ballungsgebiet, in einer deutschen Millionenstadt kennt, wird einem die Wohn- und Lebenssituation in den ungeheuren Verdichtungszentren der Dritten Welt deutlich, wird einem die Zahl – auch als Erwachsenem – etwas „sagen", wenn man hört, dass auf 1 km² in Kowloon (Hongkong) 230 000 Menschen wohnen. Dem einen oder anderen Erdkundelehrer und Geographiedidaktiker mögen solche Forderungen zu weit gehen und er mag sich deswegen damit begnügen, nur den Anspruch an die Schüler zu stellen, dass sie wissen, wo sie solche Zahlen nachschlagen können.

Dass es aber ohne einen bestimmten Umfang an mathematischen Formeln nicht gelingt, Mathematik zu betreiben, dass es ohne einen bestimmten Umfang an grundlegenden Vokabelkenntnissen nicht gelingt, eine moderne Fremdsprache zu sprechen, ist nicht zu bestreiten. Und so kann auch Erdkunde nicht ohne ein sicheres Fundament an „eisernen Zahlen" über die Jahre hinweg unterrichtet werden. Sie stellen in neuen Situationen die Basis- und Vergleichszahlen aus dem eigenen vertrauten Raum bereit, ohne die ein Verstehen entweder erst gar nicht möglich, zumindest aber sehr erschwert ist.

Was nun die Verwendung von Zahlen im Fach überhaupt betrifft, so hat es bisher keine Diskussionen gegeben, die etwa den Wert der obigen Ausführungen ausdrücklich bestritten hätten. Vielmehr gehört der beschriebene Gebrauch zu den Selbstverständlichkeiten des Faches. Möglicherweise ist bisher deswegen auch nicht ausdrücklich in der Literatur darüber reflektiert worden. So gibt es weder eine Theoriebildung für dieses spezifische Feld, noch eine gezielte Forschung. Jedenfalls ist bisher darüber nichts bekannt geworden.

Zur Verwendung von *Prozentzahlen* ist schließlich Folgendes auszuführen: Mit ihnen können die Schüler erst dann sinnvoll umgehen, wenn in Mathematik die

Prozentrechnung erlernt worden ist. Will man trotzdem auf solche Verhältniszahlen nicht verzichten, muss man zu einer Art Umschreibung greifen, etwa derart: Ein Gebiet, z. B. Deutschland, wird in 100 Teile gegliedert. Wald z. B. stockt auf 30 Teilen davon. Über die Rolle von Paris in Frankreich geben folgende Werte einen Aufschluss: Auf je 100 Arbeitsplätze in Frankreich fallen auf Paris in der Werbung 95, in der Kfz-Industrie 48, im grafischen Gewerbe 60, in der Elektrosparte 44, in Forschung und Wissenschaft 66, bei den Banken 50.

3.6.2 Tabellen

Zweck und Kriterien
Ihren Zweck erfüllen Tabellen als Ordnung von Zahlenwerten nach Kriterien, die vorweg bestimmt worden sind. Indem die Zahlenwerte in den Tabellen nach solchen vorweg bestimmten Kriterien angeordnet werden, machen sie dadurch Vergleiche der Zahlenwerte untereinander erst möglich.

Solche Kriterien sind z. B.:
– räumliche Einheiten, wie Territorien, Zonen, Regionen (Beispiele: Tab. 2, 4, 5, 6, 7, 8, 11)
– Zeitreihen – Zeitabschnitte – Entwicklungen (Beispiele: Tab. 1, 5, 6, 7, 8)
– Wirtschaftssektoren (Beispiel: Tab. 1)
– Sozialgruppen
– Häufigkeitsverteilungen (Beispiele: Tab. 4, 8)
– Größenordnungen (Beispiele: Tab. 3, 5, 6, 7, 8, 10, 11)

Die in den Tabellen enthaltenen Zahlenwerte können sowohl absolute oder relative Zahlen oder beides sein.
Beispiele für Tabellen mit relativen Zahlen sind: Tab. 1, 2, 4, 5, 7, 8, 9, 10

	I	II	III
1960	5,7	54,4	39,9
1970	3,4	53,2	43,4
1980	2,2	43,2	54,6
1990	1,7	41,3	57,0

Tab. 1: Anteil der Wirtschaftssektoren am bundesdeutschen Bruttoinlandsprodukt (einfache Tabelle)

Hinweis: Außer Tabellen, über die geordnete Zahlenwerte vermittelt werden, werden auch tabellarische Übersichten verwendet. Solche Übersichten geben stichwortartig mithilfe geordneter Begriffe (z. B.) einen Überblick über einen oder mehrere wissensmäßige Sachverhalte. Der Vollständigkeit halber sollen einige Sonderformen nur erwähnt werden: die Matrices (Matrizen, Singular:

Matrix) und die semantischen Profile. Beide Tabellenarten gehören allerdings nicht zu den numerischen Medien, sondern zu den Textmedien.

Das gemeinsame Merkmal aller Tabellen ist die oben bereits angesprochene Ordnung nach festgelegten Kriterien.
Damit ein Benutzer (Schüler, Erwachsener) sinnvoll mit Zahlentabellen umgehen kann, ist es notwendig, dass er selber bereits weiß, was diese Kriterien bedeuten und worauf es bei ihnen jeweils ankommt:
– um welchen Zeitraum (Zeiträume) es sich handelt,
– welche Klasse (Klassen) von Gebieten,
– auf welcher Quellen- und Datenbasis die jeweilige Tabelle beruht (vgl. Tab. 2, 5, 6, 8, 10),
– dass er am besten nach den auffälligsten Werten sucht (was einerseits die Schnelligkeit der Auswertung erhöht, andererseits häufig die entscheidende Information und Erkenntnis ermöglicht),
– dass es bei Zeitreihen z. B. um den Verlauf einer Entwicklung über Jahre hinweg geht.

Beispiel a) für Zeitreihen (Tab. 1)
       b) für Entwicklung von Strukturdaten (Tab. 2)

Gliederung	Belgien	Däne-mark	Bundes-republik Deutsch-land	Griechen-land	Spanien	Frank-reich	Irland	Italien	Luxem-burg	Nieder-lande	Portugal	Ver-einigtes König-reich	EG-12
Zahl der Be-triebe, 1000	93	87	**705**	953	1792	982	217	2784	4	132	636	260	8644
ab 1 ha	79	86	**671**	704	1540	912	217	1974	4	117	384	243	6930
LF/Betrieb	14,8	32,2	**16,8**	4,0	13,8	28,6	22,7	5,6	30,2	15,3	5,2	64,4	13,3
Betriebe ab 1 ha JAE/ Betrieb[2]	17,3	32,5	**17,6**	5,3	16,0	30,7	22,7	7,7	33,2	17,2	8,3	68,9	16,5
1000 DM StDB[3]/ Betrieb	1,09	1,29	**1,21**	0,89	0,91	1,51	1,17	0,77	1,60	1,77	1,55	2,02	1,06
1000 DM StDB/ JAE[2]	59,4	86,8	**41,5**	10,2	12,9	54,4	21,9	18,4	49,5	112,4	9,4	138,2	28,0
Je Betrieb: Milchkühe	54,3	67,4	**34,4**	11,4	14,2	36,1	18,7	24,0	31,0	63,4	6,1	68,6	26,4
	24	30	**16**	4	7	20	22	10	31	40	3	61	15
Mast-schweine	153	149	**42**	7	19	38	187	16	39	258	5	276	34
Lege-hennen	597	333	**172**	27	78	118	79	73	42	10140	22	1225	114

(Quelle: Eurostat; Agrarbericht 1990)

Tab. 2: Landwirtschaftliche Strukturdaten der EG-Mitgliedsstaaten. Stand: 1987
(Beispiel für eine frustrierende Tabelle!)

Der geographiedidaktische Kenntnisstand

Hierzu ist zu bemerken, dass die verschiedenen Arten von Tabellen sowie auch die Zugänglichkeit der Inhalte für den Benutzer bisher kaum im Einzelnen untersucht und hinterfragt worden sind. Tabellen, auch die Übersichtstabellen im obigen Sinn, gelten als selbstverständliche Medien und Arbeitsmittel.

Auch über die Kriterien der geschicktesten Anordnung wurde bisher kaum nachgedacht. Ferner sind solche Kriterien bisher nicht überprüft worden. „Geschickteste Anordnung" bedeutet z. B.: Wie wird die beste Benutzerfreundlichkeit erreicht, also das In-Kontakt-Bringen des Benutzers mit jenen Ausschnitten aus der Realität, die die Zahlenwerte vermitteln sollen?

Beispiele für übersichtliche Anordnung bieten: Tab. 1, 3, 4, 5, 6. Generell kann folgende Regel gelten: Lieber zehn einfache Tabellen als eine komplizierte Tabelle. Der Grad der Einfachheit wird dadurch bestimmt, ob die entscheidende Aussage auf einen Blick ablesbar ist oder nicht.

Bauzeit	1960–1970
Dammlänge	3600 m
Sohlenbreite	980 m
Dammhöhe	111 m
Stauseelänge	500 km
Oberfläche	5 500 km²
Stauraum	150 Mrd. m³
Energiegewinnung	9 Mrd. kWh/Jahr
Schlammablagerung	100 Mill. t./Jahr
Verdunstungsverlust	10 Mrd. m³/Jahr

Tab. 3: Der Assuan-Staudamm

(Hier werden Größenordnungen verdeutlicht.)

Ähnlich ist über die Altersgemäßheit unterschiedlicher Tabellen kaum etwas bekannt oder die Altersgemäßheit der Verwendungshäufigkeit von Tabellen. Als Regel gilt: je älter der Benutzer ist, umso mehr Tabellen kann man ihm zumuten. Aber solch eine Faustregel setzt auch ein bestimmtes Niveau an Intelligenz und Bildung voraus. (Vgl. Kap. 2: Medienwirkungsforschung.)

Japan	2150
Portugal	1930
USA	1890
Schweiz	1875
Schweden	1805
Spanien	1790
Großbritannien	1770
Italien	1760
Frankreich	1758
Norwegen	1725
Österreich	1710
Deutschland	1668

Tab. 4: Jahresarbeitszeit (Std.) für Industriearbeiter 1990

(Ermöglichen von Vergleichen, auch mit Tab. 5)

Die didaktischen Hauptfunktionen von Tabellen

Der didaktische Wert von Tabellen, ihre Funktionen, sind vielfältig. Wenigstens vier solcher Hauptfunktionen können ausgemacht werden.

1. Sie dienen zur Verdeutlichung.
   - Wasserbedarf und Feuchtigkeitsverlust in heißen Trockenräumen
   - Staaten nach Fläche und Bevölkerung
   - Abhängigkeit von Einfuhren, von Ausfuhren (Tab. 9, 10)
   - Erzeugung von bestimmten Produkten in verschiedenen Staaten
   - Umschläge in Seehäfen, Binnenhäfen
   - usw.

2. Sie dienen als Beleg für eine Behauptung.
   - Starts vom Flughafen Frankfurt in viele Richtungen täglich möglich („Frankfurt ist ein Weltflughafen")
   - Naturkatastrophen (Art, Jahre, Tote)

3. Sie sind Medien, die immer wieder zum Vergleichen zwingen. Dieses Vergleichen geschieht u. a. über die folgenden tabellarischen Formen:
   - Zeitreihen. Beispiele sind: Tab. 1, 5, 6, 8, B.
   Weitere Möglichkeiten bieten:
   - Anwachsen der Bevölkerung einer Mega-Stadt, der Welt, Zunahme des Fleischverbrauchs in Deutschland, Entwicklung der Herstellungspreise für PCs
   - Strukturdaten von Staaten (Tab. 2, 8)
   - Einkommen pro Einw. (Industriestaaten, Dritte-Welt-Staaten, Schwellenländer)
   - das BSP und die Arbeitslosigkeit in den Regionen der Europäischen Union
   - mittlere Entfernungen für den Transport von Gütern (Russland, USA, Deutschland)
   - Produktivitätsunterschiede ausgewählter Staaten (Tab. 5)
   - Erträge in guten und schlechten Jahren – Vergleich mit den Jahressummen der Niederschläge
   - Altersschichtung und Umfang der Altersgruppen in Indien, in Deutschland
   - geozonale Strukturen (Vergleich der Jahresmittel der Temperaturen, Niederschläge in Deutschland und in Zaire, Jahresgang der Temperaturen und Niederschläge hier und dort)
   - Ortsreihen (Zunahme der Niederschläge in Annäherung an einen Gebirgszug) (vgl. Tab. C.)
   - usw.

4. Sie können die selbstständige Ordnung von zahlenmäßigen Informationen durch den Benutzer veranlassen, z. B.:
   - Besitzgrößen

– Arbeitsaufwand in Stunden je ha herausfinden und die Werte bestimmtem
Gebieten zuordnen wie etwa Reichenau, Börde, Kaiserstuhl

Das Gewinnen von Informationen aus Tabellen hängt davon ab, wie einfach
und übersichtlich die jeweilige Tabelle gestaltet ist. Je komplexer eine Tabelle
aufgebaut ist, umso weniger leicht ist Informationsgewinnung möglich. Zusätzlich sind komplexe Tabellen häufig auch unübersichtlich. Dann ist bereits der
bloße Vorgang des Sichtens sehr mühsam und das Gewinnen einer Erkenntnis
unterbleibt. Je höher der Frustrationspegel dabei wächst, umso geringer ist der
didaktische Wert. Man vergleiche hierzu die Tabellen 2, 8, 10, 11.

	1970	1980	1987
Bundesrepublik Deutschland	9,42	23,40	32,67
USA	15,80	18,23	24,57
Japan	3,94	12,35	25,12
Frankreich	6,45	17,35	22,41
Großbritannien	5,86	13,30	17,68

Tab. 5: Arbeitskosten der Industrie (in DM/Std.)
**(nach: Knappe, K.: Industriestandort Bundesrepublik Deutschland. Bundesverband
deutscher Banken, 1988)**

Beispiele für einfache und übersichtliche Tabellen sind:

Uhrzeit	Temp. im Schatten	Gewicht eines Mannes in kg
7	34	74
13	48	70,5
15	56	65,5

Tab. A: Flüssigkeitsverlust in heißen Trockenräumen

Jahr	Anzahl
1883	20
1938	34
1962	140
1990	280

Tab. B: Züge durch den Gotthardtunnel pro Tag (seit seiner Fertigstellung)

Diese Tabelle ist ein einfaches Beispiel für eine Zeitreihe.

Eine sinnvolle Aufgabe ist es, die Zahlenwerte als Diagramm zu zeichnen. Dann wird nämlich die Vervielfachung sehr deutlich (Aha-Erlebnis durch Selbertun) und man wird sich von selbst die Frage stellen, was eigentlich hinter solcher Vervielfachung steckt.

Ulm	480
Illertissen	762
Landsberg (Lech)	943
Memmingen	952
Kaufbeuren	1042
Kempten	1287
Füssen	1326
Oberstdorf	1711

Tab. C: Ortsreihe
Zunahme der Jahresniederschläge (in mm)

(Die Auswertung muss selbstverständlich in Verbindung mit einer Reliefkarte erfolgen: vgl. unten.)

	1970	1980	1985
Bundesrepublik Deutschland	9.934	14.312	12.263
USA	14.166	18.261	15.972
Japan	6.034	11.797	11.391
Frankreich	3.766	4.460	3.958
Großbritannien	5.084	4.704	4.268
Italien	1.492	1.758	1.949

Quelle: Bundesverband Deutscher Banken, 1988, S. 16

Tab. 6: Zahl der Patentanmeldungen

Beispiel für eine Tabelle zur Wettbewerbsfähigkeit von Industrienationen in Zeitreihen.
Beispiel für Übersichtlichkeit und Reduzierung von Werten.

	1970	1980	1985
Bundesrepublik Deutschland	1,9	2,5	2,7
USA	12,6	2,5	2,8
Japan	1,5	2,2	2,8
Frankreich	1,9	1,9	2,3
Großbritannien	2,1	2,3	2,2
Italien	0,9	0,9	1,4

Tab. 7: Ausgaben für Forschung und Entwicklung (in % des Bruttoinlandsprodukts)

Ein Beispiel für eine komplexe Tabelle ist Tabelle 8.

	Stadtbevölkerung in % der Gesamtbevölkerung		Durchschnittliches jährliche Wachstum in %	
Länder	1965	1988	1965–1980	1980–1988
Belgien	93	97	0,4	0,2
Dänemark	77	86	1,1	0,3
Deutschland (BRD)	79	86	0,7	0,1
Deutschland (DDR)	73	77	(keine Zahlen verfügbar)	
Griechenland	48	62	2,0	1,3
Spanien	61	77	2,2	1,3
Frankreich	67	74	1,3	0,5
Irland	49	58	2,1	1,1
Italien	62	68	1,0	0,5
Niederlande	86	88	1,2	0,5
Portugal	24	32	1,7	1,9
Vereinigtes Königreich	87	92	0,5	0,4
Österreich	51	57	0,8	0,6
Schweiz	53	61	1,0	1,3

(Quelle: World Development Report 1990, S. 238–239 und 244–245)

Tab. 8: Verstädterung und städtisches Wachstum in Europa

Beispiel für Häufigkeitsverteilung nach Staaten und Zeitreihen
Beispiel für Übersichtlichkeit
Beispiel für Quellenangabe

Für vierzehn ausgewählte Länder (EU außer Luxemburg, DDR, Schweiz, Österreich) müssen insgesamt 56 Werte nicht nur nebeneinander, sondern auch untereinander verglichen werden, um Aussagen über Trends machen zu können. Nun sind zwar zwei Trends verallgemeinerbar: nämlich Zunahme der städtischen Bevölkerung, Rückgang des Bevölkerungswachstums; doch gibt es dabei z. T. erhebliche Unterschiede. Griechenland, Irland, Portugal, Schweiz, Italien weisen einen geringeren Verstädterungsgrad auf. Es muss also differenziert werden: wieso ist es bei den einen so und bei den anderen so? Trotz der vielen Werte und der für ihre Interpretation notwendigen kognitiven Anstrengung ist die Tabelle ein Beispiel für eine übersichtliche Anordnung von Häufigkeitsverteilungen und Zeitreihen. Hervorzuheben ist auch die Nennung der Quelle.

Noch komplexer und dazu eher unübersichtlich (also ein Beispiel für eine didaktisch eher schlechte Tabelle) ist eine Zusammenstellung von Daten zur Landwirtschaftsstruktur in den Staaten der EU 1987 (= Tabelle 2). Für 12 Staaten (plus ein Wert für die ganze EU als Durchschnitt aller Werte) werden folgende 10 Strukturmerkmale angegeben: Zahl der Betriebe, Zahl der Betriebe ab 1 ha, landwirtschaftliche Fläche pro Betrieb, davon Betriebe ab 1 ha, durchschnittliche Jahresarbeitseinheit für alle Betriebe eines Staates, dito für Betriebe ab 1 ha, Standarddeckungsbeitrag in 1000 DM im Durchschnitt aller Betriebe eines Staates, Standarddeckungsbeitrag je Jahresarbeitseinheit staatenweise, durchschnittlicher Bestand an Milchkühen, Mastschweinen und Legehennen aller Betriebe staatenweise. Es kommen 130 Werte zu recht unterschiedlichen Bereichen zusammen. Selbst in einer 11. Klasse eines Gymnasiums dürfte der Frustrationspegel ansteigen. Darüber hinaus liegt der Informationsgewinn aus einer solchen Tabelle nicht im bloßen Ablesen, sondern er kann nur aus der sinnvollen Interpretation der Zahlenwerte untereinander erschlossen werden. Zum Interpretieren aber reichen die Zahlen allein nicht aus. Es muss vorweg ein Hintergrundwissen vorhanden sein, über das die Zahlenwerte erst ihren Stellenwert erhalten. Bringen aber die Schüler dieses Wissen als sofort einsetzbares Arbeitswissen mit? (Also etwa: die verschiedenen Bedeutungen von Intensität und Extensität, von Überbesatz und latenter Arbeitslosigkeit u. dgl.) Zwar soll über Tabellen weiteres (neues) Wissen erworben werden; doch: machen sich die Autoren zuvor und zureichend klar, auf welchen vorgehenden Voraussetzungen solcher Erwerb zurückgreifen muss? (Ansprüche an Autoren von Tabellen!)

Auch zu dieser Seite des Umgehens mit Tabellen gibt es keinerlei systematische Untersuchungen. Das bloße „Gefühl" des jeweiligen Autors („das wird so schon gehen") ist die alleinige Direktive.

Bauxit	100
Nickel	100
Erdöl	100
Eisenerz	99
Zinnerz	98
Kupfererz	96
Erdgas	91
Bleierz	84
Kohle	82

Tab. 9: Japan – Importanteil der Rohstoffversorgung 1990 (in %)

Die Tabelle 9 ist ein Beispiel für geringe Aussagekraft, da Vergleiche zu anderen Staaten fehlen. Vergleiche damit Tabelle 10!

Der Wert des Umgangs mit Tabellen aller Art im Erdkundeunterricht im Hinblick auf die außerschulische Lebenswelt kann nicht hoch genug veranschlagt werden – sei es das Kennenlernen der vielfältigen Funktionen von Tabellen, sei es das Umsetzen in Kurven- und Flussdiagramme, sei es schließlich und besonders auch das Vergleichen von Entwicklungen durch die Zeit oder von einer Region zur anderen.

Der didaktische Ort von Tabellen innerhalb einer Unterrichtseinheit ist in der Regel die Erarbeitungsphase. Doch können Tabellen auch zum Einstieg und zur Problemformulierung vorgelegt werden. (Beispiel: die obige Ortsreihe [= Tab. C] – was steckt dahinter? Schauen wir uns an, wo die Orte liegen – Zeigen auf der Wandkarte durch den Lehrer – Problemformulierung – Lösung – Vergleich mit dem Schwarzwald – dem Harz – dabei Einführung der Niederschlagskarte und Erläuterung der Isolinien ...)
Sinnvoll sind Tabellen auch in der Schlussphase als Zusammenfassung.

	Japan	USA	Bundes-republik Deutschland	Frankreich	Groß-britannien
Energie	82,2	11,9	50,7	62,3	–18,0
Kohle	81,4	–11,5	–0,8	49,0	–1,6
Öl	99,7	31,8	95,1	97,1	–60,3
Erdgas	92,4	5,2	66,3	77,1	22,7
Eisenerz	99,8	33,4	97,8	59,0	97,3
Kupfer	96,8	46,7	99,9	100,0	99,8
Blei	87,5	69,5	92,4	98,9	98,6
Zink	67,4	71,7	73,4	87,1	96,1
Zinn	98,5	99,7	100,0	100,0	50,0
Aluminium	100,0	82,3	100,0	–264,0	100,0
Nickel ·	100,0	94,0	100,0	100,0	100,0
Holz und Bauholz	64,3	1,2	20,7	68,6	12,2

(Japan von heute, o. J. S. 69)

Tab. 10: Abhängigkeit von Rohstoffimporten

Beispiel für aussagekräftige Tabelle

Mit einer Tabelle können ferner auch Einsichten verdeutlicht werden, die mehrere Unterrichtseinheiten betreffen, wie etwa der Vergleich des Arbeitsaufwandes je Hektar auf der Reichenau, im Kaiserstuhl oder in der Börde. Über das Vergleichen kann hier die Einsicht gewonnen werden, welche Abstufungen der Begriff der Arbeitsintensität umfasst.

Lithosphäre	– 100 km	Erdkruste – 50 km Moho-Diskontinuität...	Granitschicht[1] (– 15 km) Basaltschicht[2] (15 – 50 km)	D 2.6 – 2.7 D 2.9 – 3.0	700°
		Oberster Mantel 50 – 100 km	Hochdruckbasalt	D 3.2 – 3.6	1000°
Asthenosphäre = *dünne* *„Gleitschicht"* *im oberen* *Erdmantel*	100 – 300 km	Partiell aufge- schmolzenes sog. primäres Magma			2000°
Oberer *Erdmantel* *Unterer*	300 – 700 km 700 – 2900 km	Ähnlichkeit mit gewissen Stein- bzw. Stein-Eisen- Meteoriten	Eisenreiche Silikate, mit zunehmendem Eisengehalt Hochdruckoxide	D 4.2 – 4.5 D 4.5 – 6.7	3000°
Äußerer *Erdkern* *Innerer*	2900 – 5100 km 5100 – 6370 km	Ähnlichkeit mit Nickel-Eisen- Meteoriten	Flüssiger Nickel-Eisen-Kern Fester	D 9.4 – 11.5 D 11.5 – 13.5	5000°

[1] in Mitteleuropa: 12–50 km, erheblich schwankend, Kontinentalbereich fehlt in den zentralen Teilen der Ozeane völlig (früher Sial-Schicht genannt)   [2] Ozeanbereich (früher Sima-Schicht genant)   D = Dichte

Tab. 11: Aufbau des Erdinnern und seine Größenordnungen
(aus: Höfling, R.: Entstehung und Aufbau der Erde. In: Praxis Geographie, Heft 8, 1985.)

Literatur

Krämer, W. (1992): Statistik verstehen. 2. Aufl. Frankfurt/Main.

Krämer, W. (1995): So lügt man mit Statistik. 6. Aufl. Frankfurt/Main.

Josef Birkenhauer

3.7 Grafische Darstellungen

3.7.1 Blockbild – Landschaftsquerschnitt

Zwecke – Definition

Blockbilder und Landschaftsquerschnitte dienen demselben Zweck: der Veranschaulichung dreidimensionaler räumlicher Sachverhalte, die als vierseitig begrenzte Blöcke (daher der Name Blockbild) herausgeschnitten sind. Querschnitte von Landschaften sind insofern Erweiterungen einfacher Blockbilder, als sie

1. einen Ausschnitt über eine größere Entfernung (gelegentlich bis zu einigen 1000 km) und
2. eine Abfolge von Landschaften mit ihrer dinglichen Erfülltheit abbilden.

Die für diese Querschnitte ebenfalls verwendete Bezeichnung „Flächenprofil" ist in sich widersprüchlich. Auch deckt sie das Abgebildete nicht ab: es handelt sich weder um Flächen noch um ein Profil. Die Bezeichnung sollte aufgegeben werden.

Ähnlich ist es mit der Bezeichnung Blockdiagramm für die Blockbilder: es handelt sich ja nicht um Diagramme im strengen Sinn; d. h. sie verdeutlichen keine exakten Zahlenverhältnisse. Auch diese Bezeichnung sollte somit entfallen.

Blockbilder sind zweidimensionale Vertreter der konkreten Modelle: auf der Tafel, im Buch, auf dem Arbeitsblatt und der Folie.

Die Vorteile der konkreten Modelle (siehe dort) gelten auch für die Blockbilder, und zwar aus den gleichen Gründen. Nachteile sind keine bekannt – es sei denn dem Zeichner sei die zweidimensionale Wiedergabe misslungen oder es hätten die Autoren die Vorlagen zu komplex und nicht eindeutig genug angelegt.

Praktisch ist jeder dreidimensionale Sachverhalt ausschnittweise als Blockbild darstellbar; d. h. es handelt sich nicht nur dann um Blockbilder, wenn der jeweilige geologische Untergrund miteinbezogen ist. Dieser ist vielmehr kein konstitutives Element von Blockbildern.

Gerade die Tatsache, dass jeder dreidimensionale Sachverhalt, wie gerade ausgeführt, als Blockbild darstellbar ist, erklärt, warum Blockbilder in den Schulbüchern ein ziemlich häufig verwendetes Medium sind.

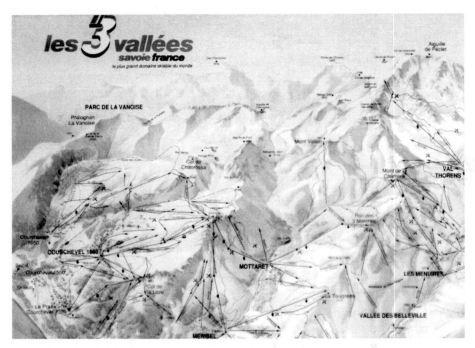

Abb. 32: Les Trois Vallées – Das größte erschlossene Skigebiet der Welt

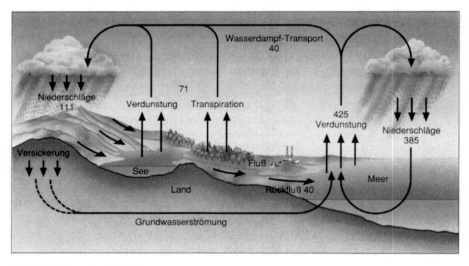

Abb. 33: Wasserkreislauf
Hydrologischer Kreislauf. Die Zahlen bezeichnen die transportierten Wassermengen in Einheiten von 1000 km³/Jahr

Die linienhaften Elemente der Wirklichkeit werden in den Blockbildern oft vereinfacht (reale Krümmungen z. B. „ausgebügelt") und Gegenständlichkeiten auf Beispielhaft-Typisches reduziert (vgl. dazu Abb. 35).

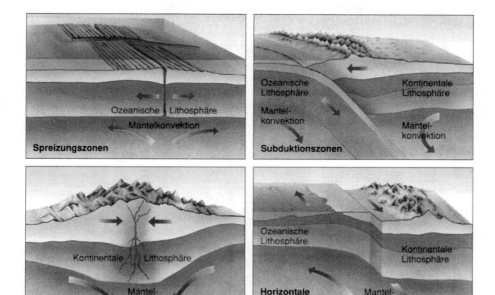

Abb. 34: Situationen, in denen Erdbeben entstehen
(nach: A. Vogel: Erdbebenprognostik. In: Praxis Geographie 5/1988, S. 34–38.)

Landschaftsquerschnitte sind bis in das Jahrzehnt 1970–1980 häufiger verwendet worden. Heutzutage sind sie nur noch selten zu finden. Dies mag daran liegen, dass die Landschaft als Objekt der Geographie entwertet worden ist.

Beispiele für vielseitige Verwendbarkeit
a) Höhenstufen im Gebirge (Bemerkung: wie vorher)
b) Wasserkreislauf (als Blockbild wesentlich verständlicher und daher viel günstiger als das meist dafür verwendete, abstrakt bleibende Schema) = Abb. 33
c) Mittelgebirge und Hochgebirge im Vergleich
d) Huerta und landschaftliche Einbettung (ebenfalls deutlich anschaulicher als ein mögliches Profil)
e) Braunkohlentagebau (Bemerkung: wie zuvor; zusätzlich: selbst eine Reihe Fotos vermag nicht die zusammenhängende Anschauung des Blockbildes zu vermitteln)
f) Wasserkraftwerk (Bemerkung: wie zuvor)
g) Koog und Deich (Bemerkung: wie zuvor)
h) Karstlandschaft (Bemerkung: wie zuvor)

i) Kliff
j) Dammfluss
k) Hoch-/Mittel- und Niedrigwasserstufen in einer Talaue
l) Haus mit solarer Wärmeversorgung – mit Versorgung aus Wärmepumpen
m) Skiregion (vgl. Abb. 32)
n) Gletscher mit Nähr- und Zehrgebiet eingebettet in die Hochgebirgslandschaft, mit Querschnitt durch Trogschulter und Trogtal
o) Maschineller Tunnelvortrieb (Kanaltunnel, St. Gotthard)

U.a. verweisen die Beipiele e), f) l) m) n) auf die hohe Bedeutung, die Blockbilder auch im Alltag, in der Freizeit und bei technischen Anlagen bzw. Vorgängen besitzen.

Didaktischer Ort für die Arbeit
Innerhalb einer Unterrichtseinheit gibt es zwei didaktische Orte der Verwendung des Blockbildes: einmal in der Erarbeitungsphase (wo schrittweise das Blockbild z. B. einer Huerta entwickelt wird), ein andermal in der Schlussphase (Zusammenfassung). Für die Landschaftsquerschnitte ist die Schlussphase ebenfalls der günstigste Zeitpunkt, weil an ihnen alles zuvor Kennengelernte wiederholt und dem richtigen Ort zugeordnet werden kann.
Wegen der zusammenfassenden Darstellung sind Blockbilder auch für Arbeitsblätter sehr geeignet (Nacharbeiten, Beschriften, Übertragen auf ähnliche Sachverhalte u. dgl.).

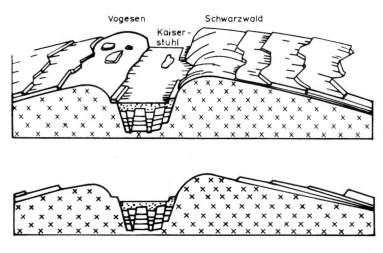

Abb. 35: Reduzierung eines Blockbildes zu einem Profil (Entwurf: Birkenhauer in Anlehnung an Georg Wagner)

Voraussetzungen bei den Schülern

Hinsichtlich der Schüler sind keine besonderen Fertigkeiten oder Voraussetzungen notwendig. Über spezifische Probleme hinsichtlich des Umgehens von Schülern mit Blockbildern, z. B. was die verwendeten Perspektiven betrifft, ist bisher nichts bekannt geworden. Ob Schüler lernen sollten – etwa in Anbetracht späterer Verwendungssituationen in Alltag und Beruf – Blockbilder selbst zu entwerfen, ist bisher ebenfalls nicht diskutiert worden. An und für sich sind einfache Blockbilder unschwer zu zeichnen, zumal es bei den meisten Blockbildern auf eine strenge Maßstäblichkeit nicht ankommt (Ausnahmen davon: siehe die Beispiele a), l), o)) und damit eine große Schwierigkeit wegfällt. Für die erste Anlage eines Blockbildes genügt es ja, dass die vordere Profillinie etwas seitlich und nach unten im Vergleich zur hinteren Profillinie versetzt wird (z. B. Kliff, Talaue), um dann markantere Horizontalen zwischen den schärferen Biegestellen der Profillinien einzuzeichnen.

3.7.2 Profile

Profile sind teils exakte, teils schematisierende Strichzeichnungen ursprünglich dreidimensionaler „Oberflächen" und Lagerungs- bzw. Schichtungsverhältnisse. D. h. es kommt nicht darauf an, die Dreidimensionalität wiederzugeben oder gar zu erfassen, sondern darauf, eine Vorstellung von „Oberflächen", Lagerungen und Schichtungen zu vermitteln.

Profile stehen somit am Ende einer gedachten Reihe von „konkret nach abstrakt": konkrete Modelle – Blockbilder – Profile. Unerfahrene Autoren und Lehrer machen häufig den Fehler, dass sie zu viele Sachverhalte in ein einziges Profil hineinzwängen wollen. Die Profile werden dann mit Aussagen überladen, machen einen zu komplexen und damit frustrierenden Eindruck. Auch für Profile gilt, dass sie eindeutig und einfach gestaltet sein müssen. M. E. erfüllen alle im folgenden abgebildeten Profile diese Anforderung.

Profile werden für verschiedenste Sachverhalte verwendet. Im Folgenden wird versucht solche Sachverhalte zu systematisieren und die verschiedenen Klassen von Profilen zu benennen (a – j). Die jeweiligen Sachverhalte bieten sich für eine solche Klassifizierung an.

a) Höhenprofile: Am häufigsten sind Profile zur Verdeutlichung von Höhenverhältnissen, die aus der Umsetzung einer physischen Karte gewonnen werden. (Abb. 36)

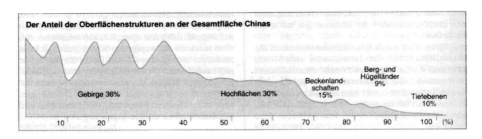

Abb. 36: Anteil der Oberflächenstrukturen an der Gesamtfläche Chinas (Beispiel für Höhenprofil)
(aus: Brucker, A. (Hrsg.): Orbis: Japan, China, Korea. München 1990.)

b) Landschaftsprofile: Höhenprofile können u. a. dazu benutzt werden, charakteristische Geländeabschnitte und Landschaftsräume zu erfassen, auszugliedern und abzugrenzen (vgl. z. B. Abb. 37).

c) Kausalprofile (synoptische Profile): Landschaftsprofile (vgl. Abb. 37) können ihrerseits wiederum dazu verwendet werden, Informationen zu den einzelnen Landschaften aus den unterschiedlichen thematischen Karten unter dem jeweils dazugehörigen Profilabschnitt einzutragen und zu sammeln, damit die jeweilige Landschaft bzw. der jeweilige Abschnitt geographisch charakterisiert werden kann.
Informationen (Niederschläge, Temperaturen, Anbauverhältnisse, Vegetation, Bevölkerungsdichte, Gewerbe) werden übersichtlich in Kästchen untereinander angeordnet. Die in diesen Profilen zusammengetragenen und übereinander angeordneten Angaben können darüber hinaus in einen Erklärungszusammenhang untereinander gebracht werden: wie z. B. Beckenlage, geringere Niederschläge, höhere Temperaturen, intensiverer Anbau und dgl. Solche Kausalprofile sind der Ausdruck des Versuchs, Informationen über „vertikale Abhängigkeiten" zu gewinnen. Meist handelt es sich dabei nicht um echte Kausalitäten, weswegen eigentlich der Ausdruck „Kausalprofil" nicht ganz zutreffend ist. Doch hat sich die Bezeichnung eingebürgert. Solche Profile werden auch als „synoptische Diagramme" bezeichnet. Auch hier sollte das Wort „Diagramm" nicht verwendet werden. Man sollte besser von synoptischen Profilen sprechen. Diese Bezeichnung ist sogar dem Begriff „Kausalprofil" vorzuziehen – aus den oben erläuterten Gründen; denn das Wort „synoptisch" drückt genau das aus, was im Profil versucht wird: Eine Zusammenschau verschiedener Fakten zu bieten (synoptisch = zusammensehend).

Leider hat sich eingebürgert, diese Profile nach dem sog. Hettner – Schema zu bearbeiten, d. h. nach der Reihenfolge der Geofaktoren (Gestein, Klima, Vegetation, Landwirtschaft usw.). Zwar ist es sinnvoll, zwecks Erwerb einer entsprechenden instrumentalen Fertigkeit an einem Profil einmal so zu arbeiten. Es sollte sich aber mehr einbürgern, „dynamische" Zusammenhänge zu entdecken, also z. B. von einer auffälligen Erscheinung auszugehen. Etwa: warum ist die Bevölkerungsdichte im Gebiet A hoch, im benachbarten Gebiet B dagegen nicht. Arbeitshypothesen werden dazu von den Schülern aufgestellt, an den thematischen Karten überprüft, die Ergebnisse in die Kästchen eingetragen.

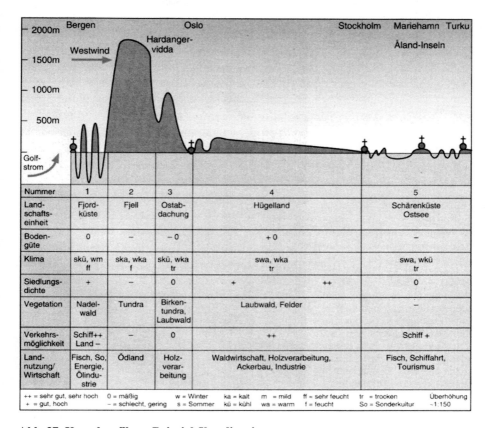

Abb. 37: **Kausalprofil am Beispiel Skandinaviens**

d) Geologische Profile: Profile vermitteln eine Vorstellung von der Lagerung und Schichtung der Gesteine in der Erdkruste.
Geologische Profile sind besonders hilfreich bei der Illustration der Lagerungsverhältnisse in Falten- und Deckengebirgen sowie der Erklärung der plattentektonischen Kollision(en), die zu solcher Verformung geführt haben. Doch auch für „einfachere" Lagerungen sind sie sinnvoll (Lagerstätten von Kohlen, Erdöl, Grundwasser).

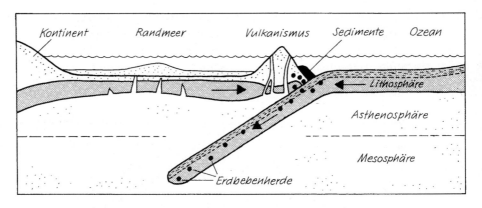

Abb. 38: Subduktion in Ostasien (Beispiel für geologisches Profil)
(nach: George V. Kelvin: The Subduction of the Lithosphere. In: Scientific American, 11/1995.)

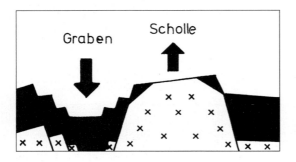

Abb. 39: Brüche (geologisches Profil)

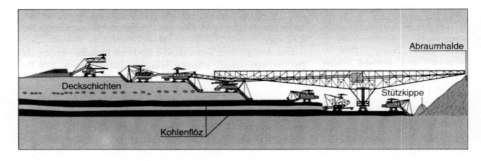

Abb. 40: Braunkohlenabbau (Tagebau Espenhain bei Leipzig)

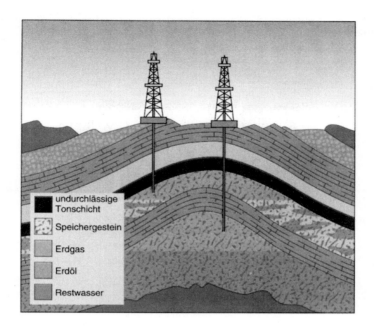

Abb. 41: Erdöllagerstätte und Erdölabbau

e) Meteorologische Profile: Profile sind ebenfalls unerlässlich für die Vergegenwärtigung von Schichtungen und Lagerungen in der Atmosphäre, Troposphäre und Stratosphäre. Meteorologische Profile sind z. B. der Schnitt durch die Atmosphäre mit der Lage der beiden Ozonhüllen, der Schnitt durch die Warm- und Kaltfront eines Tiefs, ein Schnitt durch die Troposphäre mit der Eintragung der Wolkenformen in bestimmten Höhen.

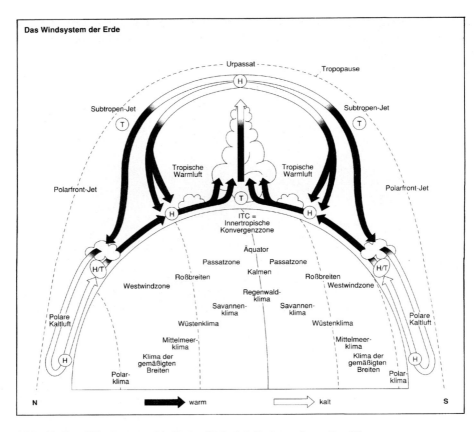

**Abb. 42: Das Windsystem der Erde (Beispiel für komplexes Profil)
(aus: Brucker, A. (Hrsg.): Orbis. Dritte Welt. München 1990.)**

Unterschiedliche Erwärmung der Luft erzeugt unterschiedlichen Druck

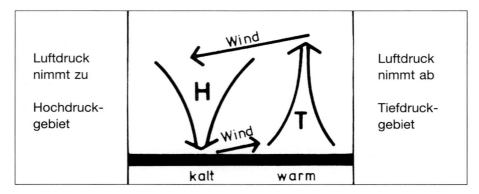

Abb. 43: Hoch und Tief (Beispiel für einfaches meterologisches Profil)

f) **Hydrologische Profile:** Vergleichbar sind die Schnitte durch Gewässer, um Kolke, Strömungen, Verwirbelungen, Schichtungen und Zirkulationen in Seen und Ozeanen zu verdeutlichen.

g) **Bodenprofile:** Es werden die unterschiedlichen Ausbildungen von Bodenhorizonten in den verschiedenen Klimazonen dargestellt.

h) **Vegetationsprofile:** Sie veranschaulichen unterschiedliche Pflanzenformationen und deren Aufbau oder die Anordnung der Vegetationszonen auf der Erde mit Erklärung durch die wesentlichen Klimaelemente.

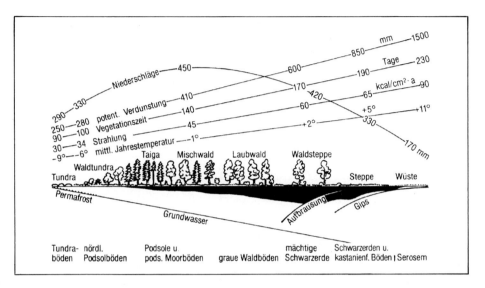

Abb. 44: Der planetarische Wandel der Vegetation in Abhängigkeit von den klimatischen Bedingungen (Beispiel für Klima-/Vegetations-Profil)
(nach: Walter, H.: Vegetationszonen und Klima. Stuttgart: Ullmer (UTB) 1984.)

i) **Kulturgeographische Profile:** Auch jene Darstellungen sind als Profile zu bezeichnen, die einen Schnitt z. B. durch den „Körper" einer „amerikanischen" Stadt legen oder durch die Anordnung von Wohngebieten und Arbeitsgebieten (Industriegebieten) zueinander. Ferner gehören auch Anbauprofile dazu.

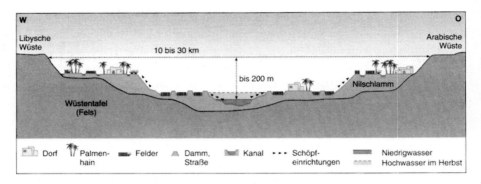

Abb. 45: Profil durch die Niloase (Beispiel für Anbauprofil)

j) Technische Profile: Dazu gehört z. B. der Schnitt durch eine Bohrplattform oder durch ein Fangfabrikschiff (und dgl.).

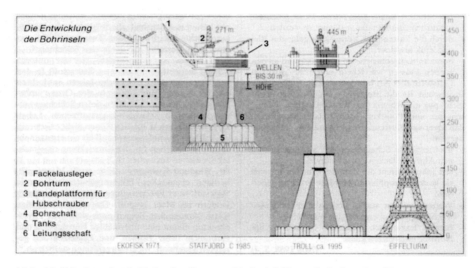

Abb. 46: Schnitte durch Bohrplattformen (Beispiel für technisches Profil) (aus: Brucker, A. (Hrsg.): Orbis: Europa. München 1989.)

Systematische Untersuchungen dazu, wie Schüler selbsttätig und ab welchem Alter mit den verschiedenen Arten der Profile umgehen können, fehlen. Die Tatsache, dass vergleichbare Erfahrungen von verschiedenen Lehrern immer wieder gemacht worden sind und werden, zeigt indessen, dass es möglich ist, Regeln für die Verwendung bestimmter Profilklassen anzugeben.

- Höhenprofile und kulturgeographische Profile können bereits ab der 5. Klasse mit gutem Verständnis und Erfolg benutzt werden. Besichtigt man bei einer Exkursion eine Kiesgrube, sind Schüler der 5. Klasse durchaus in der Lage einen Aufriss der Grube zu zeichnen, mithin der Vorstufe eines geologischen Profils nahe zu kommen.

- Synoptische Profile sind ab der 7. Klasse verwendbar, auch Kausalprofile. Die aktive, selbstständige Arbeit an Kausalprofilen gelingt erst ab der 9. Klasse. Wie die Arbeit sich im Einzelnen vollziehen kann, ist oben (vgl. c) umrissen worden.
- Höhenprofile durch ein ausgewähltes Gelände (Alpen, Alpenvorland, Schichtstufenland) anhand einer physischen Karte von den Schülern selbst zeichnen zu lassen, muss als komplex bezeichnet werden. Eine Hinführung dazu verlangt Zeit und Arbeitsdisziplin.

Daher wird diese Aufgabe meist unterlassen und man begnügt sich mit simplen Profilstrichen, wenn sie nur die relativen Höhenverhältnisse einigermaßen richtig wiedergeben und auch der Entfernungsmaßstab der Gebietsabschnitte untereinander halbwegs erträglich bleibt.

Bei einer etwas exakteren Ausführung sind nämlich folgende Schritte erforderlich: begründendes Festlegen der Profillinie, Bestimmung der gequerten Höhen mithilfe von Höhenangaben, Höhenstufenfarben, geschätzten Tiefen der gequerten Täler, das Festlegen der Biegestellen, die Bestimmung der Entfernung der Biegestellen voneinander, das Eintragen der Biegestellen an den zugehörigen Punkten der Profilfläche. Bei kräftiger Mithilfe des Lehrers benötigt man für ein solches „Programm" ca. eine Schulstunde. Erkenntnisziele der Arbeit könnten sein: bestimmte Reliefformen zu erkennen (Stufe, Ebene, Tiefland, Flachland, Becken, Graben …).

Wegen der geringeren Konkretheit eines Profils, was die Dreidimensionalität betrifft, empfiehlt es sich, Blockbild und Profil übereinander zu legen und zu kombinieren (vgl. Abb. 35). Oder man kombiniert Grundriss und Aufriss, um den Durchzug eines Tiefs mit seinen Fronten klar ablesbar zu machen.

Der didaktische Ort der Profile aller Art ist derselbe wie bei den Blockbildern: Erarbeitungsphase (schrittweise Erstellung) und Schlussphase (Zusammenfassung, Wiederholung).

Profile aller Art sind – ebenfalls den Blockbildern vergleichbar – auf Arbeitsblättern sehr sinnvoll.

Diether Stonjek

3.7.3 Diagramme – Veranschaulichung statistischer Daten

Diagramme veranschaulichen statistische Größen und Größenbeziehungen durch eine grafische Darstellung. Sie bringen eine Visualisierung absoluter oder relativer Zahlen. Diagramme erfüllen in der Schule und in der Öffentlichkeit die Aufgabe durch Zahlen belegte Größenrelationen schneller, leichter und einprägsamer zu vermitteln. Meist werden mathematisch regelmäßige Formen (Kreise, Quadrate, Rechtecke) zur Darstellung verwandt. Es entstehen dann u. a. Balkendiagramm, Säulendiagramm, Kreisdiagramm, Liniendiagramm, Kurvendiagramm und Dreiecksdiagramm.

Für den Einsatz im Unterricht ist es notwendig, die angemessene und korrekte Konstruktion von Diagrammen zu kennen. Diese Sachkenntnis ermöglicht zum einen die beste Darstellung für die jeweiligen Sachverhalte auszuwählen und schafft zum anderen die Basis dafür, feststellen zu können, in welcher Weise durch eine unsachgerechte oder unkorrekte Konstruktion falsche Vorstellungen vermittelt werden. Bei der Auswahl für den Unterricht muss zudem geprüft werden, welche Fähigkeiten und (z. B. mathematische) Fertigkeiten ihre Benutzung voraussetzen und welche Informationen das jeweilige Diagramm auf welche Weise vermittelt.

Nach Schreiber (1981, S. 142) gehört „die Umsetzung statistischer Informationen in Diagramme und deren Auswertung" zu den „elementaren Kulturtechniken, die im Alltagsleben breite Anwendung finden". Kulturtechniken aber müssen erlernt werden. Da in Zeitungen, Zeitschriften, Büchern und im Fernsehen Zahlenangaben häufig durch Diagramme veranschaulicht werden (vgl. Wahlergebnisse), ist es wichtig, dass Schüler die Fähigkeit erlangen Diagramme sachkundig zu lesen und zu interpretieren. Indem der Erdkundeunterricht vielfältige Formen von Diagrammen immer wieder verwendet, leistet er auch hierin einen entscheidenden Beitrag zur „Meisterung des Lebens".

In diesem Kapitel werden nicht alle vorhandenen Diagrammformen behandelt, weil die detaillierte Behandlung aller Formen ein eigenes Buch erforderlich machen würde. Daher wird darauf verzichtet, weitere Diagrammformen zu behandeln, wie u. a.

– Poldiagramme
– Punktdiagramme
– Isoplethendarstellungen
– Banddiagramme
– Klimadiagramme

Leider liegen so gut wie keine Untersuchungen darüber vor, welche spezifischen Schwierigkeiten Schüler mit Diagrammen haben und in welchen Altersphasen solche Schwierigkeiten auftauchen.

Balken- und Säulendiagramm

Balken und Säulendiagramme sind die einfachsten Diagrammdarstellungen. Sie genügen beide denselben Gesetzmäßigkeiten. Manche Autoren fassen sie als Stabdiagramme zusammen, andere bezeichnen nur die Säulendiagramme als Stabdiagramme (Riedwyl [2]1979). Keinesfalls sind Stabdiagramme etwas anderes als Säulendiagramme, wie Brucker (1993, S. 248/249) es in seiner langen Auflistung von Diagrammen suggerieren möchte. Sie unterscheiden sich nur dadurch, dass beim Balkendiagramm die „Stäbe" waagerecht und beim Säulendiagramm senkrecht angeordnet sind (Balken liegen, Säulen stehen). Allerdings existieren ungeschriebene (meist bisher wenig reflektierte) Übereinkünfte: Danach gibt es Sachverhalte, für deren Darstellung immer Balkendiagramme und andere Sachverhalte, für deren Darstellung immer Säulendiagramme zur Anwendung kommen.

Balkendiagramme und Säulendiagramme veranschaulichen immer die Kombination von zwei Variablen (Tab. 12).

Staat	Anzahl
Kanada	2900
Belgien/Luxemburg	4400
Dänemark	6700
Portugal	7300
Türkei	8200
Großbritannien	10100
USA	10400
Griechenland	16000
Jugoslawien	16200
Schweiz	16900
Niederlande	17800
Frankreich	25300
Spanien	45800
Italien	55000
Österreich	61600

Tab. 12: Arbeitsplätze durch Tourismus aus der Bundesrepublik Deutschland 1989

Dabei ist die Variable „Anzahl" metrisch skaliert. Die Werte lassen sich der Größe nach sortieren. Es lässt sich z. B. feststellen, dass in Österreich sechsmal mehr Arbeitsplätze als in den USA durch deutsche Touristen bedingt sind. Diese Variable hat eine Dimension. Dagegen ist die Variable „Staat" dimensionslos. Die Werte sind nur Namen, sie lassen sich aus sich heraus nicht sortieren, es lässt sich keine Größer-Kleiner-Beziehung feststellen. Die Staaten sind nach der Anzahl der vorhandenen Arbeitsplätze sortiert. Allerdings hätten die Staaten auch nach dem Alphabet oder auch nach beliebigen anderen Kriterien sortiert sein können. Die Variable „Staat" ist nominalskaliert. Ein Balken- oder Säulendiagramm, das diese Tabelle veranschaulicht, ist deshalb nur eindimensional.

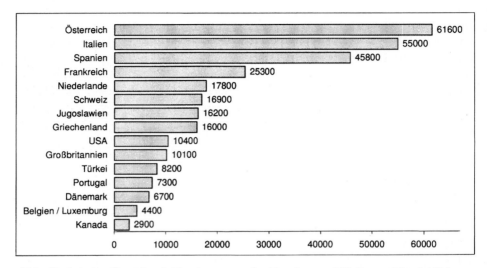

Abb. 47: Arbeitsplätze durch Tourismus aus der Bundesrepublik Deutschland 1986 (Daten aus: Arbeitgeber Tourismus: 700000 Stellen exportiert. – In: Informationsdienst d. Instituts d. deutschen Wirtschaft, Jg. 15, Nr. 36, 7. Sept. 1989, S. 7, Computergrafik: D. Stonjek.)

So zeigt die Abbildung 47 (Arbeitsplätze durch Tourismus) ein eindimensionales Balkendiagramm. Die Daten der „y-Achse" sind dimensionslos, nur die der „x-Achse" haben eine Dimension. Die einzelnen Balken haben ausschließlich die Dimension der Länge, nicht die der Breite (auch wenn sie natürlich optisch zweidimensional dargestellt sind). So ist es richtig, dass das Diagramm keine y-Achse zeigt. Auf die x-Achse hätte in dieser Darstellung verzichtet werden können, da den einzelnen Balken die Werte als ausgeschriebene Zahlen zugeordnet sind.
Bei eindimensionalen Diagrammen sind die Balken bzw. Säulen immer gleich breit und voneinander getrennt.

Die Abbildung 48 zeigt dagegen ein zweidimensionales Säulendiagramm: In dem Diagramm der Fremdennächtigungen hat sowohl die y-Achse mit der Anzahl der Nächtigungen wie die x-Achse mit der Abfolge der Monate eine eigene Dimension. Dabei ist die Variable „Monate" zwar nicht rationalskaliert, kann aber durchaus als intervallskaliert und damit metrisch angesprochen werden.

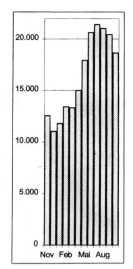
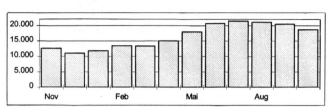

Abb. 48: Gästenächtigungen in Bad Iburg 1989
(Daten aus: Stat. Berichte Niedersachsen 1988/89, Computergrafik: D. Stonjek.)

Bei zweidimensionalen Balken- bzw. Säulendiagrammen sind die Balken bzw. Säulen in der Regel ebenfalls gleich breit. Sie können entweder getrennt voneinander sein oder aneinander anschließen. Die Entscheidung, welche Art der Darstellung gewählt wird, hängt davon ab, welche Aussage betont werden soll. In dem Diagramm der Gästenächtigungen betont die getrennte Darstellung der Säulen die einzelnen Monate, die zusammenhängende Darstellung den Jahresgang.

In Säulendiagrammen können die einzelnen Säulen auch in sich noch weiter unterteilt sein. Am Beispiel von Brasilien (Abb. 49) werden jeweils 2 Größen miteinander verglichen: Export und Import nach Jahren. Mindestens zwei Anordnungen sind dafür denkbar: neben- und übereinander. Welche der beiden Darstellungen zweckmäßig ist, hängt davon ab, welche Aussage verfolgt wird: Abb. 49a erlaubt den Vergleich von Import und Export und Feststellungen über Exportüberschuss oder -defizit. Dagegen zeigt Abb. 49b deutlich den Gesamtumfang des Außenhandels.

a)

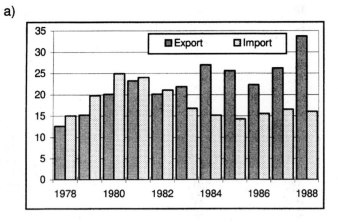

b)

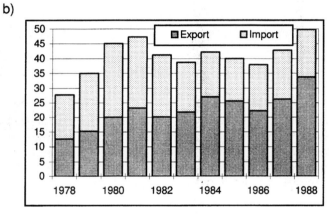

Abb. 49: Import/Export Brasiliens 1978 – 1988
(Daten aus: Anuário Estatistico do Brasil 1989, S. 594; Computergrafik: D. Stonjek.)

Besondere Formen sind ferner u. a. Histogramme, Altersdiagramme (Bevölkerungspyramiden) und Klimadiagramme. Wegen des weithin selbstverständlichen Gebrauchs der Klimadiagramme im Unterricht und in den Schulbüchern wird auf diese nicht weiter eingegangen (vgl. u. a. auch das Arbeitsblatt mit Klimadiagrammen in Kapitel 3.10.3).

Histogramm
In Histogrammen (griech. histos = Gewebe) werden „Gewebezellen", d. h. also Flächen, die zueinander in einer Beziehung stehen wie in einem Gewebe, miteinander verglichen: nach Höhe und Breite. Solche Diagramme sind somit zweidimensional. Die Darstellung der „Exportorientierung in der verarbeitenden Industrie West-Malaysias" ist ein Beispiel (Abb. 50). Man kann ablesen, dass die Elektrotechnik wertmäßig den Löwenanteil des Exports ausmacht. Doch muss man dazu das Diagramm intensiv betrachten, denn Histogramme

sind oft schwieriger zu lesen als einfache Säulendiagramme. Ihr Einsatz erscheint deshalb frühestens im 10. Schuljahr sinnvoll.

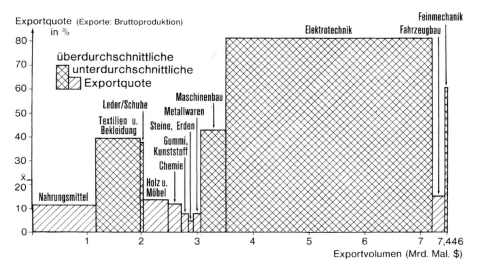

Abb. 50: Exportorientierung in der verarbeitenden Industrie West-Malaysias 1982 (aus: Koschatzky, Knut (1987): Trendwende im sozioökonomischen Entwicklungsprozess West-Malaysias? Theorie und Realität. = Jahrbuch der Geographischen Gesellschaft zu Hannover, Sonderheft 12. Hannover. Selbstverlag der Geographischen Gesellschaft Hannover, S. 114.)

Altersdiagramm

Das Altersdiagramm ist eine Sonderform des Balkendiagramms, keineswegs also ein eigener Diagrammtyp. Es wird auch als Bevölkerungspyramide bezeichnet (vgl. auch Brucker 1993, S. 248, 250). Bei seiner Zuordnung zu der Form des Balkendiagramms ist festzustellen, dass das Altersdiagramm zweidimensional ist: Auf der x-Achse ist die Anzahl der Männer und Frauen in den Altersjahrgängen absolut oder in Prozent von der Gesamtbevölkerung angegeben, auf der y-Achse sind die Altersjahrgänge abgetragen. Die Summe der Flächen aller Balken ergibt 100 %.

Für den Vergleich der Struktur des Altersaufbaues unterschiedlicher Bevölkerungsgruppen eignet sich am besten die Darstellung, bei der auf der x-Achse als Einheit „Prozent" gewählt ist (Abb. 51). Will man dagegen z. B. die Veränderung des Altersaufbaues der Bevölkerung eines Landes mithilfe verschiedener Altersdiagramme darstellen, so ist es sinnvoll, die absoluten Werte zu benutzen (Abb. 52). In einfachen Altersdiagrammen werden in der Regel 5 Jahrgänge zusammengefasst. Dabei ist es üblich, auf der linken Seite die männliche und auf der rechten Seite die weibliche Bevölkerung in ihrem Altersaufbau darzustellen.

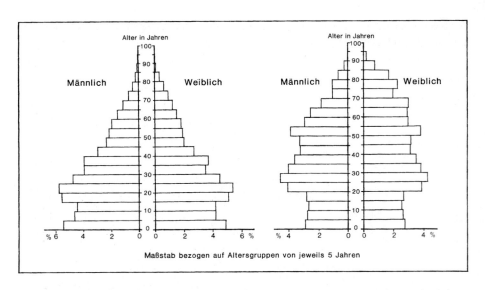

Abb. 51: Altersaufbau der Bevölkerung von China (links) und Deutschland (rechts) (nach: Statistisches Bundesamt (Hrsg.): Länderbericht Volksrepublik China 1993, S. 36; Zeichnung: M. Dloczik.)

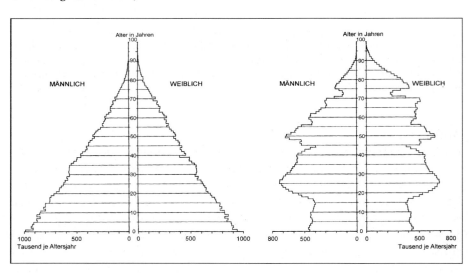

Abb. 52: Altersaufbau der Bevölkerung in Deutschland 1910 (links) und 1990 (nach: Stat. Bundesamt (Hrsg.): Datenreport 1992, S. 45; Zeichnung: M. Dloczik.)

Die Zusammenfassung von jeweils 5 Jahrgängen hat Vorteile (Vereinfachung), aber auch Nachteile (zu geringe Differenzierung). Zur Differenzierung muss die Darstellung der einzelnen Jahrgänge herangezogen werden. Bei dem Altersdiagramm der Bundesrepublik Deutschland z. B. werden dann sehr klare Einschnitte ersichtlich (vgl. Abb. 53). In der Zurückrechnung auf die Geburtsjahre der jeweiligen Altersgruppen kann es einen ersten Hinweis auf die Gründe geben. So zeigen sich die Notzeiten des 1. Weltkrieges, der Weltwirtschaftskrise und auch des 2. Weltkrieges deutlich in der Altersstruktur der Bevölkerung in der Bundesrepublik Deutschland. Auch der sogenannte „Pillenknick" ist zu erkennen.

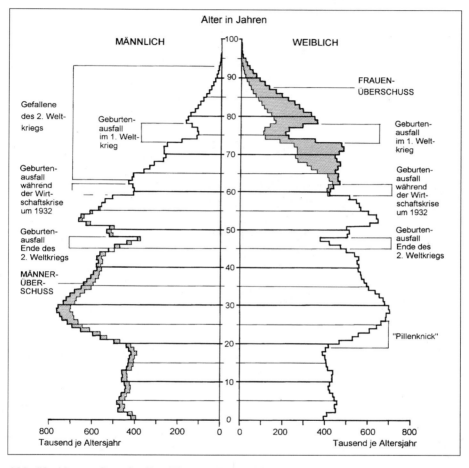

Abb. 53: Altersaufbau der Bevölkerung Deutschlands am 1.1.1993
(nach: Stat. Bundesamt (Hrsg.): Zahlenkompass 1994. Wiesbaden 1994, S. 21; Zeichnung: M. Dloczik.)

Seit einigen Jahren gibt das Statistische Bundesamt jährlich ein kleines Heft mit Daten zu Deutschland heraus (Stat. Bundesamt [Hrsg.]: Zahlenkompass. Stuttgart: Metzler – Poeschel, 1993, 1994). Es enthält jeweils auch ein Altersdiagramm, das mit bildhaften Elementen aufgelockert ist und in dem bereits Interpretationshilfen eingetragen sind, und sich somit im besonderem Maße zum Einsatz im Unterricht eignet.

145

Leider wird nicht immer den Anforderungen an eine richtige Zeichnung von Altersdiagrammen Rechnung getragen. Sicherlich führt das zunächst verfügbare Datenmaterial (z. B. Tab. 13) und auch die scheinbar einfache Umsetzung von Daten in Diagramme mithilfe des Computers dazu, dass Diagramme falsch gezeichnet und auch so publiziert werden. Bei dem Diagramm „Ausländer in der Bundesrepublik Deutschland 1989" (Abb. 54) ist nicht berücksichtigt, dass ein Altersdiagramm ein zweidimensionales Balkendiagramm darstellt. So erweckt es den (falschen!) Eindruck, dass bei Ausländern in Deutschland die Altersjahrgänge der Kinder am stärksten besetzt sind, dass wenige jugendliche Ausländer in Deutschland leben und dass die meisten Ausländer zwischen 30 und 50 Jahre alt sind. Das Problem ist hier: Die Daten stehen nur für ungleich große Altersgruppen zur Verfügung (vgl. Tab. 13).

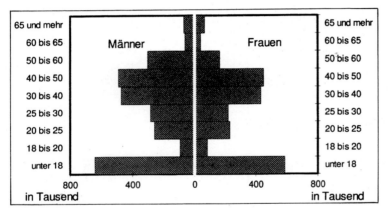

Abb. 54: **Altersaufbau der Ausländer in der Bundesrepublik 1989 – falsche Darstellung** (Daten aus: Wirtschaft und Statistik 1990, S. 543; Computergrafik: D. Stonjek)

	Männlich	Weiblich
< 18	642,6	587
18 – < 20	92,5	85,5
20 – < 25	258,2	230,7
25 – < 30	284,2	219,8
30 – < 40	472	432,6
40 – < 50	490,1	451,3
50 – < 60	300,2	164,8
60 – < 65	59,2	41,1
65 und mehr	67,2	66,7

Tab. 13: **Ausländer in der Bundesrepublik Deutschland am 31.12.1989 nach Altersgruppen (in 1000)**
(aus: Wirtschaft und Statistik 1990, S. 543.)

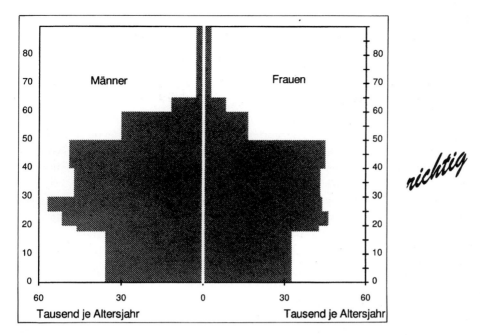

Abb. 55: Altersaufbau der Ausländer in der Bundesrepublik 1989 – richtige Darstellung (Daten aus: Wirtschaft und Statistik 1990, S. 543; Computergrafik: D. Stonjek.)

Da Altersdiagramme wie oben gesagt zwei Dimensionen haben, müssen die Angaben der Tabelle auf Jahrgänge umgerechnet werden, um auf dieser Basis ein dann richtiges Diagramm zeichnen zu können (Abb. 55). Es entsteht ein Histogramm. Dieses korrigiert die durch die falsche Darstellung erzeugten falschen Vorstellungen sofort: Die Jahrgänge der jungen Ausländer von 18 Jahren an sind durchaus stark besetzt. Die Jahrgänge der 20– bis 25–Jährigen sind die am stärksten vertretenen bei den Ausländern und die Jahrgänge der Kinder und jungen Jugendlichen sind wesentlich schwächer vertreten. Vergleicht man dieses Diagramm dann noch mit dem Altersdiagramm der Einwohner der Bundesrepublik Deutschland (Abb. 53), so stellt man fest, dass die Ausländer in Deutschland keineswegs mehr Kinder als die Deutschen haben. Das durch die falsche Darstellung erzeugte falsche Bild ist korrigiert.

Bei der Zeichnung (Konstruktion) von Altersdiagrammen ist Folgendes zu beachten:
1. Altersdiagramme sind zweiseitig (wenn es die Datenlage erlaubt)!!!
2. Bei einem Vergleich von Altersdiagrammen muss auf einheitliche Maßeinheiten geachtet werden!!!
3. Da Altersdiagramme zweidimensionale Diagramme sind, werden nicht nur die Längen sondern auch die Flächen der Balken von den vorgegebenen Daten bestimmt. Bei einer Vorgabe von ungleichen Altersgruppen müssen die Angaben deshalb so umgerechnet werden, dass dann auch die Flächen der Balken in richtiger Proportion zueinander stehen.

Liniendiagramm

Eine übliche und aus der Mathematik bekannte Art der Darstellung einer Abfolge von Zahlenwerten ist das einfache Liniendiagramm. Liniendiagramme bieten zudem die Möglichkeit Variable mit absoluten unterschiedlichen Werten zusammen in einem Diagramm sinnvoll darzustellen. Es sind zu unterscheiden:
1. Polygondiagramm
2. Kurvendiagramm

Die uns in der Erdkunde vorliegenden Daten erlauben oft nur die Zeichnung von Polygondiagrammen (Polygon: weil hierbei Vielecke entstehen). Kurvendiagramme verlangen als Grundlage eine kontinuierliche und stetige Entwicklung. Wenn wir unterstellen, dass die Entwicklung kontinuierlich und stetig verlaufen ist, können wir eine Kurve zeichnen, die die Ecken des Polygons abrundet. Es wird immer sorgfältig zu prüfen sein, ob die Datengrundlage die Zeichnung einer Kurve zulässt (Beispiel 1). Beispiele für durchaus zulässige Kurvendarstellungen sind die Diagramme der Temperaturkurven im langjährigen Mittel.

Beispiel 1: Die Entwicklung der Einwohnerzahl einer Stadt ist nicht zwingend kontinuierlich (Geburten, Todesfälle, Zuzüge, Wegzüge im jeweils normalen Rahmen). In Deutschland gab und gibt es auch heute, z. B. durch Eingemeindungen, eine ganz plötzliche Veränderung der Einwohnerzahl. Hier ist dann eine Polygon – und nicht eine nivellierende Kurve die richtige Darstellung (Abb. 56). Das Beispiel der Entwicklung der Einwohnerzahl der Städte Bielefeld, Münster und Osnabrück zeigt die Sprünge der Eingemeindungen am Anfang der 70er-Jahre und den Knick aufgrund der Datenkorrektur im Zusammenhang mit der Volkszählung 1987.

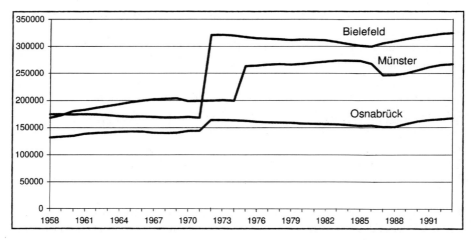

Abb. 56: Entwicklung der Einwohnerzahl in Osnabrück, Bielefeld und Münster (Daten aus: Statistisches Jahrbuch für die Bundesrepublik Deutschland, versch. Jahrgänge; Computergrafik: D. Stonjek.)

Beispiel 2: In Abbildung 57 ist die Nächtigungszahl, die Aufenthaltsdauer und die Zahl der Gästemeldungen für das Jahr 1974 gleich 100 gesetzt, sodass die Werte der anderen Jahre in Relation zu den Werten von 1974 dargestellt sind. Es lässt sich auf diese Weise verdeutlichen, wie sich diese miteinander in Beziehung stehenden Variablen im Laufe der Jahre entwickelt haben. Da die Veränderung dieser drei Werte nicht zwingend kontinuierlich und stetig verläuft, ist hier das Polygondiagramm angebracht.

Der Unterschied zwischen Polygon- und Kurvendiagramm kann auch von Schülern erkannt werden. So sollte im Unterricht dieser Unterschied auch beachtet werden.

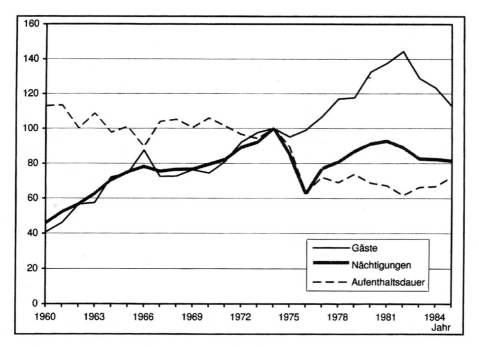

Abb. 57: Fremdenverkehrsentwicklung in Bad Iburg
(nach: Stonjek, D.: Einst „Hindernis in der Ebene", 1986, S. 193, Abb. 3.)

Kreisdiagramm
Leicht zu lesen sind Kreisdiagramme, die auch in Presse und Fernsehen gern benutzt werden (vgl. z. B. die Veranschaulichung von Wahlergebnissen). Zugrunde gelegt ist eine Variable mit Größen- bzw. Mengenangaben, die als Relativzahlen vorliegen und zusammen 100 % ergeben. Die Kreisfläche wird entsprechend in unterschiedlich große Kreissektoren aufgeteilt. Jedes einzelne Kreisdiagramm kann für sich nur eine Variable, also nur eine Dimension veranschaulichen.

Bei einer Darstellung von zwei Datenreihen in einem Diagramm mithilfe von zwei Kreisen, kann auch eine zweite Dimension verdeutlicht werden. Die Flächen der einzelnen Kreise stehen dann in der von der zweiten Variablen vorgeben Relation zueinander. In der Abbildung 58 ist die 1. Variable „Erwerbstätige in Wirtschaftsbereichen" und die 2. Variable „Erwerbstätige gesamt 1933 und 1970". Da 1970 doppelt so viele Erwerbstätige gezählt wurden wie 1933, ist die Kreisfläche von 1970 doppelt so groß wie die für 1933.

Für Kreisdiagramme gilt, dass die in einem Kreis zusammen dargestellten Werte als Einheit zu verstehen sind: z. B. die Gesamtheit der Einwohner Europas aufgeteilt auf die einzelnen Länder oder die Agrarproduktion (nach Gewicht oder Handelswert) eines Staates aufgeteilt auf die einzelnen Produkte oder Erwerbstätige, aufgeteilt nach Wirtschaftbereichen (Abb. 58).

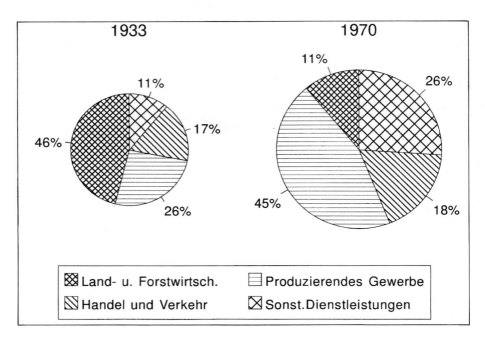

Abb. 58: Erwerbstätige in Wirtschaftbereichen in Niedersachsen 1933 und 1970 (Daten aus: Steckhan, Dietrich: Niedersachsen. Landeskunde und Landesentwicklung. Hannover 1980, S. 33; Computergrafik: D. Stonjek.)

Um einzelne Kreissektoren besonders hervorzuheben, wird gern davon Gebrauch gemacht, diese Sektoren ein klein wenig aus dem Kreis herauszurücken (Abb. 59a). Und um Kreisdiagramme in ihrem Aussehen gefälliger erscheinen zu lassen, werden die Kreise dann als „Torten", eventuell sogar mit einem herausgerückten „Tortenstück", gezeichnet: Das Kreisdiagramm wird wie aus einer dicken Schicht bestehend gezeichnet (Abb. 59b). Auch wenn der Eindruck von Dreidimensionalität erzeugt wird, sind solche Diagramme nur eindimensional und nur zusammen mit wenigstens einem anderen solchen Diagramm zweidimensional.

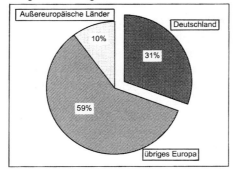

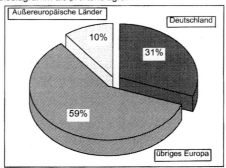

Abb. 59: Reiseziele deutscher Touristen im Jahr 1995
(Daten aus: Forschungsgemeinschaft Urlaub und Reisen e.V.: Die Reiseanalyse Urlaub + Reisen 96. Erste Ergebnisse, vorgestellt auf der ITB 96 in Berlin; Computergrafik: D. Stonjek.)

Quadratdiagramme
Diese sind mit den Kreisdiagrammen insofern verwandt, da die Quadratfläche ebenfalls 100 % der Bezugsgesamtheit abbildet. Diese Bezugsgesamtheit kann z. B. irgendeine administrative Gebietseinheit sein, deren Fläche als 100 gesetzt wird. Darauf fußend können dann z. B. verschiedene Bodennutzungsformen (Wald, Grünland, Ackerland, Siedlungs-, Industrie-, Verkehrsflächen) mit ihren prozentualen Anteilen innerhalb des Quadrats verhältnisgetreu dargestellt werden. Dazu muss die Quadratfläche nur in 100 gleich große Kleinquadrate eingeteilt sein. Auf diese Weise wird z. B. bei der Gebietseinheit Deutschland sofort ablesbar, dass ca. 30 Teile auf Wald entfallen, 15 – 20 Teile überbaute Fläche sind.
Quadratdiagramme sind besonders für die Jahrgangsklassen 5 und 6 zu empfehlen, weil den Schülern das Prozentrechnen teils unbekannt, teils wenig vertraut ist.

Dreiecksdiagramme

Ein in Schulen wenig benutztes, aber eine dennoch für manche Daten sinnvolle Darstellung ist das Dreiecksdiagramm. Mit ihm können Daten gut veranschaulicht werden, bei denen drei Variable zusammen 100 % ergeben. Diese voneinander abhängigen Variablen bestimmen die Lage im Diagramm. So zeigt das Diagramm der Erwerbstätigen nach Wirtschaftssektoren in der Schweiz von 1800 bis 1970 (Abb. 60) sehr deutlich die Abnahme des Anteils der Erwerbstätigen in der Landwirtschaft unter gleichzeitiger Zunahme des Anteils der Beschäftigten zunächst in der Industrie und dann auch im Dienstleistungssektor. Dabei wird die Entwicklung der Schweiz von einem Agrarstaat hin zu einem Industrie-Dienstleistungs-Staat deutlich.

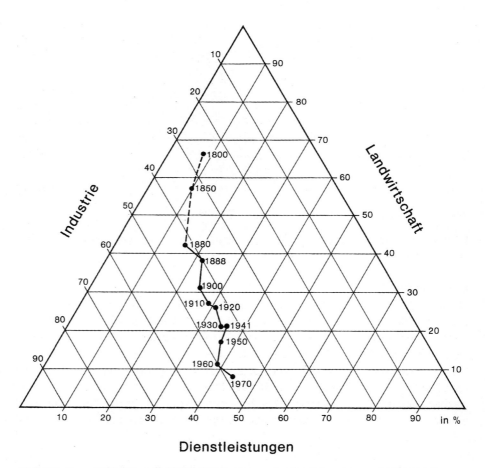

Abb. 60: Erwerbstätige nach Wirtschaftssektoren in der Schweiz von 1800 bis 1970 (nach: Riedwyl, Hans: Graphische Gestaltung von Zahlenmaterial. Bern, Stuttgart, Wien: Verlag Paul Haupt, 1979, S. 122; Zeichnung: M. Dloczik.)

Ein Dreiecksdiagramm im Diercke Weltatlas (1992, S. 189) zeigt die Lage der einzelnen Bundesstaaten in den USA in einem solchen Dreiecksdiagramm, bei dem wiederum die Aufteilung der Beschäftigten auf die drei Wirtschaftssektoren zugrunde gelegt wurde. Die Bundesstaaten sind hier zu Gruppen zusammengefasst, für die jeweils eine ähnliche Aufteilung gilt. Schüler könnten für diese Staatengruppen Beschreibungen oder Bezeichnungen suchen.

In der Physischen Geographie werden gern Dreiecksdiagramme benutzt, bei denen nicht mehr die einzelnen Werte, sondern nur die daraus zusammengefassten Gruppen eingetragen sind.

Falsche Diagramme – oder: Wie lügt man am besten?
Nicht alle Diagramme erfüllen aber ihre Aufgabe einer richtigen, möglichst objektiven Information – wie beim Altersdiagramm bereits aufgezeigt wurde. Dabei gibt es eine sehr breite Palette von Möglichkeiten zwischen einer nicht vermeidbaren (also erlaubten) Manipulation und einer absichtlich verfälschenden Darstellung.

Beispiel 1: Eine sehr oft angewandte Form der „schiefen" Darstellung ist folgende (Abb. 61): Ein Säulendiagramm zeigt wenig Unterschiede in den Höhen der Säulen. Erst, wenn ein Ausschnitt der y-Achse gewählt und dieser wesentlich vergrößert wird, scheinen Unterschiede in den Säulenhöhen fast dramatisch. Natürlich hat man „ganz korrekt" die y-Achse mit zwei schrägen Strichen unterbrochen, um eben zu signalisieren, dass dort ein Stück weggelassen ist. Die Autoren solcher Werke sagen: „Die Werte stehen doch genau daneben. Jeder kann diese ablesen. Eine falsche Information wird also nicht vermittelt." -Wirklich? Sollten denn nicht gerade die unerheblichen Unterschiede als „gravierend" herausgestellt werden? Ein Diagramm dient zur Veranschaulichung von Sachverhalten. Diese Veranschaulichung ist jetzt absichtlich schief, – wenn nicht falsch, wird doch ein falscher Eindruck erweckt. Der Zweck die Sachverhalte zu dramatisieren und die Betrachter gar zu schockieren, heiligt aber keinesfalls die Mittel einer falschen Darstellung.

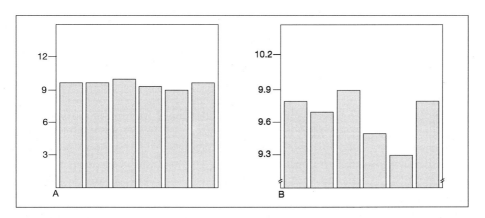

Abb. 61: Unerlaubte Manipulation

153

Beispiel 2: Einem Liniendiagramm (Abb. 62) entnimmt man mit Verwunderung, in welch starkem Maße die neuen Bundesländer zur Getreideerzeugung in der EU beitragen. Bei genauerem Hinsehen entdeckt man dann, dass die y-Achse erst bei den Werten von 110 Mio. Tonnen beginnt. Dadurch werden die jährlichen Schwankungen stark herausgestellt. Ein Grund für diese Art der Darstellung mag auch der Gedanke gewesen sein, dass bei einer richtigen Darstellung unter den Polygonen so viel „ungenutzte" Fläche vorhanden wäre. Mühsam muss man sich die Veränderungen durch die deutsche Wiedervereinigung über Prozente verdeutlichen. Eigentlich sollte aber gerade das Diagramm diese Veranschaulichung leisten.

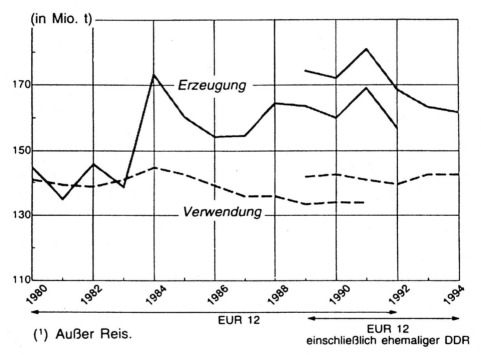

Abb. 62: Getreideerzeugung und Getreideverbrauch in der EU
(aus: Europäische Gemeinschaften (1995): Die Lage der Landwirtschaft in der Europäischen Union. Bericht 1994. Brüssel – Luxemburg 1995, S. 53.)

Häufig tritt noch ein weiterer Fehler bei Säulen oder Liniendiagrammen auf: Auf der x-Achse werden Jahreszahlen aufgetragen um eine Entwicklung darzustellen. Doch die Daten liegen nicht für gleichmäßig fortlaufende Jahre vor. Beim Zeichnen des Diagramms wird dann übersehen, dass Jahreszahlen rationale Daten sind und sie deshalb mit Abständen entsprechend ihres Wertes abgetragen werden müssen.

Beispiel 3: Welche falsche Vorstellung bei einer unkorrekten Darstellung entstehen kann, zeigt der Vergleich der beiden Diagramme (links) zur Entwicklung des Bruttoinlandsprodukts (Abb. 63a und b). Das falsche Diagramm (links) vermittelt einen relativen Rückgang des Wachstums ab 1970. Das richtige Diagramm zeigt, dass das Wachstum weitergeht. Wenn man eine Linie an den Säulenspitzen entlang führt, wird dies deutlich.

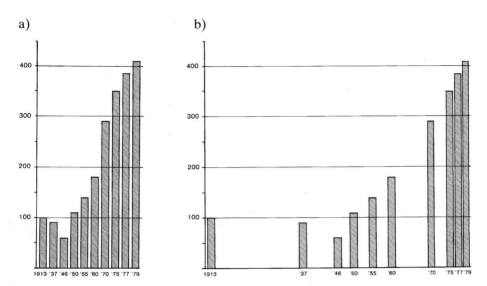

Abb. 63: Bruttoinlandsprodukt real pro Einwohner; 1913=100
(nach: Atschko, Gerhard u. a.: Unterstufen Schul-Atlas. Lehrerbegleitbuch. © Freytag-Berndt u. Artaria, 1071 Wien, 1981, S. 28; Zeichnung: M. Dloczik.)

Beispiel 4: Noch deutlicher wird der Unterschied zwischen falsch und richtig, wenn man die Diagramme „Entwicklung der Einwohnerzahl in Landstadt" miteinander vergleicht (Abb. 64). Auch hier ist der Abstand der Werte auf der x-Achse nicht bedacht worden. Im oberen Diagramm (Abb. 64a) sind die Zeitabstände zwischen den eingetragenen Werten unterschiedlich groß. Erst wenn dies berücksichtigt wird, entsteht ein richtiges Bild der Einwohnerentwicklung (Abb. 64b): Jetzt wird deutlich, dass die Entwicklung über einen langen Zeitraum sehr kontinuierlich verlief, und erst in jüngster Zeit gingen die Einwohnerzahlen sprunghaft in die Höhe. Der Rückgang in den 70er-Jahren, dem dann wieder ein Anstieg folgt, kann nun als eine Folge von kommunaler Gebietsreform vermutet werden: Ein Siedlungsgebiet wurde einer anderen Kommune zugeordnet. (Bei der unreflektierten Umsetzung der Daten mithilfe eines Computers – viele Computerprogramme erwarten kontinuierliche Daten – können solche falschen Diagramme entstehen!)

a)

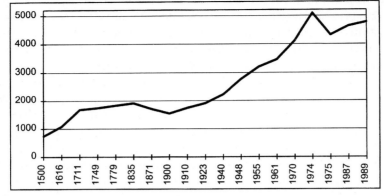

b)

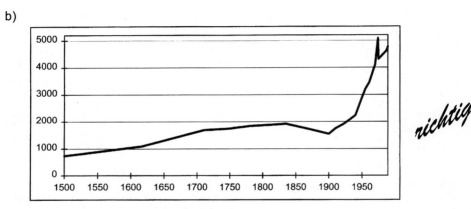

Abb. 64: Entwicklung der Einwohnerzahl in Landstadt
(Computergrafik nach einer realen Vorlage: D. Stonjek.)

Schaubilder

Diagramme werden vielfach in ansprechenden „Verpackungen" angeboten. Einfache und manchmal auch kompliziertere Diagramme sind mit Grafikelementen, mit Bildern, mit Karten oder mit Textblöcken zu Schaubildern zusammengebunden. Säulen- oder Balkendiagramme sind hier meist ohne x- und y-Achse gezeichnet. Dafür enthalten die Balken und Säulen die Zahlenangaben. Diese Schaubilder sollen den Zugang zu der grafischen Veranschaulichung von Daten erleichtern.

Zu den Schaubildern kann man auch die Flussdiagramme und Produktstammbäume zählen. In Flussdiagrammen werden die wesentlichen „Stationen" eines Fertigungsprozesses abgebildet (z. B. von der Milch zum Käse). Produktstammbäume verdeutlichen, was z. B. alles an Stoffen aus Erdöl gewonnen werden kann. Die Bezeichnung „Diagramm" für diese Abbildungen ist aber streng genommen falsch. Nur um die Systematik zu vervollständigen, werden sie hier im Zusammenhang mit den Schaubildern erwähnt.

Diagramme und Schaubilder im Unterricht

Schülerinnen und Schüler sollten lernen Diagramme und Schaubilder richtig zu lesen und die Informationen richtig zu entnehmen. Für das Erlernen dieser Kulturtechnik bietet sich der Erdkundeunterricht an. Er benutzt schon seit langem diese Medien als Arbeitsmittel. Bei ihrer Auswahl für den Unterricht muss berücksichtigt werden, dass Schüler erst mit zunehmendem Alter in der Lage sind sowohl komplexere Darstellungen als auch komplexere Sachverhalte zu begreifen. So kann von der Darstellung her ein einfaches Liniendiagramm durchaus im 7. Schuljahr gelesen und aufgenommen werden. Die seit vielen Jahren in dieser Altersstufe übliche Einführung der Klimadiagramme zeigt es. Aber in einem einfachen Liniendiagramm oder Säulendiagramm kann sogar auch die Entwicklung des Bruttoinlandsprodukts dargestellt werden. Doch der Sachverhalt ist dabei so komplex, dass der Einsatz eines solchen Liniendiagramms allein aufgrund des Informationsgehaltes erst im 10. Schuljahr oder gar erst in der Sekundarstufe II möglich ist. Dagegen stellen Dreiecksdiagramme an sich höhere Leseanforderungen, sodass allein von der Diagrammart her ein Einsatz erst ab dem 10. Schuljahr als sinnvoll erscheint.

Bei allen Überlegungen zum Diagrammeinsatz ist aber übergeordnet, dass der Umgang mit Diagrammen immer „an entsprechende inhaltliche Zusammenhänge von Problemen gebunden" ist (Engelhard 1986, S. 110). Nur in diesen Zusammenhängen kann der Umgang mit Diagrammen sinnvoll erlernt und geübt werden.

Für den Umgang mit Diagrammen im Unterricht schlägt Engelhard (1986, S. 111) vier Schritte vor: Aufnehmen – Beschreiben – Analysieren – Anwenden. Unter „Aufnehmen" ist das individuelle Einlesen in das Diagramm zu verstehen. Hier könnten Fragen aufkommen, wenn das Diagramm nicht ordnungsgemäß gezeichnet ist (fehlende Größen, falsche Darstellung, u. a.). Die Beschreibung dient der Verbalisierung, die gleichzeitig zu einer sehr genauen Betrachtung zwingt. Dabei muss sowohl die Art der Darstellung als auch der Inhalt des Diagramms in Worte gefasst werden. Erst danach ist eine Analyse möglich, die zudem Vorkenntnisse verlangt, damit die Informationen des Diagramms in größere Zusammenhänge gestellt und auch gewertet werden können. Hier wird auch die Frage einer sachgerechten Veranschaulichung eine Rolle spielen. Schüler sollten bewusste oder unbewusste Manipulation erkennen. Die Anwendung geht über die reine Beschäftigung mit dem Diagramm hinaus, soll doch dabei der Informationsgewinn genutzt werden um übergreifenden Fragestellungen nachgehen zu können. Dazu muss jegliches Medium als Informationsquelle dienen.

Wie bei der Einführung des Klimadiagramms üblich bietet sich auch bei der Einführung anderer Diagrammdarstellungen an, die Schüler solche Diagramme selbst erstellen zu lassen. Die Diagramm-Lesefähigkeit der Schüler wird dadurch in erheblicher Weise gefördert.

Literatur

Abels, H./Degen, H. (1981): Handbuch des statistischen Schaubildes. Herne/ Berlin.

Brucker, A. (^{5}1993): Das Diagramm. In: Haubrich, H. u. a.: Didaktik der Geographie konkret. München, S. 248–251.

Büschenfeld, H. (1977): Das Diagramm. In: Beiheft Geographische Rundschau, 7. Jg., S.155–158.

Büschenfeld, H. (1977): Statistik. In: Beiheft Geographische Rundschau, 7. Jg., S. 152–154.

Engelhard, K. (1986): Das Diagramm. In: Brucker, A. (Hrsg.): Handbuch Medien im Geographie-Unterricht. Düsseldorf, S. 30–39.

Fliri, F. (1969): Statistik und Diagramm. Braunschweig (= Das Geographische Seminar).

Krämer, W. (^{3}1991) : So lügt man mit Statistik. Frankfurt a. M., New York.

Riedwyl, H. (1979): Graphische Gestaltung von Zahlenmaterial. Bern/Stuttgart.

Schreiber, T. (1981): Kompendium Didaktik Geographie. München.

Schröder, P. (1985): Diagramm-Darstellung in Stichworten. Unterägeri.

Stonjek, D. (1994): Altersdiagramme – von falsch bis richtig. In: Praxis Geographie, 24. Jg., H. 7–8, S. 24–26.

Hartmut Volkmann

3.8 Karten

3.8.1 Die didaktische Funktion von Karten

„Wann werden die Schulbehörden sich entschließen den Gebrauch der Landkarte bei Todesstrafe zu verbieten?"

In dieser Forderung gipfelte ein Pamphlet des Bremer Schulreformers Gansberg, mit dem er sich 1912 gegen den „Götzendienst in der Geographie" wandte. Als solchen bezeichnete er den damals allgemein akzeptierten methodischen Grundsatz: Im Mittelpunkt des erdkundlichen Unterrichts hat die Karte zu stehen. Beachtenswert ist die Begründung seiner Attacke gegen die „papiernen Götzen, denen wir aus einem falsch verstandenen Anschauungsprinzip in jeder Geographiestunde Opfer darbringen". Er meinte, die Karte gäbe den Schülerinnen und Schülern, „die nach Leben dursten, das Langweiligste vom Langweiligen; eine Abstraktion über eine erdrückende Zahl von Abstraktionen!" (zit. nach Knospe 1921, S. 214 f.)

Gansberg bewertete die Wirkung von Karten somit vollständig anders als Mercator, dessen „Atlas sive cosmographicae meditationes de fabricia mundi et fabricati figura" (1595) als Illustration zu einer Beschreibung der Entstehung und Beschaffenheit der Welt erschienen war, der also eine abstrakte Darstellung (einen Text) veranschaulichen, gleichsam mit einem Stück Lebensnähe versehen sollte. Bezeichnenderweise wurde der Textteil bald vergessen, der Atlas aber ein großer Erfolg.

Entscheidend für die diametral entgegengesetzten Auffassungen ist die jeweilige Zielsetzung. Mercator, der Wissenschaftler, wollte das zu seiner Zeit modernste Weltbild mithilfe eines für seine Zeit hochmodernen Mediums (der von ihm entwickelten Kartenprojektion) darstellen. Zu seiner Zielgruppe gehörten Wissenschaftler und eine gebildete, an wissenschaftlichen Erkenntnissen interessierte, relativ kleine Öffentlichkeit.

Auf der anderen Seite stand der Reformpädagoge, dem wie vielen seiner Kollegen die vorherrschende „Buchschule" ein Greuel war und der nach Wegen suchte, wie seine Schülerinnen und Schüler an der Realität lernen könnten getreu dem ebenfalls allgemein akzeptierten Grundsatz „Non scholae sed vitae discimus". Seine Zielgruppe waren Lernende, die nicht nur von anderen gefundene Kenntnisse reproduzieren, sondern an konkreten Objekten und Situationen selbst zu Erkenntnissen gelangen sollten. Verständlich, dass ihm der Atlas, ein Buch mit „fertigen" Karten, zuwider sein musste.

Gansberg verkannte in seinem Eifer die ambivalente didaktische Funktion des Mediums: eine Karte ist sowohl als Informationsquelle zu sehen (Was ist wo und warum?) als auch als Strukturmodell, das am Ende eines Lernprozesses steht („Darum ist dieses dort, jenes da."). Eine topographische Karte und die

Interpretationsskizze, analytische und synthetische thematische Karten repräsentieren jeweils eine dieser beiden Funktionen.

3.8.2 Bedeutung und Anwendungsbereiche von Karten

Karten begegnen uns heute in zahlreichen Bereichen des täglichen Lebens:
- die schnell erfassbare Überblickskarte zu aktuellen Themen in der Tageszeitung,
- Wetterkarten in Zeitung und Fernsehen,
- Straßenkarten,
- Wanderkarten,
- Planungskarten.

Amtliche topographische Karten und thematische Karten werden nicht nur von der Geographie als Darstellungsmittel genutzt, sondern von allen Wissenschaftlern und Institutionen, die raumbezogene Informationen in klar definierter Weise zweidimensional wiedergeben wollen. Nicht selten schwingt bei einer solchen Karte noch die Bedeutung des lateinischen charta = Urkunde, Brief mit. So schreibt das Planungsrecht die kartographische Darstellung und festgelegte Signaturen verbindlich vor. Über die völkerrechtlichen Konsequenzen kartographisch ungenau festgelegter Grenzziehungen wissen Historiker ein Lied zu singen. Einen Eindruck von der Bedeutung und der vielfältigen Verwendung raumbezogener Informationssysteme gibt Abb. 65.

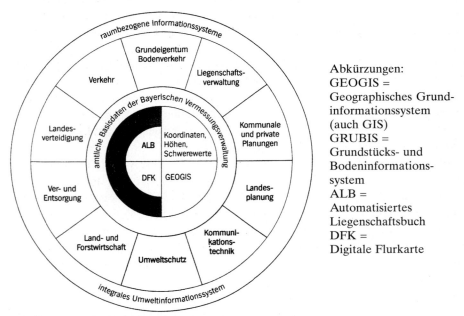

Abb. 65: Einige Anwendungsbereiche von Karten
(aus: Bayerisches Staatsministerium der Finanzen, Informationsbroschüre „Geoinformationssysteme Bayern", München 1993.)

Auch in der Schule nutzen neben der Erdkunde andere Fächer die Karte als Medium, z. B. Geschichte, Politik, Sozialwissenschaften, Fremdsprachen. Häufig geht es dabei um das Lokalisieren topographischer Informationen. Der Erdkundeunterricht geht über diese Verwendung von Karten hinaus, er macht die Karte selbst zum Lerngegenstand, indem verschiedene Darstellungsweisen analysiert und bei der selbsttätigen Anfertigung von Karten durch die Schüler unmittelbar erprobt und beurteilt werden. Aus diesem Grunde erwächst dem Erdkundeunterricht eine Leitfunktion bei der Grundlegung und Entwicklung des Kartenlesens und -verstehens als bedeutender Kulturtechnik. Boardman (1983) bezeichnet sie als „graphicacy" und versteht sie als vierte Grund-Kommunikationstechnik neben dem Umgang mit Sprache, Schrift und Zahl. Wie oft aber trifft man kartographischen Analphabetismus an (vgl. Herzog 1986)! Wenn dem aber so ist, ist Lesbarkeit von Karten ein fundamentales Erfordernis! Wie schwer lesbar sind oft z. B. Planungskarten und engen damit die Mitbeteiligung der Bürger an den sie betreffenden Vorhaben ein. Wie wirksam indessen Karten sein können, unterstreicht der Einsatz von Karten in der Werbung (vgl. Abb. 66).

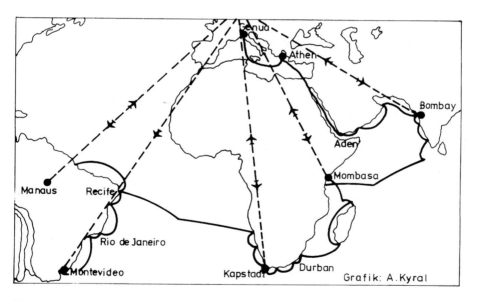

Abb. 66: Karte nach einer Werbeanzeige von Hapag-Lloyd

3.8.3 Grundlegende Merkmale von Karten

Allgemeines
Die Funktion von Karten lässt sich durch Merkmale beschreiben, die zugleich fundamentale Bedeutung für das Arbeiten mit Karten im Unterricht haben. Karten sind
1. ein Zeichensystem zur Darstellung raumbezogener Informationen über die Wirklichkeit,
2. ein Erkenntnis begründendes, strukturiertes Modell auf der Basis eines bestimmten Konzepts.

So definierte Karten kann man als „objektive Karten" bezeichnen. Von ihnen sind zu trennen die „geistigen" (oder „inneren") Landkarten (mental maps). Darunter versteht man „Landkarten", die sich ein jeder individuell von seiner jeweiligen Umgebung macht (vgl. Abb. 67). Solche Karten sind „subjektive" Karten.

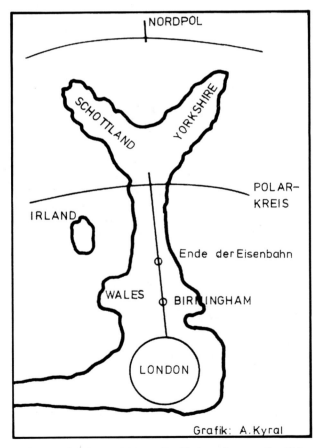

Abb. 67: Eine Mental Map: Großbritannien aus der Sicht eines Londoners (vereinfacht nach Downs und Stea 1982)

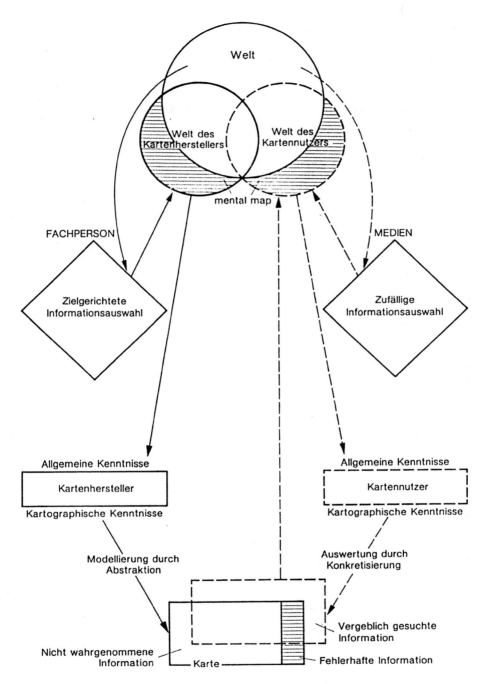

Abb. 68: Informationsflüsse zwischen Welt, Kartenhersteller und Kartennutzer. (Entwurf: H. Volkmann)

Karten als Informationssysteme

Jede Karte gibt eine mehr oder weniger große Teilmenge von Informationen über die Erde oder einen Ausschnitt derselben wieder. Diese Informationen beziehen sich einerseits auf konkrete Objekte und ihre räumlichen Relationen zueinander, andererseits auch auf abstrakte Sachverhalte (wie Arbeitslosigkeit oder Altersstruktur) in ihrer räumlichen Verbreitung. Hierbei können (nicht vermeidbare) Kommunikationsfehler (aufgrund von jeweiligem Wissensstand, Wahrnehmung, Technik) zwischen Umwelt, Fachperson und Kartenhersteller eine gewisse Rolle spielen. Der Kartennutzer nimmt von den Karteninformationen je nach Ausbildungsstand (Kenntnisse, Fertigkeiten), kartographischen Darstellungsmängeln und äußeren Einflüssen (Lichtverhältnisse, Störungen) eine mehr oder weniger große Teilmenge auf (vgl. Abb. 68).

Karten als Modelle

Hake (1988, S. 68) definiert eine Karte als „ein maßgebundenes und strukturiertes Modell räumlicher Bezüge. Sie ist im weiteren Sinne ein digitales, grafikbezogenes Modell, im engeren Sinne ein analoges, d. h. grafisches Modell." Ein digitales Modell können beispielsweise in einem Computer gespeicherte Daten sein; werden sie durch einen Drucker oder Bildschirm realisiert, erscheinen sie als analoges Modell, als klassische oder Bildschirmkarte.

Gegenüber anderen Definitionen ersetzt Hake „maßstäblich" durch „maßgebunden" und „generalisiert" durch „strukturiert", womit er die erkenntnistheoretische Zielsetzung des Vorgangs im Gegensatz zu der früheren kartographisch-technischen Notwendigkeit betont. Mit dem Terminus „Modell" anstelle von „Abbild" (der Erde oder einzelner Teile) unterstreicht er den Auffassungswandel (vgl. im Übrigen so schon Birkenhauer 1971, I, 73–74). Dieser Wandel wird bedeutsam für die Arbeit mit Karten im Erdkundeunterricht, wenn man sich die didaktische Funktion von Modellen vergegenwärtigt:

1. Modelle reduzieren die komplexe Wirklichkeit auf ihre wesentlichen Merkmale und Strukturen und machen sie dadurch transparent und verstehbar.
2. Modelle veranschaulichen Objekte, Prozesse und/oder Theorien und erleichtern dadurch das Verständnis derselben.
3. Modelle ermöglichen aufgrund ihrer Abstraktion den Transfer, sowohl räumlich wie auch zeitlich (Prognose).
4. Modelle entfalten eine heuristische Wirkung, wenn der Transfer ihre Aussage bestätigt oder widerlegt.

Bei der kartographischen Modellbildung werden Objekte oder Phänomene durch Abstraktionen zu Klassen zusammengefasst und in eine Hierarchie eingeordnet. Dreidimensionale Relationen werden zweidimensional dargestellt, raum-zeitliche Modelle gibt es kaum (vgl. Tab. 14).

Die Wirklichkeit:
konkrete Objekte: Haus, Fluss, See
(punktuell, linienförmig, flächenhaft)
abstrakte Sachverhalte: Arbeitslosigkeit, Bruttoinlandsprodukt (flächenhaft)
vierdimensionale Relationen (Raum – Zeit): Industrialisierung oder De-Industrialisierung einer Region

wird abstrahiert durch:
1. Klassifikation
2. Generalisierung
3. Aggregation (Häufungen)

erscheint in der Karte als:
Objektklassen: Wohnbebauung
Sachverhalt-Typisierung: Wirtschaftskraft
Häufung: Bevölkerungsdichte

Tab. 14: Kartographische Modellbildung
(Von der Wirklichkeit zur Karte)

Der Kartennutzer steht vor der Aufgabe die Abstraktion zu konkretisieren, d. h. er muss Objekte bzw. Phänomene mit spezifischen Eigenschaften versehen. Dazu greift er auf seine Erfahrungen und Kenntnisse zurück, wobei er sich z. B. klar machen muss, dass bisweilen die gleiche Waldsignatur im Amazonasbecken und in Mittel- und Nordeuropa verwendet wird. Doch Wald ist nicht gleich Wald. Prinzipiell muss die Vegetationskarte entsprechend differenzieren: tropischer Regenwald, Savannenwald, Laubwald der Mittelbreiten, borealer Nadelwald (Taiga).

Karten als Imagination und Konstruktion von Wirklichkeit
(„kognitive" Karten)
Hake (1988) unterscheidet digitale und analoge Modelle der Wirklichkeit. Ihnen entspricht eine Differenzierung in reale, extern gespeicherte, allgemein zugängliche *Darstellungen* und in imaginäre, intern gespeicherte, nicht allgemein zugängliche *Vorstellungen von Wirklichkeit.* (Vgl. oben: mental maps als Begriff in der Wahrnehmungspsychologie.) Bei ihnen handelt es sich um eine strukturierende, gedachte Vorstellung, die die Welt oder einen Ausschnitt so widerspiegelt, wie der jeweilige Mensch annimmt, dass sie ist. Solche „Karten" sind deshalb subjektiv, vor allem aber auch von anderen „nicht einsehbar". Die jeweilige so wahrgenommene Weltsicht kann sich dahingehend auswirken, dass sie das Verständnis realer Karten erschwert.

Die Bildung und Ausformung „kognitiver" Karten geschieht sowohl bewusst wie unbewusst. Entscheidend für die Nachhaltigkeit der Wahrnehmung und da-

165

mit des Lernvorganges ist die individuelle Bedeutung eines Objektes oder einer Relation für eine Person, wobei besonders positive oder besonders negative Assoziationen die tiefsten Spuren im Gedächtnis hinterlassen. Kern (1963) hat am Beispiel einer Grundschulklasse eindrucksvoll belegt, wie sehr die „gelebte Welt des Kindes" dessen Bild der Umwelt prägt. Gaststätten, Autowerkstatt und Kirche werden als bedeutungslos in den Zeichnungen der Kinder weggelassen (wurden sie überhaupt wahrgenommen?), ein Kiosk mit Süßigkeiten, ein Kino erscheint dagegen hervorgehoben und eine große Straße als trennende Barriere, wie ein Strom.

Bei Erwachsenen läuft das unbewusste Kartieren in gleicher Weise ab. Jeder kennt es: Man ist mehrfach an einem Tapetenladen vorbeigefahren und hat ihn bemerkt, nicht aber sich den Standort eingeprägt. Erst wenn ein Topf Farbe benötigt und der Laden gesucht wurde, ist seine Lage im Gedächtnis kodiert.

Die unbewusste Etablierung subjektiver Strukturen gibt wichtige Hinweise, wie die bewusste Entfaltung objektiver Strukturen angelegt sein sollte. Nicht Vollständigkeit darf daher das Ziel der Kartenarbeit sein (weil unter der Fülle aller möglichen Informationen das Eigentliche verdeckt wird), sondern klare, gut einprägsame Strukturen, die zugleich auch besser im Langzeitgedächtnis gespeichert werden können. Zudem ist Vollständigkeit für das Erreichen der meisten Ziele gar nicht notwendig. Der Wetterkarte in der „Tagesschau" genügen zehn Orte und die größeren Flüsse um eine Karte von Deutschland „aufzuspannen" und jedem Zuschauer eine Zuordung seines Aufenthaltsortes zu ermöglichen. Eine prägnante Auswahl schafft Klarheit, ein Überangebot an Informationen kann das Gegenteil bewirken: wichtige Zusammenhänge verschleiern. Überladene Karten sollten daher Anlass zur Vorsicht und zur Frage sein, welche Absichten der Informationsgeber damit verfolgen könnte (vgl. Sperling 1982).

3.8.4 Kartenspezifische Besonderheiten und ihre Konsequenzen für den Lernprozess

Allgemeines

Karten können ein sehr unterschiedliches Aussehen haben. Es ist abhängig von der Menge und Komplexität der enthaltenen Informationen, von der Art der Signaturen und ihrer Anordnung im Kartenbild (sog. syntaktische Ebene) sowie der Bedeutung der Signaturen (sog. semantische Ebene).

Verschiedene Kartenarten

Kartographen unterscheiden topographische und thematische Karten, wobei durchaus fließende Übergänge bestehen. Nach einer Definition der Internationalen Kartographischen Vereinigung (1973) stellt eine *topographische* Karte „Situation, Gewässer, Geländeformen, Bodenbewachsung und eine Reihe

sonstiger zur allgemeinen Orientierung notwendiger oder ausgezeichneter Erscheinungen" dar, die „durch Kartenbeschriftung eingehend erläutert sind".
Eine besondere Form der topographischen Karte ist die physische Karte, auch chorographische (raumbeschreibende) Karte genannt. Ihr Schwergewicht liegt einerseits auf der Darstellung des Reliefs (also des „Körpers", griech.: Physis) durch Schummerung und farbige Höhenschichten, andererseits auf der Wiedergabe des Gewässernetzes und des topographischen Grundgerüstes.
Eine *thematische* Karte stellt dagegen „Erscheinungen und Sachverhalte zur Erkenntnis ihrer selbst" dar, d. h. das Medium „Karte" trägt dazu bei, ein bestimmtes Thema wie Klima oder Möglichkeiten zur Naherholung in einer Stadt verständlich zu machen. Der mehr oder weniger ausführliche Kartengrund „dient zur allgemeinen Orientierung und/oder zur Einbettung des Themas". Straßenkarten auf der einen und Nahverkehrsnetze auf der anderen Seite markieren einen der zahlreichen Überschneidungsbereiche der beiden Kategorien. Eine besondere Art die Grundstrukturen von Verkehrsnetzen zu vermitteln sind die sog. *topologischen* Karten, wie sie z. B. für die Darstellung von U-Bahn-Systemen weltweit verwendet werden oder vergleichbare Karten in touristischen Prospekten, deren Aufgabe es ist zu zeigen, wie ein Fremdenverkehrsort zielsicher erreicht werden kann.

Umfang und Komplexität der Information

Die Inhalte topographischer wie thematischer Karten können einfacher oder komplexer Natur sein (vgl. Tab. 15).

Topographische Karte		Thematische Karte	
komplex	**einfach**	**einfach**	**komplex**
Amtlich	Physische	1. Elementar-analytisch K.	
Top. K.	Atlaskarte		2. komplex-analytische K.
1:5 000 –			3. Synthetische K.
1:200 000			
Übersichts-		**Beispiele**	
karte		zu 1: Bevölkerungsdichte,	
		Verkehrsnetz	
		zu 2: Wirtschaftskarten	
		zu 3: Betriebssysteme,	
		Klimatypen,	
		geologische Karten	

Tab. 15: Gliederung von Karten

167

Zu den einfacher gestalteten topographischen Karten zählen die physischen Atlaskarten, zu den komplexen Karten Messtischblätter und Seekarten. Thematische Karten können ebenfalls einfach (ein einziges Thema darstellend) oder komplex (einen Themenbereich umfassend) sein.

Einen Sonderfall bilden synthetische Karten, die in der Regel kartographisch einfach, aber inhaltlich durch thematische Zusammenfassungen bis hin zur Typenbildung (Betriebs- oder Klimatypen, die mehrere Merkmale berücksichtigen) hohe Anforderungen an die Vorkenntnisse des Kartennutzers stellen. Bei einer komplex-analytischen Karte muss der Kartennutzer die einzelnen erkennbaren Teilthemen untereinander verknüpfen, was in etwa der Zusammenschau mehrerer elementar-analytischer Karten entspricht. Bei der synthetischen Karte hat der Gestalter der Karte den Schritt der Zusammenschau bereits vollzogen. Um sie auswerten zu können, ist somit eine ausführliche Legende zwingend notwendig. Zuweilen nimmt sie sogar den Charakter eines erläuternden Textes an.

Ein weiterer Unterschied besteht zwischen topographischer und thematischer Karte: Erstere enthält qualitative Informationen (Straße, Fluss, Siedlungen, Höhen), die durch festgelegte Signaturen dargestellt und durch Übung gelernt werden können. Letztere erlaubt vielfältige Kombinationen in Abhängigkeit von der Thematik. Es fehlt daher ein einheitlicher Signaturenschlüssel, jede Karte hat eine eigene, bisweilen sehr spezielle Legende. Einen Eindruck von den Darstellungsmöglichkeiten quantitativer Daten vermittelt Tab. 16.

Quantitäten geben Antwort auf die Frage, wie viele Einheiten an einem bestimmten Ort vorhanden sind. Die Zahlen können durch einfaches Abzählen zustande kommen (in A wohnen 500 Menschen, in B werden täglich 120 Fahrzeuge produziert) oder durch Messungen (als Höchsttemperatur wurden gestern in A 17 °C gemessen). Sie können aber auch durch Rechenoperationen gewonnen sein: Die Jahresdurchschnittstemperatur in A beträgt + 2 °C; jährlich werden 36 000 Fahrzeuge hergestellt.

Zuweilen sind *relative* Zahlen aussagekräftiger als absolute. Das ist beispielsweise der Fall, wenn die Einwohnerzahl auf den km² umgerechnet und dadurch ein Vergleich mit anderen Regionen möglich wird. Statt der Fläche kann ich auch Personen als Bezugsgröße wählen, z. B. das Müllaufkommen je Einwohner oder ein bestimmtes Jahr um die Mengenentwicklung durch eine Indexzahl auszudrücken. Insgesamt ergeben sich überaus unterschiedliche Erscheinungsbilder der Karten, was nicht ohne Folge für die Auswertung bleibt.

Art der Zahl	Quantitäten als	
	konkrete Einzelwerte	statistisch abgeleitete Werte
Absolutzahl	kontinuierlich (stetig, aus Messungen)	
	Wetterdaten, Wasserstände	Klimadaten aus Wetterdaten
	diskret (meist ganzzahlig, durch Abzählen)	
	Personen, Produkte	Durchschnittseinkommen Gesamtbevölkerung des Staates
Relativzahl (Verhältniszahl) Messzahl (Indexzahl)	Kostenentwicklung (1950 = 100)	
	eines Produkts	der gesamten Lebenshaltung
Gliederungszahl	Altersgliederung der Bevölkerung (in %)	
	im Zählbezirk (Gemeinde)	im Staatsgebiet
Beziehungszahl Personenbezug	Patienten je Arzt	
	in der Einzelpraxis	im Bereich der Ärztekammer
Flächenbezug	Baulandpreise je m²	
	für Einzelgrundstück	Richtpreis für Baugebiet
Sachbezug	Jahresumsatz je t	
	für ein Produkt	für eine Branche

**Tab. 16: Gliederung quantitativer Angaben mit Beispielen
(aus: Hake, G./Grünreich, A.: Kartographie. 7. Auflage. Berlin/New York. Walter de
Gruyter & Co, 1994.)**

Konsequenzen für den Lernprozess

Physische Atlaskarten sind kartographisch und inhaltlich einfach konzipiert.
Die Gleichartigkeit der Signaturen erleichtert den Umgang mit ihnen und deren Transfer von einem Beispielraum zum anderen. Man vergleiche die Darstellung verschiedener Kontinente.
Elementar-analytische Karten weisen inhaltlich und kartographisch ebenfalls
einfache Strukturen auf. Gewöhnungsbedürftig sind die thematisch bestimmten
Kombinationsmöglichkeiten von qualitativen und/oder quantitativen Informationen. So müssen die zugrunde gelegten Rechenoperationen (z. B. Prozentrechnung) den Nutzern bekannt sein oder bewusst gemacht werden. Dies gilt
auch für die Darstellung abgeleiteter Daten, wie z. B. das langjährige Mittel
von Temperaturen und Niederschlägen, auf den Meeresspiegel reduzierte Mittelwerte, Bevölkerungsdichten, Arbeitslosigkeit, Bevölkerungsentwicklungen,
die Erwerbsstruktur oder die Wirtschaftskraft einer Region. Ein Beispiel einer
außerordentlich komplexen Karte ist jene über „regionale Entwicklungsunterschiede in der Europäischen Gemeinschaft" (Diercke Weltatlas 1991, S. 125). In
ihr sind die Indidaktoren der vier Karten auf S. 124 (Erwerbsstruktur, Wirtschaftskraft, Arbeitslosigkeit, Bevölkerungsentwicklung) über eine sog. Clus-

teranalyse integriert und mit weiteren Indidaktoren (Ärzte, Wohnraum, PKW) noch „angereichert" worden. Rein oberflächlich ist die Karte ebenso einfach zu „lesen" wie jede einzelne der vier genannten Karten. Doch bereitet die Auswertung der Karte mithilfe des sehr komplizierten Schemas in der Legende nicht nur erhebliche Schwierigkeiten.

Komplex-analytische Karten verlangen zunächst eine Reduktion auf einzelne Informationsschichten. Der Prozess der Kartenherstellung durch Übereinanderlegen mehrerer Teilinformationen muss bei der Auswertung umgekehrt werden. Dies lässt sich an einer Wirtschaftskarte Europas zeigen, die drei solcher Schichten enthält (Bodenschätze, Industrie, Bodennutzung). Zwischen diesen Schichten besteht kein unmittelbarer Zusammenhang. Ein solcher muss vielmehr erst hergestellt werden, wenn etwa die Verbreitung von Steinkohle- und Eisenerzförderung sowie der Stahlerzeugung herausgelöst wird. Aus diesem Grund gibt das Niedersächsische Landesamt für Bodenforschung nur einfachanalytische Karten heraus; sie zeigen beispielsweise nur die Verbreitung oberflächennaher Bodenschätze und können daher auch von weniger geübten Kartennutzern gelesen und ausgewertet werden.

Synthetische Karten erfordern eine intensive Beschäftigung mit der Legende um die thematische Generalisierung nachvollziehen zu können. Oft hilft nur ein Erläuterungstext weiter, z. B. wenn erklärt werden muss, dass bei Marktfrucht-Spezialbetrieben der Anteil einer Produktionsausrichtung 75 % und mehr ausmacht, bei geringerem Anteil indessen von „Verbundbetrieben" gesprochen wird.

3.8.5 Signaturen: Art, Anordnung im Kartenbild, Bedeutung

Art
Der bedeutsame Unterschied zwischen den Signaturen topographischer bzw. thematischer Karten wurde bereits angesprochen.
1. Die amtlichen topographischen Karten folgen einem in Musterblättern festgelegten Zeichenschlüssel, der nur in seltenen Fällen verändert wird und auch eine internationale Verständigung ermöglicht.
2. Schwierigkeiten bereitet die Darstellung der Höhenschichten auf physischen Karten. Sie geht auf die „Regionalfarben" v. Sydows (1838) zurück. Diese basieren auf einer Kombination von Höhenlage und kulturgeographischen Regionen (Grünland, Ackerland, Bergland). Wenn Tiefländer von Lernenden mit Grünlandwirtschaft gleichgesetzt werden, so hat diese Missdeutung ihre Ursache in dieser an sich wenig glücklichen Vermischung unterschiedlicher Kategorien. Trotzdem hat sie sich international durchgesetzt, weil damit die Forderung nach bildhaft-einprägsamer Gestaltung eingelöst wird.
3. In der thematischen Kartographie bestehen erheblich größere Freiheiten bezüglich der Gestaltung, deutlich sichtbar an der Wahl geometrischer oder

170

bildhafter Symbole. Während die bildhaften Zeichen durch inhaltliche Assoziationen leichter erinnert werden, eignen sie sich schlechter für Quantifizierungen und das Aufzeigen von Beziehungen zwischen Sachverhalten.

Das erste überzeugende, weil in sich schlüssige Zeichensystem wurde im „Alexander" verwendet. Es verband gut quantifizierbare geometrische Formen mit eingefügten bildhaften Symbolen, die gut erinnert werden. Solche Zeichen erleichtern das Kartenlesen und erweitern das Zeichenspektrum. Zugleich verhindern Zeichen mit Innensignatur eine Verwechselung geometrisch ähnlicher Figuren. Diese Gestaltung der Signaturen berücksichtigt Ergebnisse der Untersuchung von Grohmann (1975) zur Wahrnehmungspsychologie.

Eine weitere Differenzierung wurde durch Leitfarben erreicht, z. B. rot für Eisenverarbeitung, grün für Bekleidungsindustrie, gelb für chemische und grafische Industrie. Für den „Diercke" (1987) wurde eine ähnliche Systematik entwickelt, ohne dass die für das Wiedererkennen so wichtigen bildhaften Zeichen eine hinreichend starke Berücksichtigung gefunden hätten. Der im gleichen Verlag erschienene Atlas „Heimat und Welt" (1994) greift wieder stärker auf bildhafte Symbole zurück, die das Herausarbeiten räumlicher Strukturen erschweren.

Konsequenz für den Lernprozess
Die „sprechenden" Signaturen, die den im täglichen Leben weit verbreiteten Piktogrammen ähneln, erleichtern das Wiedererkennen und damit das Lesen der Karte. Sie erschweren aber eine quantitative Darstellung und die Bildung von Oberbegriffen, sie beanspruchen viel Platz; das Kartenbild wird unübersichtlich. Eine Kombination geometrischer Signaturen mit bildhafter Innendifferenzierung verbindet die Vorteile der beiden Zeichentypen. Rein geometrische Signaturen führen zu Schwierigkeiten, da sie keine Erinnerungshilfe bieten, wie Grohmann (1975) empirisch herausfand.

Anordnung im Kartenbild
Signaturen mit großem Farbgewicht (Vollsignatur, Signaturen mit Innensignatur) werden bei gleichmäßiger Verteilung über das Kartenblatt gut wiedererkannt. Häufungen der Vollsignaturen werden jedoch schlechter wahrgenommen (Grohmann 1975). Offensichtlich fallen farbenschwere Signaturen bei zu großer Dichte optisch zusammen. Hohlsignaturen schnitten bei Häufungen ebenfalls gut ab, bei gleichmäßiger Verteilung über das Kartenblatt wurden sie wegen ihres geringen optischen Gewichts öfters übersehen. Dies Ergebnis hat auch Bedeutung für Signaturen mit einer optisch schwachen Innensignatur. In Häufungen wird sie nur schwer auszumachen sein. Dies gilt z. B. für die Braunkohlesignatur im „Alexander", die in der Signaturenhäufung um Köln „untergeht". Ähnlich ergeht es Zeichen, die mit blassen Farben ausgefüllt sind. Ein grau unterlegter Kreis für Holz- und Möbelindustrie verschwindet in „Heimat und Welt", wenn er nicht vom Rot einer Stadt umgeben wird.

Quantitative Angaben können Kartennutzer leicht entschlüsseln, wenn nur wenige Gruppen (3–4) gebildet werden. Damit einher geht freilich der Nachteil, dass Daten zusammengefasst werden und ein gröberes, nicht mehr lagegetreues Verteilungsmuster entsteht, z. B. wenn vier Signaturen zehn Steinkohlezechen repräsentieren. Im Extremfall entfällt sogar die Positionierung der Signaturen völlig, wie z. B. im „Alexander" (Aufführen der Wirtschaftszweige nach ihrer Bedeutung unter den Städtenamen; ermöglicht keine Aussage über Betriebsgrößen und räumliche Strukturen).

Bei Figuren- und Flächensignaturen gibt es unerwünschte optische Täuschungen. So erhalten Farbtöne durch optische Interferenzen mit anderen Farben in der Karte andere Tonwerte als in der Legende, was zu Unsicherheiten bei der Zuordnung führt. Geologische Karten setzen daher Buchstabenkombinationen in der Karte ein um eine fehlerfreie Entschlüsselung zu gewährleisten. Schulatlaskartographen gehen diesen Weg nicht, weil sie eine Überfrachtung der Karten befürchten. Einzige Ausnahme sind die Klimakarten für Deutschland in den Atlanten des Westermann Verlages, die eine stark differenzierte Farbtonskala verwenden.

Konsequenz für den Lernprozess

Optisch schwergewichtige Signaturen erdrücken schwächere Signaturen, die leicht übersehen werden, wenn sie nicht als Häufung in Erscheinung treten. Auch bei stark über das Kartenblatt gestreuten Signaturen bleiben blasse häufig unbemerkt, während die optisch auffälligen ein verfälschendes Übergewicht erlangen. Bei unterschiedlichen Farben (z. B. braun oder grau gegenüber blau) tritt der Effekt ebenfalls auf.

Bedeutung

Kartensignaturen repräsentieren reale Objekte und/oder Sachverhalte, die zu Klassen zusammengefasst sind. Je allgemeiner die Begriffsebene, desto verschwommener wird das von der Karte dargestellte Strukturmodell der Wirklichkeit. Einige Beispiele sollen dies deutlich machen.

1. Chemische Industrie wird in Wirtschaftskarten oft durch die gelbe Farbe dargestellt in Verbindung mit dem Leitsymbol für Industrie (Quadrat, Kreis) oder mit dem bildhaften Symbol des Glaskolbens. Die Auswertung kann wegen zweier Aspekte leiden:

a) Gelb wird mit Gefahr assoziiert, auch wenn es ebenfalls bei Signaturen für Edelmetalle auftritt. Der Leuchteffekt lässt es zudem zu Ungunsten anderer Symbole leichter erkennen.

b) Der unterschiedliche Bedeutungsrahmen der Zeichen reduziert ihren Informationsgehalt.

2. „Diercke" und „Heimat und Welt" fassen Chemie und Kunststoffe zusammen, der „Harms" spricht nur von chemischer Industrie, der „Alexander Schulatlas" nimmt Chemie, Holz, Papier und Druck zusammen, also höchst unterschiedliche Industriezweige. Das Verfahren entspricht der Zusammen-

fassung quantitativer Daten zu wenigen Gruppen mit entsprechendem Informationsverlust. Die Auswertung der Karte wird sehr ungenau.

3. Ähnlich nachteilig wirkt sich das Einheitssymbol für Textilien und Bekleidung aus. Die jeweils höchst unterschiedlichen Standortfaktoren können von den Kartennutzern nicht mehr herausgearbeitet werden. Die Karten eignen sich eher zur Veranschaulichung von Texten. Auch die (fälschliche) Differenzierung in Schwerindustrie (Maschinenbau + Fahrzeugbau) sowie Leichtindustrie verdeckt Raumpotenziale mehr als dass sie aufgedeckt würden.

4. Die gleichen Schwierigkeiten treten bei allen synthetischen Karten auf. So wissen nur wenige Kartennutzer, welche Merkmale ein reizstarkes bzw. reizschwaches Klima auszeichnen. Die Legende müsste weiterführende Informationen bereithalten.

5. Der Kartenhersteller beachtet solche notwendigen Hilfen aufgrund seiner eigenen Sachkenntnis vielfach nur unzureichend, wie die umfangreichen Handbücher zu Atlanten deutlich belegen. Karten, die regionale Entwicklungsunterschiede durch eine Clusteranalyse mehrerer Indikatoren herausarbeiten, benötigen mehr Platz für die Legende als für die eigentliche Karte.

6. Schwierigkeiten bereitet eine überzeugende Abstufung der Farbwerte. Eine Mischung von Farben mit unterschiedlichen Sättigungsgraden widerspricht einer graduellen Zu-/Abnahme. Leichter zu erfassen ist eine Abfolge von tiefsattem Grün oder Blau über Gelb zu tiefsattem Rot, da die Extremwerte optisch deutlich hervortreten. Ein Beispiel soll zeigen, wie eine unbedachte Farbwahl falsche Assoziationen auslösen kann. Eine Karte von Greenpeace stellt Gebiete mit nachgewiesenen Pestiziden im Rohwasser rot dar, Gebiete ohne Beprobung des Wassers grün und Landkreise ohne Befunde im Rohwasser gelb. Sowohl gelb als auch grün rufen eine falsche Assoziation (mit Gefahr bzw. frei von jeglicher Gefahr) hervor.

Konsequenzen für den Lernprozess
Die von Atlas zu Atlas unterschiedliche Zeichenwahl erfordert bei Atlaswechsel ein gründliches Studium der Legende. Der Bedeutungsrahmen der Zeichen sollte grundsätzlich bei jeder Karte bewusst gemacht und kritisch bewertet werden.

3.8.6 Kartographische Konventionen

Orientierung der Himmelsrichtungen
Mittelalterliche Karten hießen „orientiert", weil sie ursprünglich nach Osten ausgerichtet waren (Gründe: Aufgang der Sonne; Himmelfahrt Jesu gen Osten). Die Orientierung entsprach dem damaligen Weltbild; Karten der Antike waren vermutlich genordet. Seit Mercator hat sich die Einnordung allmählich so durchgesetzt, dass bei andersartiger Orientierung ein Richtungspfeil die Nordrichtung angeben muss. Die Nordorientierung wurde durch die Erdrotati-

173

on nahe gelegt. Die Änderung ist somit eine Konsequenz des neuzeitlichen Weltbildes.

Gradnetz

Mithilfe des Gradnetzes konnte die Lage jedes Ortes exakt bestimmt werden. Nach konventioneller Übereinkunft 1634 verlief der Nullmeridian durch Ferro, die westlichste der Kanarischen Inseln, doch wählten viele Staaten den Meridian ihrer Hauptstadt als Anfangsmeridian, z. B. Berlin bis 1850 für preußische Karten. Seit 1883/84 wurde der Nullmeridian des englischen Seekartenwerks (seit 1767 Greenwich) international eingeführt.

Auf amtlichen topographischen Karten wird in Deutschland das Gradnetz durch das Gauß-Krüger'sche Koordinatensystem ergänzt. Ein durch drei teilbarer Meridian wird zum Mittelmeridian eines Streifens mit entsprechender Kennziffer und der Grundzahl 500. Für östlich des Mittelmeridians liegende Orte wird diesen Ziffern (z. B. 3500) der Abstand in km hinzugefügt, für westlich gelegene dagegen abgezogen. Dieser Rechtswert vermeidet damit negative Vorzeichen. Der Hochwert gibt die Entfernung des Ortes vom Äquator in km an.

NATO-Karten verwenden das in den USA übliche UTM-Gitter (Universal Transversal Mercator). Die Ordinaten aller Gitternetze geben nicht wie Meridiane die Nordrichtung an. Man unterscheidet daher Gitter-Nord und Geographisch-Nord. Der Winkel zwischen Gitter-Nord und Magnetisch-Nord heißt Nadelabweichung.

Gitter

Der Orientierung auf Atlaskarten und Stadtplänen dienen einfache Gitter: Kombinationen von Buchstaben und Ziffern.

Projektionen

Der Modellcharakter einer Karte zeigt sich noch in anderer Weise. Keine Karte ist verzerrungsfrei, d. h. gleichzeitig flächen-, längen- und winkeltreu. Dies gilt besonders für kleinmaßstäbliche Weltkarten. Je nach Zweck der Karte muss eine entsprechende Projektion gewählt werden. Die erste mathematisch exakte Karte von Mercator (1569) war für Seefahrer gedacht und daher winkeltreu, verzerrte aber die Flächen der Kontinente. Erdkarten in modernen Atlanten basieren zumeist auf dem Entwurf von Winkel (1921), der zwischen Flächen- und Winkeltreue vermittelt, um eine größtmögliche Formtreue der Kontinente und Ozeane zu erhalten.

Die so genannte Peters-Karte (1973), in nichtgeographischen Publikationen (z. B. UN-Organisationen, Tagesschau) häufig zu finden, ist dagegen nicht – wie behauptet – flächentreu. Flächentreue besteht nur in Bezug auf die Gesamtfläche des Kartenrechtecks, nicht aber in Bezug auf die Fläche einzelner Kontinente (vgl. Kretschmer 1978).

Perspektiven

Erstaunlich gleichartig zeigt sich das Bild von Weltkarten in den Ländern der Erde. Auch in kanadischen und indischen Atlanten liegen Europa und Afrika in der Bildmitte, obwohl dadurch die räumliche Nähe zwischen dem Westen Amerikas und Ostasien/Australien verdeckt wird. Ursachen sind einmal die Lage des Nullmeridians (Greenwich) in der Bildmitte, zum anderen der Einfluss europäischer Kartenverlage.

Konsequenzen für den Lernprozess

Es ist unerlässlich, Koordinaten als Grund- und Verständigungshilfe gründlich einzuführen und durch ständiges Üben zu festigen. Gauß-Krüger-Koordinaten werden erst ab Klasse 7 verständlich (mathematische Vorkenntnisse) und sind nur bei Verwendung topographischer Karten sinnvoll. Ab der gleichen Altersstufe sollten gelegentlich Karten verwendet werden, die Europa nicht mittig darstellen, um die Perspektive der Bewohner anderer Kontinente einsichtig zu machen.

3.8.7 Beispiele für den Umgang mit Karten

Allgemeines

Die Parallelen zwischen Karte und (geschriebener) Sprache wurden bereits angesprochen. Sie können als „Hilfslinien" dienen bei der Entwicklung einer kartographischen Kommunikationsfähigkeit. Deren Voraussetzungen und Steuerungsmechanismen wurden bislang allerdings nur ansatzweise erforscht.

Wie bei der Sprache ist zwischen passiver und aktiver Beherrschung des Kommunikationssystems zu unterscheiden. Eine Person kann einen Text lesen, gesprochene Sprache verstehen, ohne in der Lage zu sein schriftlich oder mündlich zu antworten. Über die einfache Informationsaufnahme hinaus geht die Interpretation eines Textes oder einer Karte, die auch „zwischen den Zeilen" Stehendes, optisch nicht Wahrnehmbares erkennt (z. B. durch häufige Korrelationen oder eigene Erfahrungen) und in die Auswertung einbezieht. Der Lehrplan für Realschulen in Nordrhein-Westfalen 1993 skizziert dementsprechend eine Hierarchie für den Umgang mit der Karte:

5/6	7/8	9/10
Einführung in die Arbeit mit Karte und Atlas Vorbereitung der Karteninterpretation Anfertigung von Karten aus dem Kopf („mental maps") und einfachen Skizzen	Sichere Beherrschung der Arbeit mit Karte und Atlas 1. Formale Einordnung: Kartentitel, Kartenart, Kartenmaßstab, Aufbau der Legende 2. Beschreibung: Verbreitung bestimmter Symbole erfassen, geographisch relevante Beziehungen zwischen verschiedenen Symbolen herstellen 3. Interpretation: Hauptaussage der Karte erfassen und Verbalisierung, durch Verknüpfung mit Vorwissen oder anderen geographischen Informationsquellen vertiefen und generalisieren, Begriffe sichern 4. Bewertung: Kartenaussagen in Hinblick auf bestimmte Fragestellungen beurteilen, alternative Karten suchen	Karteninterpretation Selbstständige Benutzung von Karten für Kartierungen Selbstständige Auswahl von Karten zur Dokumentation von Sachverhalten und Zusammenhängen

(aus: Kultusministerium des Landes Nordrhein-Westfalen (Hrsg.) (1993): Richtlinien. Erdkunde. Realschule, S. 67 ff.)

Wenngleich es sich nur um eine Grobstruktur handelt, geht sie doch über vergleichbare Aussagen anderer Lehrpläne deutlich hinaus.

Einführung in das Kartenverständnis

Eine erste Einführung in das Kartenverständnis erfolgt bereits in der 3./4. Klasse der Grundschule. Weit verbreitet ist das *synthetische Verfahren,* bei dem die Lernenden zunächst die räumliche Struktur des Klassen- oder Wohnzimmers vermessen und zeichnen. In weiteren Schritten wird der Raum ausgeweitet über den Schulhof, Schulviertel bis zur Stadt und Region. Während am Anfang noch die eigene Erfahrung steht, kommt es im Zuge der Ausweitung zu einem methodischen Bruch, da die Lage der Objekte zueinander von den Lernenden nicht mehr überblickt werden kann. Unbeachtet bleibt auch die „mental map" der Lernenden, in der nicht alle Objekte als gleich wichtig angesehen werden.

Das *genetische Verfahren* stellt die subjektive Wahrnehmung in den Mittelpunkt und nimmt die kindliche Darstellung der Umwelt ernst. Schwierigkeiten des Erkennens und der Wiedergabe werden nach und nach gelöst. Wegen des hohen Zeitaufwandes findet dieser Lehr-/Lernprozess kaum Befürworter.

Das *analytische Verfahren* geht pragmatisch von vorhandenen Karten aus und zielt auf die praktische Orientierung mit ihrer Hilfe. Ausgangspunkt ist dabei das Schulviertel, das im Rahmen einer Stadtrallye erkundet wird. Die subjektive Wahrnehmung erfährt dabei eine Steuerung von außen, das Herstellen von Karten tritt in den Hintergrund.

Sinnvoll wäre eine Kombination der beiden letzten Verfahren. Ausgehend von der „mental map" der Lernenden folgt eine Diskussion zweier stark voneinander abweichender Varianten und dann die Überprüfung an der Realität. Im anschließenden Gespräch über die Gründe der unterschiedlichen und unvollständigen Wahrnehmung erfahren die Lernenden wesentliche Merkmale von Karten (Auswahl der Objekte, relative Wahrheit der Karte, Festlegung von Relationen, Erkennen von Strukturen, Möglichkeiten der Darstellung durch Symbole). Der Maßstab sollte in dieser Altersstufe wörtlich verstanden werden, d. h. als Leiste und nicht als Bruch. Die Einführung muss in den folgenden Schuljahren systematisch fortgesetzt werden.

Aufbauend auf Kenntnissen aus der Grundschule führen alle Lehrbücher und Atlanten in die Benutzung von Atlas und Karte ein. Dies gilt nicht allein für die physische Karte mit den nicht unproblematischen Höhenschichten, sondern auch für thematische Karten. (Vgl. die entsprechenden Abschnitte weiter oben.) Durch eine Gegenüberstellung der beiden Kartenarten und Stufen ihrer Entstehung wird den Lernenden die unterschiedliche Bedeutung der Flächenfarben augenfällig demonstriert. Besonders einprägsam gelingt dies, wenn es zu einer Farbumkehr kommt, etwa weil das zunächst grün gekennzeichnete Tiefland mit der orangen Ackerbausignatur versehen wird und die verschiedenen Brauntöne des Gebirges durch das Grün für Wald abgelöst werden.

Die Schulbücher regen auch an einfache Karten selbst anzufertigen, zumeist zu Themen aus dem Nahbereich: der Schulweg oder das Wohnviertel. Die dadurch gewonnenen Erfahrungen stärken das Verständnis für das Medium Karte. Um es nachhaltig zu sichern, bedarf es von Zeit zu Zeit einer Auffrischung, z. B. durch Kartierung einer Geschäftsstraße des Schul-/Wohnortes in der zweiten Hälfte des 5. Schuljahres.

Einige Schulbücher enthalten auch Ausschnitte aus amtlichen topographischen Karten. Sie folgen damit der Erkenntnis, dass auch Zehnjährige solche Karten lesen können, wenn sie hinreichend Zeit hatten sich in das „Kartenbild" zu vertiefen und zuvor eine kurze Erläuterung bekamen (vgl. Herzig 1993).

Autokarten erschweren hingegen das Raumverständnis dann, wenn die Ausschnitte zu klein sind, da die Einbindung solcher recht grob strukturierter Ausschnitte in den Gesamtzusammenhang verloren geht. Zweckmäßiger sind Originalkarten aus dem Nahbereich. Auch Luftbildkarten im Maßstab 1:5 000 oder 1:10 000 vermitteln Anschaulichkeit und Realitätsnähe.

Grundsätzlich sollte nicht versucht werden, die gesamte Information aus einer Karte herauszulesen (wie es etwa die klassische Karteninterpretation während des Studiums vorsah), sondern nur jene, die zur Lösung einer bestimmten Fragestellung erforderlich sind. Das könnte vielleicht nur ein typisches Talprofil sein oder die charakteristische Straßenführung einer Wohnsiedlung.

Analysierend-differenzierende Betrachtung

Die meisten Karten haben mehrere Schichten von Informationen (worauf schon weiter oben aufmerksam gemacht worden ist). Bei der topographischen bzw. physischen Karte sind es sechs: das Relief, das Gewässernetz, die städtischen Siedlungen, wichtige Verkehrsverbindungen bzw. -anlagen, administrative Grenzen, ausgewählte topographische (Landschafts-) Namen und Sehenswürdigkeiten. Thematische Karten fassen zuweilen noch deutlich mehr Informationsschichten zusammmen.

Sowohl bei der physischen als auch der thematischen Karte liegt eine Informationsfülle vor, die den ungeübten Betrachter verwirrt. Heyn (1970) schlug daher ein „sondierendes Verfahren" vor, um „aus der Fülle des auf einer Karte Dargestellten eine geographische Erscheinung, einen Geofaktor, zu isolieren, um dadurch zu einem deutlicheren Bild, zu einer genaueren Feststellung und damit auch zu einer Erkenntnis zu gelangen" (S. 32). Technisch lässt sich dies leicht durch „Hochzeichnen" der gesuchten Objekte auf Transparentpapier oder Folie erreichen. Das so bewirkte Hervorheben gleichartiger Elemente lässt Strukturen schnell und sicher erfassen. Beispielsweise Höhenlagen, in denen im Winter Schnee- und Glatteisgefahr häufig auftreten können; Regionen, die von einem Meeresspiegelanstig bedroht würden; landwirtschaftliche Gunsträume oder Stahlwerke, die miteinander konkurrieren; die Verteilung von Städten mit mehr als 1 Mio. Einwohnern.

Das sondierende Verfahren besitzt zwei wichtige lernpsychologische Vorzüge, die das Sehverhalten der Lernenden „korrigiert" bzw. berücksichtigt.
1. Es zwingt die Lernenden zu einer genauen Betrachtung, da das Ergebnis leicht zu kontrollieren ist – ein wichtiger Aspekt in unserer an optischen Eindrücken übervollen Zeit.
2. Das Ergebnis ist eine einfache Karte, deren Inhalt leicht aufgenommen wird und damit dem Sehverhalten der an kurze Fernsehspots gewöhnten Schülerinnen und Schüler entspricht. Manche Schulbücher haben entsprechende Karten zu einem Strukturierungselement gemacht, das eine längere thematische Unterrichtseinheit eröffnet.

Synoptische Betrachtung

Auf die Analyse folgt die Synopse, die Zusammenschau verschiedener Phänomene oder Sachverhalte. Durch sie wird z. B. die vorausgegangene Hypothesenbildung (etwa Bestehen von Zusammenhängen zwischen bestimmten Faktoren oder Erscheinungen) überprüft.

Einige Atlanten legen ein solches methodisches Vorgehen nahe, wenn sie auf gegenüber liegenden Seiten eine physische Karte mit ergänzendem Höhenschichtenprofil und die mittleren jährlichen Temperaturen bzw. Niederschläge nebeneinander stellen. Der Zusammenhang von Relief und Niederschlagshöhe wird optisch sichtbar, wenn die dunkleren Blautöne für hohe Niederschläge den dunkleren Brauntönen für hohe Gebirge entsprechen. Umgekehrt verhält es sich bei den Temperaturen.

Die Synopse wird erleichtert durch Folien, bei denen sich verschiedene Überdeckfolien kombinieren lassen, sofern dies bei der Konzeption schon bedacht wurde. Eine sinnvolle Ergänzung bilden die Folien natürlicher Vegetation und Kulturland; die Verbreitung von Nutzpflanzen; Art und Verbreitung der Viehhaltung. Lernwirksam bleibt freilich immer das handlungsorientierte Verfahren, das reflektiert einzelne Schichten aus dem „Informationspool" Karte herauslöst und miteinander kombiniert und so zu einer eigenen Karte, einem selbst konzipierten Modell von Wirklichkeit führt.

Vergleichende Betrachtung
Beim Vergleich geht es darum, gleichartige und verschiedene Elemente zu identifizieren und zu begründen und den Versuch zu wagen Unterschied oder Ähnlichkeit zu begründen. Der Vergleich eignet sich auch dazu, die Zeitdimension zu erfassen – trotz des statischen Charakters einer Karte, beispielsweise über Veränderungen im Siedlungs- oder Landschaftsbild.
Der Vergleich kann sich aber auch auf unterschiedliche Darstellungen beziehen, indem themengleiche Karten aus zwei Atlanten miteinander verglichen werden. Wie wird beispielsweise die deutsche Agrarlandschaft in verschiedenen Atlanten dargestellt? Selbst bei „unverdächtigen" Inhalten wie dem Jahresniederschlag in Europa oder den Temperaturen im Januar bzw. Juli unterscheiden sich die Darstellungen erheblich voneinander. Hier kann eine Reflexion über Karten ansetzen.
Eine weitere Möglichkeit ergibt sich aus dem Vergleichen von älteren und jüngeren Karten. Diese „diachronische" Sicht ist besonders aufschlussreich bei der Auswertung amtlicher Karten, die das Alter von Stadtteilen, den Ausbau der Verkehrsinfrastruktur und potenzielle Altlastenflächen (vgl. Volkmann 1993) erkennen lassen.

3.8.8 Aufbau und Weiterentwicklung topographischer Orientierungsraster

Zur schnellen und sicheren Orientierung auf Karten ist die Ausbildung eines strukturierten Rasters unerlässlich. Er hat als tragende Konstruktion elementare Bedeutung für jede Kartenarbeit. Bei seinem Auf- und Ausbau sollten drei Prämissen berücksichtigt werden:
1. Der Raster muss einfach sein.
2. Er sollte das ikonische, bildhafte Erinnern, das bei den meisten Menschen dominiert, ermöglichen.
3. Er muss ständig aktiviert werden.

Im Ergebnis bedeutet das, der Raster muss aus wenigen Elementen zusammengesetzt sein, die durch auffällige Merk-Male fest im Gedächtnis verankert werden können.

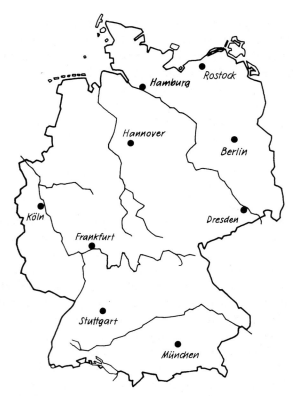

Abb. 69: Orientierungsraster für die Bundesrepublik Deutschland

Zwei Beispiele für einen kleineren bzw. größeren Raum sollen das Prinzip verdeutlichen:
1. Das Flussnetz wird auch den meisten thematischen Karten unterlegt und als bekannt vorausgesetzt, weshalb es in der Legende nicht erscheint. Wenige Flüsse können Deutschland strukturieren: Rhein, Main, Donau, Ruhr, Weser, Elbe, Oder-Neiße, die alle charakteristische Merkmale aufweisen: das Rheinknie, das lang gestreckte Dreieck der Donau, die „Zick-Zack-Linie" des Mains, Lage und Ost-West-Verlauf der Ruhr, die „Radgabel" der Weser, die Mündung der Elbe in der Südost-Ecke der Nordsee, die „gerade" Nord-Süd-Linie von Oder und Neiße. Hinzu kommt der Verlauf der Außengrenzen der Bundesrepublik, der durch Schleswig-Holstein und die Grenze zu Tschechien „Merk-Punkte" bekommt.

Ergänzt durch die Städte Rostock, Berlin, Dresden, Hamburg, Hannover, München, Köln, Frankfurt/Main, Stuttgart, die alle markante Positionen bzw. Relationen zueinander aufweisen, ist eine Grundstruktur geschaffen (vgl. Abb. 69), die eventuell durch Neckar, Mosel und Nürnberg, Freiburg, Trier, Kassel noch verfeinert werden könnte. (Administrative Binnengrenzen eignen sich für eine Orientierung nicht, da sie als solche kaum wahrgenommen werden.)

2. Bei globalen Betrachtungen genügen Äquator, Wende- und Polarkreise in Verbindung mit den Kontinentumrissen für eine grobe Orientierung, etwa um Klima- oder Vegetationszonen darzustellen. Bei Erdteilübersichten ist das Gradnetz unverzichtbar, um eine exakte Einordnung zu gewährleisten.

Eine Verfeinerung (Verdichtung) topographischer Kenntnisse sollte immer auf den Grundraster Bezug nehmen, d. h. Relationen herstellen, wie es bei der Ergänzung von Neckar, Mosel und Lippe durch den Bezug zum Rhein der Fall ist.

3.8.9 Computerkarten

Im professionellen Bereich gewinnt die Computerkartographie ständig an Bedeutung und hat in einigen Bereichen den traditionellen Kartographen bereits abgelöst. In der Schule verhindert die einfache Hardwareausstattung einen ähnlichen Wandel. Angesichts der hohen Kosten für leistungsfähige Hard- und Softwaresysteme wird sich diese Situation in diesem Jahrhundert kaum grundlegend ändern (vgl. Schrettenbrunner 1992).

Dennoch sollte die Arbeit an und mit der Computerkarte einen höheren Stellenwert im Erdkundeunterricht erhalten als es gegenwärtig der Fall ist. Die technische Ausstattung bedeutet keinen wesentlichen Hinderungsgrund, da es in der Schule nicht darum geht, hochwertige Druckerzeugnisse zu produzieren. Wenn Kreise und gekrümmte Linien Treppensprünge aufweisen, mindern diese die Schönheit, nicht aber den Aussagewert einer solchen Karte. Die Möglichkeiten der Computerkartographie sollten in zweifacher Hinsicht genutzt werden:

1. Zur Aktualisierung einfacher thematischer Karten, die von Schulatlanten und auch Schulbüchern aus Kostengründen nicht geleistet werden kann (vgl. Abb. 70).
2. Zur Demonstration kartographischer Regeln, beispielsweise dass veränderte Grenzwerte bei gleicher Datenbasis zu höchst unterschiedlichen Karten führen können.

Auch Karten in Simulationsspielen oder topographischen Lernprogrammen müssen nicht technisch perfekt sein. Weitaus wichtiger ist, dass sie von den Lernenden „behandelt", verändert, gestaltet werden können und damit das Medium Karte bezüglich seiner Aussagemöglichkeiten, -schwächen und -gefahren transparenter machen. Gegenwärtig vermag der Computer noch stärker zu motivieren; bei zunehmender Verwendung wird dieser Effekt schwächer.

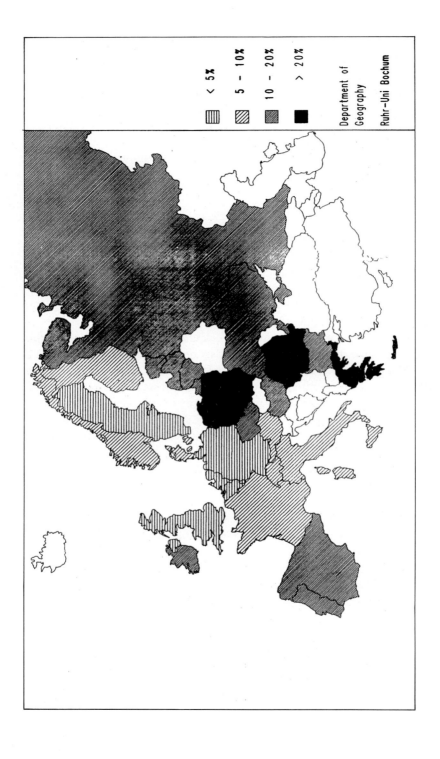

Abb. 70: Eine Computerkarte: Economical active population in Acriculture and Forestry

Literatur

Birkenhauer, J. (1971): Erdkunde. Bd. 1. Düsseldorf.

Birkenhauer, J. (1988): Instrumentale Lernziele im geographischen Unterricht. GuiD, 16, S. 117–125.

Boardman, D. (1983): Graphicacy and Geography Teaching. London.

Boardman, D. (1987): The development of graphicacy: children's understanding of maps. In: Geography 74 (1989), p. 321–331.

Bollmann, J. (1992): Raumvorstellung und Kartenwahrnehmung. In: Brogiato/ Cloß (Hrsg.): Geographie und ihre Didaktik, Teil 2, Trier (= Materialien zur Didaktik der Geographie, Heft 16), S. 349–362.

Breetz, E. (1975): Zum Kartenverständnis im Heimatkunde- und Geographieunterricht. Berlin.

Downs, R. M., Stea, D. (1982): Kognitive Karten: Die Welt in unseren Köpfen. New York (= UTB 1126).

Engelhardt, W., Glöckel, H. (Hrsg.) (1977): Wege zur Karte. Bad Heilbrunn.

Freitag, U. (1987): Die Kartenlegende – nur eine Randangabe? In: Kartographische Nachrichten 37, S. 42–49.

Grohmann, P. (1975): Alters- und geschlechtsspezifische Unterschiede im Einprägen und Wiedererkennen kartographischer Figurensignaturen. Wien (= Forschungen zur theoretischen Kartographie Band 2).

Hake, G. (1988): Gedanken zu Form und Inhalt heutiger Karten. In: Kartographische Nachrichten 38, S. 65–72.

Hake, G., Grünreich, A. (1994): Kartographie. 7. Aufl. Berlin, New York.

Herzig, R. (1993): Die Erstbegegnung des Schülers mit der topographischen Karte bei der Analyse des Heimatgebietes. In: Zeitschrift f. d. Erdkundeunterricht 44, S. 308–315.

Herzog, W. (1986): Kartographie und Bürgerbeteiligung im Rahmen der vorbereitenden Bauleitplanung. Bochum (= Bochumer Geographische Arbeiten Heft 59).

Heyn, E. (1970): Die Arbeit mit dem Atlas in der Oberstufe der Gymnasien. In: Hinrichs, E. (Hrsg.): Der Atlas im Erdkundeunterricht. Stuttgart (= Der Erdkundeunterricht H. 11).

Hüttermann, A. (1985): Kartenlesen ist eine Kunst. In: Geographie heute, Heft 34, S. 40–45.

Hüttermann, A. (1992): Kartographie und Schule – Auf dem Wege zu einer Didaktik der Schulgeographie. In: Mayer, F. (Hrsg.): Schulkartographie. Wiener Symposium 1990, S. 277–289.

Hüttermann, A. (Hrsg.) (1995): Beiträge zur Kartennutzung in der Schule. Trier (= Materialien zur Didaktik der Geographie, Heft 17).

Kelnhofer, F. (1992): Themakartographische Signaturengestaltung unter Berücksichtigung perzeptiver Parameter. In: Mayer, F. (Hrsg.): Kartographenkongress Wien 1989, S. 184–201.

Kern, J. M. J. (1963): Gelebte Welt des Kindes und Heimatkunde. In: Engelhardt, W., Glöckel, H. (1977): Wege zur Karte 2. Aufl. Bad Heilbrunn, S. 22–31.

Knospe, P. (1920): Aus dem Erdkundeunterricht. In: Karstädt, O. (Hrsg.): Methodische Strömungen der Gegenwart, Langensalza, S. 186–233.

Kretschmer, I. (1978): Irreführende Meinungen über die „Peters-Karte". In: Mitteilungen d. Österr. Geog. Ges. 120, S. 124–136.

Kultusministerium des Landes Nordrhein-Westfalen (Hrsg.) (1993): Richtlinien und Lehrpläne für die Realschule in Nordrhein-Westfalen. Erdkunde. Düsseldorf.

Mayer, F. (Hrsg.) (1992): Schulkartographie. Wiener Symposium 1990. Wien (= Wiener Symposium 1990), S. 277–289.

Mayer, F. (1992): Kontinuität und Wandel in der Schulkartographie. In: Brogiato/Cloß (Hrsg.): Geographie und ihre Didaktik, Teil 2, Trier (= Materialien zur Didaktik der Geographie, Heft 16), S. 283–304.

Mayer, F. (Hrsg.)(1990): Kartographenkongress Wien 1989. Wien (= Wiener Schriften zur Geographie und Kartographie Band 4).

Oeser, R. (1987): Untersuchungen zum Lernbereich „Topographie". Lüneburg (= Geographiedidaktische Forschung Band 16).

Schrettenbrunner, H. (1992): Atlas – Karte – Computer. In: Geographie und Schule 14, Heft 50, S. 23–31.

Sperling, W. (1982): Kartographische Didaktik und Kommunikation. In: Kartographische Nachrichten 32, S. 5–15.

Tainz, P. (1992): Kartographische Zeichen und ihre Beziehung zur Wirklichkeit. In: Brogiato/Cloß (Hrsg.): Geographie und ihre Didaktik, Teil 2, Trier (= Materialien zur Didaktik der Geographie, Heft 16), S. 363–372.

Volkmann, H. (1993): Altlasten auf der Spur. In: Praxis Geographie 23, Heft 5, S. 25–28.

Zahn, U. (1986): Die Karte als Unterrichtsmedium. In: Brucker, A. (Hrsg.): Handbuch Medien im Geographie-Unterricht. Düsseldorf, S. 130–144.

Thomas Kraatz

3.9 Film (Unterrichtsfilm, Schulfernsehen, Fernsehen)

3.9.1 Vorbemerkungen

Einleitend wird auf drei grundlegende Sachverhalte eingegangen, die daher in der Vergangenheit geographiedidaktisch häufig angesprochen wurden. Diese drei Sachverhalte sind: Eignung, Bedeutung und Typisierung der Unterrichtsfilme für Erdkunde.

Eignung für die Erdkunde
Erdkunde zählt allgemein neben einigen anderen Fächern wie Biologie zu den Unterrichtsfächern, für die der Einsatz von Unterrichtsfilmen als besonders geeignet und notwendig gilt, weil er die Realität gut vertritt und den Schülern den Unterrichtsgegenstand möglichst nahe bringt (vgl. Birkenhauer 1971, II/S. 58 ff.; Ketzer 1972, S. 12 ff.; Fischer 1986, S. 293 ff.). Allerdings kann er sich z. B. aufgrund sehr subjektiver Kameraführung und Schnitttechnik weit von der Realität entfernen (vgl. zum Bild Kap. 3.4). Er stellt also wie alle anderen Medien einen Filter dar, welcher der Reduzierung, Ordnung und Strukturierung der komplexen Realität dient (vgl. zum Medienzweck Stonjek, Kap. 1.3).

Bedeutung für die Erdkunde
Während sich die Geographiedidaktik in den 50er- und 60er-Jahren noch im breiteren Rahmen mit dem Unterrichtsfilm und seiner Rolle im Erdkundeunterricht beschäftigte, ist es seitdem ruhiger um dieses Medium geworden, was sich auch an der geringen Zahl entsprechender Veröffentlichungen zeigt. Andere Medien bzw. mögliche Präsentationsformen wurden bzw. werden verstärkt diskutiert (z. B. Einsatzmöglichkeiten des Computers). Sie konnten bisher allerdings den Film in seiner Bedeutung nicht verdrängen. Nutzen und Einsatzmöglichkeiten des Unterrichtsfilms werden heute aber distanzierter gesehen als zu der genannten Zeit, als man diesem Medium eine herausragende Rolle zuschrieb (vgl. Belstler 1967). Trotz dieser Entwicklung ist der Film weiterhin durch das System der staatlichen Bildstellen weit verbreitet und auch für den Lehrer gut zugänglich.
Allerdings hat sich im Laufe der Jahre eine große Zahl an Filmen aus unterschiedlichen Zeiträumen und mit unterschiedlichsten Zielsetzungen im Angebot der Bildstellen angesammelt. Als Folge hiervon differiert auch die Gestaltung und Aufbereitung der Filme. Darüber hinaus wird von den Filmen gefordert, dass sie in allen Bundesländern mit deren unterschiedlichen Lehrplänen und in unterschiedlichen Altersgruppen einsetzbar sein sollen, was ebenfalls die Gestaltung beeinflusst und zu Kompromissen zwingt.

Für den Lehrer ist es daher zunehmend schwieriger geworden, einen orientierenden Überblick über das Angebot zu erhalten. Bewertungen von Filmen liegen selten vor und sind zumeist in Form individueller Erfahrungsberichte allgemein gehalten.

Um dem Lehrer das Projizieren zu erleichtern, werden die in den letzten Jahren produzierten Schulfilme als Videos angeboten. Im Folgenden wird generell vom „Film" gesprochen". Alle folgenden Aussagen beziehen sich somit auf Filme aller Art einschließlich Fernsehen und Schulfernsehen.

Fragen der Typisierung

Für die Bewertung eines Filmes und seiner unterrichtlichen Eignung haben Untersuchungen (Kraatz 1994) gezeigt, dass eine Klassifikation und Typisierung der Filme für die unterrichtliche Arbeit, die in älteren geographiedidaktischen Publikationen stets im Mittelpunkt standen (z. B. Ketzer 1972), allein nicht ausreichend ist. Es hat sich herausgestellt, dass es allgemein gültige Klassifikationskriterien nicht gibt (vgl. Kraatz 1994). Jeder Film muss entweder nach didaktischen, fachgeographischen oder filmischen Kriterien klassifiziert werden, wobei bei jedem Kriterium noch weitere Möglichkeiten bestehen (vgl. Theißen 1986).

Als recht entscheidende Elemente für die Beurteilung der Brauchbarkeit eines Filmes haben sich bestimmte inhaltliche Gestaltungselemente, vor allem das Bild-Kommentar-Verhältnis, erwiesen. Daher wird im Folgenden näher auf die Bewertung des Mediums „Film" (u. a. Eigenheiten, Vor- und Nachteile) und daraus resultierende Forderungen an die Gestaltung, die für den unterrichtlichen Einsatz wesentlich sind, eingegangen.

3.9.2 Bewertung des Mediums Film

In den Mediensystematiken wird der Film als Medium – trotz teils kritischer Betrachtung – häufig der Realbegegnung zentral zugeordnet (vgl. Bauer 1976, Fick 1980, Schreiber 1981). Dies ist vor allem darin begründet, dass im Film zwei „Kanäle" der Informationsvermittlung (visuell und akustisch) genutzt werden. Die Besonderheit des Films – seine mögliche Stärke, aber auch seine möglichen Nachteile – liegt weiterhin in der Hinzuziehung der Zeitdimension, also in der Darstellung von Entwicklungen. Diese beiden Besonderheiten des Filmes (Nutzung von zwei Informationsvermittlungskanälen und deren zeitlicher Veränderung) grenzen ihn gegenüber allen anderen Medien ab und erklären seinen oft betonten Wert für den Erdkundeunterricht.

Hinsichtlich der Einschätzung des Unterrichtsfilms innerhalb des Medienangebots werden bei allen Autoren daher ähnliche Eigenschaften des Films hervorgehoben bzw. kritisiert, die auf den oben genannten Eigenheiten dieses Mediums beruhen. In diesem Zusammenhang stellen sich zwei Fragen:

1. Welche Vor- bzw. Nachteile gegenüber anderen Medien hat der Film im Erdkundeunterricht?
2. Welche Forderungen an die Gestaltung resultieren hieraus?

Unterschiede in der Bewertung zeigen sich vor allem in der Gewichtung der *Vor- und Nachteile.*
Eine erste Gruppe von Geographiedidaktikern betont die Vorteile und positiven Wirkungen des Unterrichtsfilms für den Erdkundeunterricht (als Beispiel Schreiber 1981/126). Genannt werden hier vor allem:
– die Möglichkeit Abläufe und Prozesse aller Art technisch exakt wiederzugeben;
– die Möglichkeit eine hohe Wirklichkeitstreue und -nähe zu erreichen;
– die unterstützende Wirkung des Tons beim Tonfilm;
– die beliebige Reproduzierbarkeit der im Film festgehaltenen Abläufe.

Nachteile des Mediums Film werden von dieser ersten Autorengruppe nicht geleugnet (z. B. Fertigprodukt, i. d. R. ohne Einflussmöglichkeiten für den Lehrer, Festsetzung einer bestimmten Sehgeschwindigkeit).

Andere Geographiedidaktiker (z. B. Birkenhauer 1971, Schramke 1982) gewichten Vor- und Nachteile in anderer Weise. Als Nachteile werden vor allem genannt:
– vorbeihuschende Vielfalt und Raschheit des Gezeigten;
– Fülle von Details und als Folge nur ein allgemeiner, verschwommener Eindruck;
– Fremdproduktion der Medien und damit Fremdbestimmung der Inhalte, Methoden und Ziele.

Die Gefahr, dass Vordergründiges in den Mittelpunkt gerät und Nebensächliches Wichtiges verdrängt, erscheint hier als wesentlicher Einwand. Abgelehnt wird der Film als Medium allerdings auch von diesen Autoren in keiner Weise. Diese Einwände sind eher als Aufforderung an Lehrer und Produzenten zu verstehen, entsprechende Überlegungen bei Auswahl bzw. Produktion von Filmen angemessen zu berücksichtigen.

Als Vorteile werden daher ebenfalls eine Reihe von Punkten genannt, die sich mit den oben genannten decken:
– bessere, d. h. dynamischere Darstellung von Prozessen;
– bessere Einprägsamkeit aufgrund der Kopplung bildlicher Aussagen mit dem Ton;
– höhere Anschaulichkeit und Motivation der Schüler als bei anderen Medien.

Eine weitere große Gefahr wird beim Film in der möglicherweise subjektiv gefärbten Darstellung von Inhalten gesehen, da bei diesem Medium – in wesentlich größerem Umfange als bei anderen – durch Kameraführung, Schnitt, Ton,

Einstellungsfolgen etc. Manipulationsmöglichkeiten gegeben sind. Zu beachten bleibt, dass ein Film immer eine subjektive Reproduktion der komplexen Realität bleibt. Aufgrund dieser Subjektivität ergibt sich aber auch erst die Möglichkeit den Film didaktisch aufzubereiten.

Ergänzt werden muss diese Auflistung noch um zwei Punkte:
– die Einschränkung der Möglichkeit, geographische Prozesse im Film darstellen zu können;
– die Möglichkeit der direkten Darstellung räumlicher Zusammenhänge.

Der genannte Vorteil der direkten Darstellung von im Raum ablaufenden Prozessen aufgrund der Bewegungsdarstellung im Filmbild kann in dieser allgemeinen Form allerdings nicht bestätigt werden (Kraatz 1994). Die Möglichkeit der Darstellung geographischer *Prozesse im Film,* mit der die Bedeutung dieses Mediums oft entscheidend begründet wird, ist kritisch zu sehen. Die zwar mögliche Darstellung von Bewegungsabläufen im Film darf niemals gleichgesetzt werden mit der Möglichkeit zur Darstellung von Prozessen. Oft werden diese nur im Kommentar angesprochen, aber nicht im Bild als Prozess dargestellt. Der Grund liegt in der Schwierigkeit solche Prozesse direkt filmisch umzusetzen. Aufgrund ihrer zeitlich-räumlichen Dimension können häufig nur Endpunkte, Ergebnisse bzw. die derzeitige Situation von Prozessen dargestellt werden, insoweit diese visualisierbar sind.

Schwierig gestaltet sich die Prozessdarstellung insbesondere bei sozialgeographischen Themen, da diese i. d. R. auch nicht durch filmgestalterische Mittel, wie Trickaufnahmen, veranschaulicht werden können. Hier erfolgt die (notwendige) Information und Prozessdarstellung durch den Kommentar, allerdings mit der großen Gefahr, dass das Bild mit seinem Informationsgehalt eventuell teilweise oder ganz überdeckt wird.
Direkt darstellbar sind Prozesse teilweise mit Trickfilm oder Zeitraffer (Entstehung einer glazial geprägten Landschaft, Durchzug eines Tiefdruckgebietes), indirekt über die Darstellung von Prozessergebnissen, die evtl. auch in der Bewegung gezeigt werden können (z. B. Berufspendlerströme als Folge der Suburbanisierung, Auswirkungen der Tropenwaldabholzung auf Bodenerosion bei Starkregen). Geographische Prozesse spielen also trotz der genannten Einschränkungen im Erkundefilm eine wesentliche Rolle.

Ein weiterer wesentlicher Vorteil des Films im Vergleich zu anderen Medien liegt in der Möglichkeit, dass die Kamera durch die Verwendung filmspezifischer Gestaltungsmittel die Funktion des Beobachters übernimmt (Schwenks, Zoomeinsatz, Schnitttechnik). Hierdurch kann die Kamera z. B. *räumliche Zusammenhänge* darstellen und diese verdeutlichen. So werden durch Kameraschwenks Zusammenhänge, z. B. bei künstlicher Bewässerung zwischen Wasserförderung, Bewässerungskanälen und Anbauflächen, in einer Form deutlich, die kein anderes Medium zu leisten vermag.

3.9.3 Forderungen an die Gestaltung von Unterrichtsfilmen bei Geographiedidaktikern und kritische Anmerkungen

Zunächst werden einige Forderungen in Stichworten gegenübergestellt und verglichen, die in der Literatur explizit genannt werden oder aus ihr ableitbar sind. Dabei fällt auf, dass diese teilweise in einem sehr allgemeinen Rahmen bleiben bzw. weniger auf grundlegende Erkenntnisse z. B. der Wirkungsforschung (vgl. Kap. 2) eingehen. Einige verbleiben daher eher rein additiv. Bei der Vielzahl der Autoren (vgl. Bibliografie) ist es unumgänglich, nur wenige ausführlicher zu behandeln. Dazu wird eine Art Katalog in Form einer tabellarischen Übersicht erstellt (Tab. 17).

Wie sich zeigt, gibt es viele Übereinstimmungen bei den Forderungen an den Film, wie etwa:
– innere Stimmigkeit bei thematischer Konzentrierung,
– Knappheit des Kommentars,
– Kürze des Films,
– Klarheit in der Gliederung.

Den didaktisch wesentlichen Lebensbezug findet man nur bei einem Autor. Wie noch gezeigt wird, ist dies jedoch ein wesentliches Kriterium.
Die in den Sequenzen erwünschten Kamerabewegungen sollten nicht Selbstzweck (Bildbelebung) werden (vgl. Wember 1983).

Die im Katalog implizite Forderung nach Objektivität kann nicht eingehalten werden. Ein Film ist immer subjektiv gefärbt. Dies beginnt schon bei der Themen- und Bildauswahl und wird bei der Kamera- und Schnittführung offensichtlich. Die Gründe für das gewählte Vorgehen sollten daher im Beiheft zum Film offen gelegt werden.

Bei anderen Autoren wiederholen sich mehr oder weniger die genannten Kernforderungen neben weiteren. Belster (1967) und Schramke (1982) betonen vor allem die Forderung nach unmittelbarer Schülerbezogenheit (Lebenssituation des Schülers berücksichtigen) und damit die Berücksichtigung des Lernbedürfnisses des Schülers, daneben wird ebenfalls ein knapper Kommentar gefordert.

KETZER (1963/1972/1978)	BIRKENHAUER (1982)	FICK (1980)	BRUCKER (1982)
Dokumentar- charakter		dito	dito (fotografisches Prinzip)
Wenig filmische Verfremdung		dito	dito
Sachlichkeit/ Konkretheit			dito
Unterordnung von Spielhandlung und künstlerischer Form	Verbinden von menschlichem Le- ben und (land- schaftl.) Bedin- gungshintergrund		dito (ähnlich Ketzer)
Beschränkung auf wesentlichen Sachverhalt (nur vier Schlüsselbe- griffe, aber mit ho- hem Anschau- ungsgehalt)	dito (Überschaubarkeit, klare Sequenzen)	dito	dito
Vermeidung von zu hoher Informati- onsdichte	dito		dito
Beschränkung der Filmlänge	dito		
Kurzer Kommentar	dito	dito	dito (fonografisches Prinzip)
Anregen zum selbstständigen Beobachten und zum Unterrichtsge- spräch/Motivation			dito
Filmband als tra- gendes Informati- onsmittel	dito (mit Kamerabewe- gungen)		
Vertiefung von Weltverständnis	Lernzielbezogen- heit	Exemplarischer Charakter	
Möglichkeit der Bewegungsdar- stellung nutzen		dito	Prozesshaftigkeit (kinematografi- sches Prinzip)

Tab. 17: Forderungen an den Erdkundefilm (Katalog)

3.9.4 Hauptforderungen an die Filmgestaltung

Insgesamt lassen sich Hauptforderungen an den Unterrichtsfilm zusammenfassen, erweitert
1. um Ergebnisse der Wirkungsforschung („Wahrnehmungsprinzipien", z.B. Fleming 1975),
2. um neuere Untersuchungen (Haubrich 1985, Kraatz 1994),
3. um aus allgemeinen Unterrichtsprinzipien für den Erdkundeunterricht abgeleiteten Forderungen.

Prinzipiell ist davon auszugehen, dass die Hauptforderung an einen Schulfilm seine didaktische Brauchbarkeit sein muss. Denn so wichtig der präsentierte fachliche Inhalt auch sein mag – wird diese Forderung nicht erfüllt, ist der Film für den Unterricht unbrauchbar. Didaktische Brauchbarkeit aber beruht im Wesentlichen nur auf zwei Kriterien:
– der Aufbereitung des Themas (= anthropozentrierter Aufbau genannt),
– dem Bild-Kommentar-Verhältnis.

Ein Punkt, der häufiger genannt wird, ist die Forderung nach Objektivität. Diese ist nicht einzuhalten. Ein Film ist, wie oben ausgeführt, immer subjektiv gefärbt. Dies beginnt schon bei der Themen- und Bildauswahl und wird bei der Kamera- und Schnittführung offensichtlich. „Objektivität" muss daher bei den Forderungen durch offene Darlegung der Gründe für die Auswahl der Szenen ersetzt werden – beispielsweise im Beiheft zum Film.
Insgesamt handelt es sich um Forderungen bezüglich folgender vier Punkte:

1. anthropozentrierter Aufbau,
2. Bild-Kommentar-Verhältnis/Kommentargestaltung,
3. Länge des Films/Transparenz im inhaltlichen Aufbau,
4. Prozessorientierung.

Die folgende Aufstellung ist auch als Hilfe für die Lehrerin/den Lehrer gedacht um die Brauchbarkeit eines Filmes für den eigenen Unterricht zu überprüfen bzw. für eine kritische Betrachtung zu sensibilisieren.

Forderung 1: Anthropozentrierter Aufbau
Filme müssen im Horizont der Rezipienten gestaltet sein, und zwar vor allem über
– den Bezug zum menschlichen Leben bzw. zu Lebensweisen
– das „Abholen" der Rezipienten über Schaffen einer motivierenden Problemstellung am Anfang.

Der Film muss von der Situation des Schülers ausgehen und seine Lernbedürfnisse berücksichtigen. Hierzu ist es notwendig, den Bezug und die Verbindung des jeweiligen Themas zum Leben des Menschen aufzuzeigen. Ausgangspunkt der inhaltlichen Aufbereitung eines Filmes sollten daher Lebenssituationen von Menschen sein. Daher empfiehlt sich ein induktives Vorgehen (vgl. Birkenhauer 1971).

Dieser Bezug zum Leben der Menschen als zentrale Forderung muss einen entsprechenden Stellenwert bei der Filmgestaltung und -bewertung einnehmen. Hiermit zusammenhängend soll der Film bei aller durch die Produktionstechnik bedingten Subjektivität so realistisch wie möglich sein (u. a. Originalgeräusche, filmimmanenter Ton, keine zu abstrakten Inhalte, verweilend geführte Kamera) sowie auch sachlich-wissenschaftlich korrekt sein. Dem Schüler muss die Möglichkeit zum eigenen Betrachten und Beobachten (Entdecken) gegeben werden (Zusammenhang zur Kommentargestaltung s.u.).

Forderung 2: Bild-Kommentar-Verhältnis/Kommentargestaltung
Außerordentlich bedeutsam für den Wert eines Filmes und seinen Erfolg ist die Gestaltung des Kommentars und damit seine Funktion für den Film im Verhältnis zum Filmbild. (Wer ist der dominierende Informationslieferant? Divergenz in den dargestellten Inhalten zwischen Bild und Kommentar? Anzahl Kommentar- und Bildsequenzen?)
Hierbei geht es insbesondere um die Fragen:
– Wie kann ein Kommentar die Verarbeitung und Wahrnehmung der Filmbilder beeinflussen?
– Was muss beachtet werden, damit Bild und Kommentar als Einheit integriert verarbeitet werden können?

Birkenhauer erwähnt in Kap. 2 Untersuchungsergebnisse, nach denen der Mensch 50 % von dem behält, was er gleichzeitig hört und sieht. Damit ist diese Zwei-Kanal-Wahrnehmung dem Text oder dem Bild allein überlegen. Das heißt, dass hiernach die Kombination von Kommentar und Bild im Film durch gegenseitige Verstärkung oder Unterstützung eine neue Wirkung bekommt. Beide Kanäle addieren sich nicht nur, sondern durch ihr Zusammenwirken wird vielmehr eine neue, veränderte Qualität der Informationsvermittlung erreicht. Hinsichtlich solcher genereller Aussagen ist allerdings die entscheidende Frage, ob Kommentar und Bild ein solches Verhältnis im Hinblick auf eine sinnvolle Verschränkung eingehen oder ob gar der Kommentar zum entscheidenden Hilfsmittel für das Filmverständnis wird. Auf diese Problematik haben schon Wember (1972) unter dem Begriff „Ton-Bild-Schere" und Haubrich (1985) unter dem der „Ton-Bild-Kongruenz" hingewiesen.
Bei der Gestaltung des Bild-Kommentar-Verhältnisses sind allgemeine wahrnehmungspsychologische Erkenntnisse zu beachten. Diese lassen sich auch auf die Darstellung geographischer Inhalte im Film beziehen. Fleming (1975, S. 52) hat die dazu vorliegenden Untersuchungsergebnisse zusammengefasst:

a) Mehrkanal-Kommunikationen, die Wörter mit zugehörigen oder sachdienlichen Abbildungen kombinieren, erreichen durch die Summierung der Hinweise zwischen den Kanälen das beste Ergebnis (ähnliche Ergebnisse brachten Untersuchungen, die eine Komplementarität zwischen Text und Bild fordern; vgl. Mandl/Ballstaedt 1986).

b) Mehrkanal-Kommunikationen, die Wörter mit Wörtern verbinden (akustisch und visuell, d. h. gedruckt), bringen keinen wesentlich größeren Gewinn als Einkanal-Kommunikationen, da der zweite Kanal keine zusätzlichen Hinweise liefert.

c) Mehrkanal-Kommunikationen, bei denen die Hinweise in den beiden Kanälen nicht aufeinander bezogen sind, verursachen einen Konflikt zwischen den Kanälen und ergeben sogar weniger Informationen als ein Kanal allein.

d) Einkanal-Kommunikationen sind der Situation c) überlegen, der Situation b) gleich und der Situation a) unterlegen.

Die Ergebnisse bedeuten:
Eine inhaltliche Nähe des Kommentars zum Bild macht es dem Rezipienten leichter, die Informationen beider Kanäle aufzunehmen und ihnen zu folgen. Wenn sich ihre inhaltlichen Aussagen dagegen immer mehr voneinander entfernen, wird das gleichzeitige Aufnehmen und Verarbeiten von Bild- und Textinformation schwierig. Bei zu großer inhaltlicher Entfernung voneinander findet eine Konzentration auf nur noch einen Kanal statt. Damit wird aber bewusstes Beobachten und bewusstes Zuhören schwierig oder gar unmöglich.

Auch die Gestaltung des Kommentars selbst ist entscheidend. Bringt z. B. der Kommentar viele Fach- und Fremdwörter, wird (trotz inhaltlicher Nähe des Gesprochenen zum Bild) die Aufnahme für den Filmbetrachter schwieriger, da u. a. seine Aufnahmekapazität schneller erreicht wird (Zusammenhang zur Informationsdichte).
Es besteht also die Gefahr, dass entweder nur das Bild betrachtet oder nur auf den Kommentar geachtet wird.
Noch ungünstiger ist es, wenn eine Textaussage nicht im Bild visualisiert oder veranschaulicht wird oder werden kann, das Bild also nur noch bloßer Untermalung dient.
Der Grund für ein solches, im höchsten Grade undidaktisches Vorgehen liegt häufig darin, dass der Informationsumfang des Kommentars nicht beschränkt wurde, weil man versucht möglichst alle mit einem Themenbereich zusammenhängenden Informationen zu vermitteln.

Eine Bild-Kommentar-Schere entsteht z. B., wenn das Bild einen Gletscher zeigt und im Kommentar die glaziale Serie und ihre Entstehung erklärt wird, ohne dass die entstandenen Formen näher im Bild gezeigt werden.
Hier unterbleibt eine mögliche Visualisierung der akustischen Information. Eine vollständige Kongruenz dagegen entsteht, wenn im Bild ein Gletscher gezeigt wird und der Kommentar das im Bild Gezeigte nur beschreibend wiederholt. Solche Kongruenz ist allerdings auch nicht ideal, weil ein bloß wiederholender Kommentar langweilig wirkt.

Wie die Abbildung 71 zeigt, gibt es verschiedene Abstufungen der Kongruenz, wobei die in der Mitte der Abbildung dargestellte, im Sinne einer Komplementarität zwischen Bild und Kommentar (vgl. Bock 1983, Mandl/Ballstaedt 1986), das Optimum darstellt.

Eine grundsätzliche Frage für die unterrichtliche Arbeit mit dem Medium Film ist also: Welche Aussagen können nur aus dem Bild, welche nur aus dem Kommentar gezogen werden und für welche werden beide Komponenten benötigt? Betrachtet man den Kommentar in erdkundlichen Filmen, so wird man diesen i. d. R. nicht als gedruckten Text im Unterricht verwenden, da er meist zu lang und komplex ist. Dies bedeutet dann aber, dass das Bild als zusätzliche Information entsprechende Verständnishilfe durch Veranschaulichung leisten muss, um die Aufnahme der komplexen Informationen zu ermöglichen. Voraussetzung hierfür ist eine sorgfältige Auswahl der Filmbilder.

Aus dem Vorstehenden lassen sich folgende vier Aufgaben des Kommentars (Kommentarfunktionen) im Gesamtgefüge „Film" ableiten, die wesentlich Art und Weise von Beobachtungsaufgaben für die Schüler bei Bearbeitung des Filminhalts beeinflussen:
– Lenkung der Aufmerksamkeit;
– Aktivierung der Selbsttätigkeit (Aufforderungscharakter);
– Bereitstellung von Zusatzinformationen zum Bild;
– Erfassung und Vermittlung von im Bild nicht umgesetzten Inhalten.

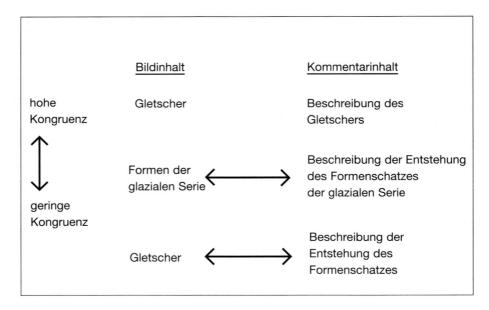

Abb. 71: Beispiel für die Abstufung der Bild-Kommentar-Kongruenz (Entwurf: Kraatz in Anlehnung an Haubrich 1985)

Bei der erstgenannten Funktion lenkt der Kommentar die Beobachtung des Schülers auf bestimmte Schwerpunkte und Sachverhalte. Beim Bild kann dies z. B. durch bestimmte Bildausschnitte oder Zoom geschehen. Der Kommentar muss hierfür Beobachtungsimpulse geben und die Aufmerksamkeit aktivieren, weniger fertig ausformulierte Ergebnisse liefern. Dies ist besonders wichtig bei der Vermittlung komplexer Bildinhalte, um so die interessierenden Punkte herauszugreifen und die Beobachtung zu schulen, damit die Bildbetrachtung nicht auf eine oberflächliche Ebene beschränkt bleibt. Hier besteht auch der direkte Zusammenhang zur zweiten Funktion, der Aktivierung der Selbsttätigkeit des Schülers (Eigenbeobachtung) als Folge der Lenkung durch den Kommentar.

Soll ein Film eine originale Begegnung ermöglichen, so dürfen auf keinen Fall irgendwelche Zwischenergebnisse im Film vorweggenommen werden. So stellte sich nach Adelhoch/Diekmeyer (1968) bei Untersuchungen ein sprachlich geschlossener Text keinesfalls als optimal heraus. Texte, die weniger fertige Gedankeninhalte ausformulierten, sondern mehr Anstöße, Fragen und Hinweise enthielten, besaßen dagegen mehr didaktische Effizienz, bezogen auf die Eigentätigkeit der Schüler (S. 59 f.). Bei ausformulierten Texten hielten sich die Schüler bei der eigenen Wiedergabe des Inhaltes meist eng an die Kommentarformulierungen; diese werden demnach als „Fertigware" übernommen.
Weiterhin sollte der Kommentar durchaus auch Zusatzinformationen bereitstellen. Diese wirken lenkend und Aufmerksamkeit fördernd durch Eingabe weiterer, neuer Fakten, die zwar nicht im Bild dargestellt werden, aber zu seinem Verständnis notwendig sind. Bei entsprechender Auswahl der Zusatzinformation können neue Betrachtungsweisen zugänglich werden. Ein rein den Bildinhalt in beschreibender Weise wiederholender Kommentar wirkt dagegen langweilig und wenig motivierend.
Die Kommentarfunktion „Erfassung von Nichtsichtbarem" schließt hieran an. Allerdings ist die Gefahr groß, dass der Kommentar eine zu aktive Rolle übernimmt, d. h. der alleinige Vermittler von Informationen ist anstatt Bild unterstützend zu wirken. Daher wird man bei schwer visualisierbaren Inhalten, die dann allein über den Kommentar vermittelt werden, gezwungen Bildmaterial als „Füllstoff" oder mitlaufenden Hintergrund zu verwenden. Hier stellt sich dann die generelle Frage, ob unter diesen Umständen der Film überhaupt noch das optimale Medium für diesen Sachverhalt darstellt.

Zusammenfassend kann man damit den Kommentar in Abhängigkeit von seiner jeweiligen Funktion als „passiv" oder „aktiv" bezeichnen. Ein passiver Kommentar stellt Zusatzinformationen bereit. Wird z. B. im Bild ein Erntevorgang gezeigt und im Kommentar werden Durchschnittserträge pro Hektar oder die Dauer der Ernte genannt, so übernimmt er eine ergänzende, passive Rolle. Werden dagegen soziale Probleme in Städten angesprochen, im Bild parallel dazu nur Passanten gezeigt, so übernimmt der Kommentar die führende, aktive Rolle in der Informationsvermittlung (als Folge der mangelnden Bild-Kommentar-Kongruenz kann es jedoch durchaus sein, dass der Rezipient nur noch die Filmbilder betrachtet; vgl. die Ergebnisse von Fleming).

Für die Unterscheidung in aktiven oder passiven Kommentar ist also die parallel laufende Bildinformation entscheidend. Hierbei ist zu beachten, dass der Film immer primär ein optisches Medium ist. Dies zeigt sich eben auch darin, dass in der Darstellung optischer Informationen im Film keine Pausen möglich sind (höchstens durch Unterbrechung der Filmvorführung, wobei aber auch der Kommentar unterbrochen wird).

Die wichtigste *Funktion des Kommentars* ist also die Strukturierung der bildlichen Informationen. Folgende zwölf Konsequenzen sind hinsichtlich der Gestaltung des Kommentars für einen effektiven Unterrichtseinsatz eines Films wesentlich:

1. Falsch ist es, wenn das Filmbild als Begleitung allenfalls zur Vermittlung eines Eindrucks dient.
2. Dies kann auch den Versuch betreffen, im Raum ablaufende Prozesse und raumwirksame Faktoren im Film darzustellen, was häufig lediglich über den Kommentar erfolgt.
3. Der Kommentar darf nicht mit Informationen überfrachtet sein.
4. Eine Informationsüberfrachtung führt zu einer Zunahme des Abstraktionsgrades in der Darstellung.
5. Der Kommentar soll statt dessen der Aktivierung der selbstständigen Beobachtung, auch durch Zusatzinformation im Kommentar, dienen.
6. Nur bei Ermöglichung dieser Eigenbeobachtung der Schüler ist ein Film didaktisch günstig.
7. Filme sollen daher – als primär optisches Medium – nur Visualisierbares zeigen.
8. Bei einer Bild-Kommentar-Schere heben sich die Wirkungen beider Informationskanäle auf, sodass selbst die Lernerfolge durch den Kommentar ausbleiben. Dies zeigen auch Untersuchungen von Glogauer (1974), der festgestellt hat, dass Schüler, die nur den Ton von Fernsehsendungen ohne Bild hörten, bessere Lernergebnisse erzielten als die Kontrollgruppe, die Bild und Kommentar aufnahm, sich also nicht auf eine Aufnahmeart konzentrieren konnte (vgl. auch Stonjek 1978).
9. Der Kommentar bietet also den notwendigen Hintergrund (aber nicht mehr).
10. Er liefert die adäquaten Bezeichnungen und Problemstellungen (adäquat zum Gezeigten).
11. Eine konsequente Forderung aus dem Genannten ist die nach ausreichend langen Pausen im Kommentar, um den Schülern die Eigenbetrachtung ohne zu starke Vorwegnahme oder Ablenkung durch den Kommentar zu ermöglichen.
12. Als entscheidend für die Aufnahme durch den Schüler haben sich in empirischen Untersuchungen (Sek. I) folgende Punkte gezeigt (Kraatz 1994):
    – Kommentaranteil (etwa 30–40 % an der Sequenzzeit) im Verhältnis zum
    – Pausenanteil (entsprechend etwa 60–70 % Sequenzzeit)

- Anzahl und Länge der Pausen (etwa 4 Pausen je Sequenz, Schwergewicht auf Pausen über 15s)
- Anzahl und Länge der Sätze (etwa 6 je Sequenz, Länge 4-5s)
- Anzahl der Fachbegriffe (maximal 5 pro Sequenz)
- Problem leitende, zum genaueren Sehen auffordernde Formulierungen.

Forderung 3: Länge des Films/Transparenz im inhaltlichen Aufbau
Hier sind fünf Anforderungen zu nennen:
1. Beschränkung auf Wesentliches; nur wenige zu erarbeitende Begriffe im Rahmen eines überschaubaren Einzelprozesses (thematische Konzentrierung). Reine Aufzählungen oder Anhäufungen von (dann) nur oberflächlich angesprochenen Problemen oder Sachverhalten sind zu vermeiden. (Besser: Fortlassen einzelner Punkte, solange hierdurch die sachliche Richtigkeit nicht beeinträchtigt wird. Beschränkung auf dominierende Züge des jeweiligen Raums).
2. Für den Schüler eine klare, nachvollziehbare Sachgliederung (Sequenzen) vornehmen, verbunden mit klarer Lernzielbezogenheit.
3. Diese Sachgliederung muss über eine ebenso deutliche Folge der Filmsequenzen gewährleistet sein. Zumeist empfohlene Filmlänge: max. 15 min. Denn: „Kaleidoskop"-Filme sind kein optimales Medium; sie sind für den Erdkundeunterricht ungeeignet und daher abzulehnen. („Kaleidoskop": bloße Übersicht, additiv gereihte Einzelheiten, bloß aufgezählte Probleme).
4. Filmische Transparenz über
   a) deutliche (und begrenzte) Zielsetzung
   b) schwerpunktartige Sequenzen.
5. Ermöglichen von Transfer, und zwar
   a) räumlich (z. B. über [thematische] Karten)
   b) kognitiv (über ausgewählte Problemfelder)

Erläuterungen zu 4.: Der Lernerfolg ist dann hoch und die Rezipienten sind nicht gezwungen sich ein eigenes diffuses Referenzschema (z. B. positiv/negativ) zu schaffen. Untersuchungen haben ergeben, dass sich Schüler diese eigenen Ordnungsraster schaffen, falls der Film keine anbietet bzw. durch zu breite Themenstreuung und zu hohe Informationsdichte diese nicht ausreichend transparent macht (Kraatz 1994). Transparenz bedeutet im Zusammenhang mit dem Film: Nachvollziehbarkeit seines Aufbaus und seiner Ergebnisse für den Schüler, wofür Klarheit und Eindeutigkeit in seiner Gliederung (thematische Sequenzen) und seinen Zielnennungen (eindeutige Zielorientierung) notwendig sind. Auch Transfermöglichkeiten des Filminhalts müssen dem Schüler deutlich werden.

Forderung 4: Prozessorientierung
Hier sind besonders zwei Gesichtspunkte wesentlich:
• Erdkundefilme sollen prozessorientiert sein, d. h. ausgehend von Ergebnissen und derzeitigen Stadien eines im Raum ablaufenden Prozesses diesen

verdeutlichen, z. B. durch Darstellung und Vergleich einzelner beobachtbarer Zwischenstadien (z. B. Veränderungen im Laufe eines Fließgewässers, Vernichtung des tropischen Regenwaldes, Auswirkungen des Bevölkerungswachstums in Großstädten von Entwicklungsländern). Gleichzeitig wird hiermit ein wichtiges Unterrichtsverfahren, das Vergleichen, für den Schüler möglich.

Eine direkte Darstellung ablaufender Prozesse ist nur selten möglich, z. B. durch Trickaufnahmen oder Darstellung prozesssimulierender Experimente (Bsp.: Entstehung eines thermischen Windes).

- Bewegungen und dynamische Vorgänge dürfen nie Selbstzweck sein. Sie müssen der Erarbeitung oder Darstellung von wichtigen Punkten dienen. Hierbei können Kamerabewegungen unterstützenden Charakter haben (z. B. Übersichtsschwenk, Zoom etc.), sofern sie nicht zum Selbstzweck werden. Durch die Bewegungsdarstellung kann auch die Eindringlichkeit des Inhalts aufgrund größerer Realitätsnähe, z. B. bei Darstellung der Lebensweise von Menschen in bestimmten Räumen, erhöht werden.

3.9.5 Hinweise für die Unterrichtsarbeit mit Filmen

Die vorangegangenen Ausführungen geben bereits wertvolle Hinweise auf die Brauchbarkeit für spezielle Unterrichtssituationen. Im Folgenden geht es um zwei Hauptbereiche, die für den erfolgreichen Filmeinsatz wichtig sind:
1. Voraussetzungen auf der Schülerseite
2. Vorbereitungen/Voraussetzungen auf der Lehrerseite.

Voraussetzungen auf der Schülerseite
Auf der Schülerseite ist zu beachten, dass heutzutage Filme (Fernsehen) als Informationsmedien für die Schüler im weitest gefassten Sinne eindeutig dominieren (vgl. dazu Kap. 4). Dies bedeutet jedoch nicht, dass die Schüler deswegen in der Lage sind bewusst selbstständig Informationen aus Filmen zu beziehen, diese zu hinterfragen und in vorhandene kognitive Strukturen einzuordnen (vgl. 3.9.4). Das selbstständige Beobachten und eigenständige Gewinnen von Informationen muss also erlernt werden. Hier bietet es sich an, anhand einzelner Filme diese Fähigkeit einzuüben.

Bei allen Vorführungen geht es also stets um drei Zielebenen:
- Vermittlung von Tatsachenwissen
- Vermittlung von Wissen, das auf Verstehen angelegt ist (Erkenntnisgewinnung, Einsichten in Zusammenhänge) und
- Vermittlung von Wissen, bei dem es allgemein um die Erfassung von Prinzipien geistiger Arbeit geht (Sicherheit des Schülers im Umgang mit dem Film als Informationsquelle und entsprechender Gebrauch als Lernhilfe, „umgehen" können mit der Informationsquelle Film).

Dem dritten Punkt dienen zum einen konkrete Beobachtungsaufträge (s. u.), die je nach Fähigkeiten der Schüler enger oder weiter gefasst werden können und durch welche die Schüler Hilfen erhalten. Notwendig ist hierfür jedoch, dass der Kommentar diese Beobachtungen nicht vorwegnimmt (s. o.) bzw. die Schüler verleitet, wie bei einem Diktat den Kommentar zu notieren ohne noch auf die Filmbilder zu achten. Solche Beobachtungsaufträge lassen sich bei entsprechender Vorbereitung auch zusammen mit den Schülern erarbeiten (s. u. Leitfrage: Welche Informationen benötigen wir aus dem Film zu der zuvor herausgearbeiteten Fragestellung?). Zum anderen können auch allgemeinere Leitfragen oder Hypothesen die Funktion der Beobachtungsaufträge übernehmen, was schon eine gewisse Fertigkeit der Schüler in der Filmbearbeitung erfordert. Bei ungeübten Schülern bekommt der oben genannte dritte Punkt wesentliche Bedeutung.

Voraussetzungen auf Lehrerseite
Die wichtigste Voraussetzung ist, dass der Lehrer den Film kennt und ihn hinsichtlich seiner Eignung überprüft hat. Für diese Überprüfung wird im Folgenden eine *Checkliste* zusammengestellt. Diese Liste stellt einen Maximalkatalog dar; im konkreten Fall kann auch nach selbst gesetzten Schwerpunkten eine Überprüfung vorgenommen werden.

1. Überprüfung in didaktischer Hinsicht

a) Überprüfen der didaktischen Aufbereitung des Films, und zwar Überprüfung hinsichtlich:
   – Formulierung von Fragestellungen/Hinführung zum Thema;
   – Berücksichtigung des Schülerhorizontes (Erfahrungswelt, Bezug zum Leben des Menschen);
   – Berücksichtigung der Stufengemäßheit (Abstraktionsgrad);
   – Möglichkeit für die Eigenbeobachtung durch den Schüler;
   – Steuerung der Informationsaufnahme;
   – Kommentargestaltung.

b) Überprüfen der didaktischen Strukturierung, und zwar Überprüfung hinsichtlich:
   – Darstellung des inhaltlichen Zusammenhangs durch Verwendung von Hervorhebungen, Wiederholungen und Zusammenfassungen von Teilabschnitten;
   – Darbietungstempo und Intensität der Informationsvermittlung.

c) Überprüfen der didaktischen Funktion/des möglichen didaktischen Einsatzortes. Mögliche Funktionen:
   – analoge Stellvertretung der Wirklichkeit;
   – interpretierende Darstellung der Wirklichkeit;
   – Vermittlung von Wissen
   – Objektivierung von Lehrfunktion.

Damit zusammenhängend:
– Möglicher didaktischer Einsatzort:
a) Einstieg/Motivation
b) Erarbeitung
c) Vertiefung
d) Wiederholung/Zusammenfassung/Transfer
(in Anlehnung an Ketzer 1980 a u. Brucker 1982).

2. Überprüfung in fachlich-inhaltlicher Hinsicht

a) Überprüfen der fachgeographischen Ebene (Sachtypen)
Mögliche Schwerpunkte:
– allgemeingeographischer Schwerpunkt
– landschaftskundlicher Schwerpunkt (z. B. Monographien eines land-
schaftsgebundenen Prozesses oder eines Raumausschnitts mit schwer-
punktlicher Themenstellung, z. B. „Paris – Wandel durch Planung";
vgl. Nebel 1975)
– länderkundlicher Schwerpunkt (Übersichtsfilme)

b) Überprüfen der Inhaltskomplexität
Mögliche Komplexitätsstufen:
– Darstellung eines Einzelphänomens (z. B. Wind, Energiequelle)
– Verknüpfung mehrere Phänomene
a) einfach
b) komplex

3. Überprüfung in filmisch-formaler Hinsicht

Möglicher formaler Aufbau:
– Dokumentation
– Demonstrationsfilm (z. B. Experimente)
– Reportage
– Beobachtungsfilm (ohne Kommentar)
– Informationsfilm (Zusammenhänge u. Fakten vermittelnd)

Erläuterungen:
Zu 1a:
Bei der Formulierung von Fragestellungen und der Hinführung zum Thema ist
entscheidend, ob bei dem Schüler eine Betroffenheit oder Motivierung für die
Auseinandersetzung mit dem Thema oder dem zentralen Sachverhalt erreicht
wird, der Gegenstand also in den „Schülerhorizont" gehoben worden ist (vgl.
Birkenhauer 1987, S. 215 ff.). Dieses ist vom Alter abhängig. So widerspricht
z. B. eine genetische Abfolge bei der Betrachtung eines Sachverhaltes, wie sie

häufig bei wissenschaftlichen Betrachtungen angewandt wird, der kindlichen Denkweise. Ausgangspunkt muss also der jetzige, sichtbare Zustand in möglicher Verbindung mit der Erfahrungswelt der Schüler sein (also nicht das Bild einer Stadt um 1800, 1900, 1990, sondern eine Szene mitten aus dem heutigen Gefüge einer konkreten Stadt). Dies gilt auch bei Themen, die sich zunächst nicht unmittelbar in den Zusammenhang mit dieser Erfahrungswelt stellen lassen, bei denen aber dennoch ein Bezug zum Leben des Menschen hergestellt werden kann (z. B. durch eine entsprechende Leitfragestellung, wie: „Möchtest du dort wohnen?" bei einem Film über eine verkarstete Landschaft). Nur bei Berücsichtigung dieser Stufengemäßheit kann ein Film seine Adressaten erreichen. Auch der Abstraktionsgrad des dargestellten Filminhalts (z. B. der Schwierigkeitsgrad des Kommentars, Art und Anzahl der Fachbegriffe und Informationsdichte) ist wichtig (z. B. die Vielzahl von Begriffen in jedem einzelnen Satz des Oasen-Films der FWU; vgl Kratz 1994).

Zu 1 b:
Die Verwendung von Wiederholungen oder Zusammenfassungen gewährleistet, dass dem Schüler auch beim eventuellen Nichtverstehen einzelner Passagen ein Weiterverfolgen des Filminhalts ermöglicht wird. (Zusammenfassung z. B.: „Wir zeigen hier noch einmal alle Formen der glazialen Serie im Kartenbild.") Dieser Punkt muss nicht zu dem Vorhergenannten (Eigenbeobachtung) im Widerspruch stehen, kann doch z. B. eine Wiederholung eine Überprüfung oder Selbstvergewisserung der Eigenbeobachtung ermöglichen. Eine Vorwegnahme von schülereigenen Filmzusammenfassungen muss hieraus nicht resultieren. Es ist weiterhin zu berücsichtigen, dass die Filmbetrachtung eine „Einwegkommunikation" mit i. d. R. linearem Aufbau darstellt und Rückfragen oder ein Zurückblättern wie in einem Buch nicht möglich sind.
Hierbei muss auch bedacht werden, dass ein Rezipient Informationen nicht als solche aufnimmt, sondern sie immer schon selber zu Einheiten verbindet (z. B. über Gruppieren und Klassifizieren der Informationen). D. h., dass strukturierte Mitteilungen besser aufgenommen und so mehr Informationen auf einmal verarbeitet werden können (vgl. hierzu Fleming 1975), weil die Informationen eingeordnet und gespeichert werden. Dies setzt allerdings voraus, dass das Darbietungstempo und die Informationsdichte des Films nicht zu hoch sind, da ansonsten einzelne Informationen nicht mehr wahrgenommen werden und eine Einordnung nachfolgender Punkte schwierig ist (vgl. Oasenfilm). Die Folge ist, dass der Zusammenhang verloren geht und nur noch Einzelheiten aufgenommen werden.

Zu 1 c:
Da Unterrichtsfilme aufbereitete Sekundärerfahrungen bieten und ein Abbild der Wirklichkeit sein wollen, sie zudem ein Fertigprodukt mit – verglichen mit anderen Medien – wenig Einflussmöglichkeiten für den Lehrer sind, ist die Frage nach der möglichen Funktion des Unterrichtsfilms ein zentraler Punkt.
Die erstgenannte Möglichkeit (analoge Darstellung, i. d. R. Filmdokument ge-

nannt) ist eine gestaltungsfreie, naturgetreue Wiedergabe einer Bildabfolge ohne Schnitte, Kamerabewegungen, Zusammenfassungen, Fremdton (also nur filmimmanenter Ton) etc. Das Filmdokument stellt somit eine einzelne, in originaler Zeit zusammenhängende Filmaufnahme ohne weitere didaktische Aufbereitung dar. Es soll ein möglichst manipulationsfreies, originalgetreues Abbild der Realität geboten werden (z. B. Ablauf eines Experiments: Ansteigen des Grundwassers im Uferbereich eines Flusses bei Hochwasser).

Unterrichtsfilme erfüllen fast stets die zweite Funktion, wobei diese interpretierende Darstellung und Aufbereitung der Wirklichkeit immer auch gleichzeitig eine Manipulation bedeutet. Eine originalgetreue Abbildung im oben verstandenen Sinne wird hierbei nicht angestrebt. Die entsprechende didaktische Aufbereitung besteht in der Auswahl und Reduktion von Sachverhalten aus der komplexen ungegliederten Wirklichkeit, um so zu vereinfachen und zu verdeutlichen. Durch diese Umwandlung und Gliederung, die sich zwingend aus den angesprochenen Unterrichtsprinzipien ergeben, soll ein Sachverhalt für den Schüler durchschaubar und Probleme durch Lenkung der Aufmerksamkeit auf bestimmte Punkte erkennbar werden, wobei Einzelerscheinungen in einem größeren Sachzusammenhang erscheinen (z. B. Das Werden der Alpen).

Diese Funktion kann der Film aufgrund der filmtechnischen Mittel, z. B. der Kamerabewegung, erfüllen. Der Unterrichtsfilm hat demnach weit mehr Aufgaben, als nur optische Reize abzubilden, er muss mithilfe seiner Gestaltung zur Diskussion, zum Nachdenken anregen, Aktivitäten, Fragen herausfordern und so die Aufmerksamkeit steuern.
Eine weitere wichtige Funktion des Films ist die Vermittlung von Wissen (Unterscheidungen s. o.).
Eine nächste Aufgabe des Films ergibt sich schließlich durch die Objektivierung von Lehrfunktionen. Für den Lehrer stellt sich täglich die Frage nach geeigneten Unterrichtsmaterialien und -medien, die über den primär verbal ausgerichteten, lehrerzentrierten Unterricht hinaus eine direkte Begegnung Lehrgegenstand – Schüler ermöglichen. Der Lehrer leitet also die Vermittlung von Inhalten weiter an den Film. Ketzer (1978) bezeichnet entsprechend geeignete Filme als „lernzielorientiert", da sie als aktive Medien Lernziele vermitteln wollen und sie sich für bestimmte Funktionen (Veranschaulichung etc., s. o.) besser eignen als der Lehrer (z. B. die Filme „Landschaft am Rande der Alpen" oder „Quer über die Anden"). Demgegenüber verstehen sich die sog. „Enrichment-Filme" (z. B. Favelas von Rio) nur als Hilfsmittel zur Unterrichtsbereicherung und -ergänzung, wobei der Lehrer absolut bestimmend und Träger der Vermittlung von Lernzielen bleibt. Diese Filme bieten meist einen allgemeinen Überblick, sie können aber den Unterricht auch durch eine Überfülle von Informationen belasten.
Während der Lehrer bei den „Enrichment-Filmen" der Vermittler zwischen Gegenstand und Schüler bleibt, tritt er also bei den „lernzielorientierten" Filmen etwas in den Hintergrund (bedingt durch die „Fertigware" Film).

Die Grenzen zwischen den einzelnen o.a. didaktischen *Einsatzorten* sind fließend. Allerdings wird ein für den Einstieg gedachter Film einen eher offenen Charakter haben und hinsichtlich der Informationsdichte und der Verwendung von Fachinhalten und -begriffen, für die ein weiter gehendes Verständnis notwendig ist, eher zurückhaltend sein (z. B. der Anfang von „Quer über die Anden"). Die Hauptaufgabe für den Einstiegsfilm ist die Heranführung an ein Thema, wobei Grundsatzinformationen und -probleme vermittelt und dargestellt werden, auf die der weitere Unterricht aufbauen kann.

Für die Erarbeitungsphase ist der Informationsfilm typisch, der bestimmte Lerninhalte (z. B. Einsichten, Zusammenhänge, Sachverhalte) präsentieren und veranschaulichen soll und in seinem Inhalt entsprechend strukturiert ist. Er sollte auch Hilfen zur Lösungsfindung bei Problemen anbieten. Damit der Schüler mit diesem Filmtyp erfolgreich arbeiten kann, ist für den Film eine genaue Zielvorstellung, eine klare Gliederung und – vor allem – eine Begrenzung der Informationsfülle notwendig (z. B. „Landschaft am Rande der Alpen").

Ein für die Vertiefung geeigneter Film kann auf bereits vorhandenem Wissen aufbauen und vermittelt weiterführende Aspekte des Themas sowie zusätzliche Informationen. Hierdurch wird das bereits Erarbeitete aufgegriffen und für den Schüler bestätigt. Diese Filmform kann auch als Anstoß für einen Transfer auf ähnlich gelagerte Sachverhalte konzipiert sein. Nach Ketzer (1972, S. 64) wird der erdkundliche Unterrichtsfilm von den Lehrern vorzugsweise in der Vertiefungsphase eingesetzt, um mit dem Film – aufgrund seiner konkreten Anschauungsinhalte – das zuvor Besprochene zu veranschaulichen und die verbal erarbeiteten Ergebnisse zu überprüfen (z. B. „Der Kreislauf der Gesteine").

Ein zusammenfassender Film hat, im Unterschied zu den oben genannten Filmformen, immer einen eher abstrakten Charakter, da er Ergebnisse gruppierend und strukturierend aufgreift (die Hauptpunkte eines Themenbereiches werden hier häufig schematisierend zusammengefasst) und mit übergeordneten Gesichtspunkten verbindet (z. B. ein Film über Küstenformen).

Zu 2a: Keine Ausführungen notwendig.

Zu 2 b:
Während die Darstellung eines Einzelphänomens nicht an einen bestimmten Raum gebunden ist (wie z. B. bei einem Film über ein Stahlwerk), wird bei der Verknüpfung mehrerer Phänomene ein spezielles Raumbeispiel betrachtet, und zwar bei einfacher Verknüpfung nicht in seiner Gesamtheit, sondern hinsichtlich eines ausgewählten beobachtbaren Phänomens, das dominant und bestimmend für diesen Raum unter einer gegebenen Fragestellung sein kann. Dieses wird dann in seiner Verbindung mit einem oder mehreren beobachtbaren Phänomenen dieses Raumes dargestellt und erläutert (z. B. durch Vergleich; Beispiel: glaziale Serie im Alpenvorland). Bei komplexer Verknüpfung

wird dagegen ein bestimmter Raum mit allen beobachtbaren (Zusammenschau mehrerer verschiedener Sachverhalte gleichberechtigt nebeneinander) oder auch zusätzlich mit allen nichtbeobachtbaren Phänomenen in seiner Gesamtheit betrachtet. Hier müsste der Kommentar aufgrund der Stofffülle zunehmend die Hauptinformationsvermittlung übernehmen. Insgesamt wird dabei eine Verknüpfung der Einzelbereiche zunehmend schwieriger und die Gefahr einer additiven Zusammenschau ohne schwerpunktmäßige Fragestellung größer (Beispiel: länderkundliche Filme).

Vorbereitung des Filmeinsatzes

Nach dem Überprüfen des Filmes durch den Lehrer vor dem Filmeinsatz und Überlegungen zur Einbettung des Filmes in den Unterricht erfolgt die Vorbereitung des eigentlichen Filmeinsatzes, wobei sich auch hier ein strukturierendes Vorgehen anbietet. Für den Einsatz von Fernsehsendungen hat Koch (1980) eine Sequenz aufeinander folgender Phasen vorgestellt, die sich verändert auch für den Einsatz von Filmen allgemein im Unterricht eignet. Hiernach schließen sich folgende Schritte aneinander an:

1. Motivationsphase (Einführung in die Thematik des Films, Einstieg evtl. über andere Medien)
2. Problemstellungsphase (notieren z. B. an der Tafel)
3. Sensibilisierungsphase (Hypothesenbildung, Erarbeitung von Beobachtungsaufgaben oder Eingabe fertiger Aufgaben, Einteilung in Gruppen)
4. Informationsphase (des einzelnen Schülers)
   Unterteilt in:
   – Informationserfassung (Aufnahme der Filminformation)
   – Operationalisierung (selbstständige Verarbeitung der Information)
   – Kognitionsphase (Umsetzung der Ergebnisse in Aussagen, schriftliche Fixierung)
5. Relaxationsphase (spontane, freie Äußerungen zum Film, Kritik/Zustimmung)
6. Strukturierungs-/Ergebnissicherungsphase (Fragen zum Film, Klärung, Zusammenfassung, Strukturierung der Ergebnisse (Tafelbild), Vergleich mit der Zielangabe)
7. Vertiefungsphase (Vertiefung, Übung, weitere Informationen)
8. Transferphase (Erweiterung, Anwendung auf andere Beispiele)

Als Ziel der Vorbereitungen muss ermöglicht werden, dass die Schüler mit dem Film arbeiten und nicht den Film passiv rezipieren.

3.9.6 Unterschiede der einzelnen filmischen Präsentationsformen

Hier sind jeweilige technische und inhaltliche/didaktische Eigenheiten zu unterscheiden.

Technische Eigenheiten
- Fernsehen/Videoaufzeichnungen:
  - bei Tageslicht zu betrachten, allerdings schlechtere Bildauflösung als 16- u. 8-mm-Film
  - leichter zu bedienen (u. a. Fernbedienung)
  - Variationen der Vorführung möglich (Standbild, Vor- u. Zurückspulen, Unterbrechung etc.)
  - in der Regel längere Filmdauer als bei den anderen Formen
  - größerer apparativer Aufwand (Rekorder, Fernsehgerät)
  - kleine Bildfläche (Klassenraumgröße!)

- 8-mm-Film:
  - Arbeitsstreifen, d. h. kurze Filmdauer
  - leichtere Bedienung als beim 16-mm-Film
  - geringster apparativer Aufwand (leichte Projektoren)
  - Anschaffung über die Schule nötig (Kosten)
  - häufiger ohne Ton
  - ebenfalls relativ kleine Bildfläche
  - Verdunkelung nötig

- 16-mm-Film:
  - Bildfläche am größten mit höchster Auflösung (Filmformat!)
  - Verdunkelung nötig
  - technische Variation der Vorführung praktisch nicht möglich
  - nur über Bildstellen zu beziehen (Ausleihfristen)
  - schwere Projektoren, relativ umständlicher Aufbau

Inhaltliche/didaktische Eigenheiten
Fernsehen/Videoaufzeichnungen:
- Schulfernsehen/käufliche Unterrichtsvideos
  - als Unterrichtsfilm konzipiert
  - thematisch konzentriert (Länge selten über 30 Min.)
  - größere Aktualität als die Projektorenfilme
  - Schulfernsehen kostenneutral zu beschaffen (programmierbare Aufnahme)

- Allgemeines Fernsehen (Sendeanstalten):
  - nicht für Schüler konzipiert, keine didaktische Zielsetzung („Unterhaltungsware")
  - Vorführung in der Schule rechtlich nicht zulässig (trotzdem allgemein üblich)

– zumeist thematisch und zeitlich umfangreich (Länge meist 45 Min.)
– hohe Aktualität
– anhand der Sendungen kann bewusstes Fernsehen eingeübt werden (Bewertung und Herausfiltern des geographischen Inhalts)

- 8-mm-Film:
  – sehr eng begrenzte Thematik („Arbeitsstreifen")
  – gezielt in einzelnen Unterrichtsphasen einsetzbar (methodisch flexibler)
  – zumeist konzipiert als reiner Informationslieferant
  – geringe Einflussnahme auf die Unterrichtsstruktur

- 16-mm-Film:
  – wie das Schulfernsehen didaktisch für den Unterrichtseinsatz konzipiert
  – thematisch unterschiedlich aufbereitet (Angebot umfasst Einzelthemenbereiche ähnlich Arbeitsstreifen bis hin zu komplexen, umfassenden Darstellungen ähnlich Fernsehfilmen)
  – je nach Inhalt nur in bestimmtem Phasen einzusetzen
  – da inhaltlich zielorientiert aufgebaut, wird die Bearbeitungsform und Auswertung durch die Schüler oft vorgegeben (geringe Möglichkeit der Einflussnahme auf Informationsreihenfolge und Ablauf; gleiches gilt für Schulfernseh-Sendungen)
  – oft geringere Aktualität (teilweise veraltet, z. B. bei ökologischen oder wirtschaftsgeographischen Themen)

3.9.7 Das Medium „Film" im außerschulischen Bereich in seiner Bedeutung für die Schüler

Der enorme Filmkonsum in der Freizeit (vgl. Kap. 4) bringt für die Schüler sowohl Vor- als auch Nachteile.
Als Nachteil droht durch das Fernsehen eine Wirklichkeitsillusion, da ein ferner Raum scheinbar in eine persönliche Nähe geholt wird. So waren nach Wember 1976 schon 56 % der Zuschauer der Auffassung, dass Fernsehberichte wirklichkeits- bzw. wahrheitsgetreu sind.

Als Vorteile für die Rezeption von Filmen im Erdkundeunterricht lassen sich anführen:
– Üben des schnellen Erfassens gleichzeitig ablaufender, aber verschiedener Handlungen etc. in einer Filmsequenz (allerdings wurden nach Wember 1976 nur 20 % der wirklich entscheidenden Informationen von den Zuschauern verstanden bzw. behalten!).
– Kennenlernen und Aufbau eines größeren passiven Wortschatzes (Fremdwörter, z. B. englische Begriffe, Fachbegriffe).

Bezogen auf den Erdkundeunterricht ergeben sich folgende Gefahren durch das „Alltags-Fernsehen":
– Überbetonung der aktuellen, oft nur oberflächlichen Berichterstattung („News"-Sendungen), die zudem sehr punktuell ist.
– Überbetonung des Sensationellen und Kuriosen.
– Vermittlung eines eurozentrierten Weltbildes. Eine Auswertung der Sendungen von ARD und ZDF in einem Jahr ergab 191 Berichte über Europa mit Deutschland, 178 Berichte über die gesamte übrige Welt (vgl. Geiger 1982).

Aufgrund der großen Bedeutung des Fernsehens wird die Bewertung von Unterricht und damit auch von Unterrichtsfilmen durch die Schüler auf mehrfache Weise beeinflusst:
– Schule ist heute nur noch ein Informationsvermittler von vielem, gleichberechtigt oder sogar nachgeordnet.
– Schüler vergleichen das Informationsangebot (oder auch „Unterhaltungsangebot") des Unterrichts mit dem des Fernsehens.
  Hierbei gibt – wie die Erfahrung zeigt – das Fernsehen den Maßstab vor („Konkurrenzsituation").
– Schüler haben oft schon vor der unterrichtlichen Behandlung eines Themenkomplexes durch das Fernsehen allgemein Informationen hierüber rezipiert, ohne diese in vorhandene Wissensraster einordnen zu können („Halbwissen"), die sie aber als Erfahrung werten (Unterricht nicht mehr als „Erstanbieter").
– Der Erdkundeunterricht muss dieses Wissen aufgreifen und gezielt einordnen.
– Das Fernsehen bestimmt und beeinflusst die Sehgewohnheiten und den Umgang mit dem Medium „Film".

Die Folge dieser Entwicklung darf weder das Ignorieren des Fernsehens sein noch das Schaffen einer Konkurrenzsituation Fernsehen – Unterricht. Vielmehr besteht hierin eine Chance und Aufgabe für den Filmeinsatz in der Schule, indem der Film im Unterricht in einer anderen, für den Schüler nicht geläufigen Art und Weise eingesetzt wird.

So ist die Rezeption von Fernsehsendungen in der Regel gekennzeichnet durch folgende vier Verhaltensweisen, die sich auf das Verhalten der Schüler im Unterricht auswirken:
– Einweg-Kommunikation (monologisch; vgl. Ritscher 1985) ohne Möglichkeiten der Rückfrage oder des Vertiefens einzelner Abschnitte. Der Schüler wird mit der Verarbeitung der Information allein gelassen, eventuelle Kommunikationsbedürfnisse bleiben unbefriedigt.
– Eine gezielte Einordnung und ein Abgleichen der aufgenommenen Information ist nicht gewährleistet.
– Der Konsum der Inhalte der Sendungen erfordert in der Regel keine Arbeit (=Anstrengung). Entsprechend unterbleibt eine zielgerichtete Auseinandersetzung (Fragestellungen).

– Der Schüler wird mit einer Fülle an optischen und akustischen Eindrücken/ Informationen konfrontiert. Dies kann dazu führen, dass Schüler bei informationsüberladenen Filmen glauben viel gelernt zu haben, obwohl sie nach eigenen Angaben in einer Kontrollfrage zugeben große Teile des Inhaltes nicht verstanden zu haben (Kraatz 1994). Die Fülle und Abwechslung der Inhalte scheinen hier zu einer Fehleinschätzung zu führen.

Insgesamt hat sich die Situation des Mediums „Film" im Unterricht durch den Wandel im Medienangebot und entsprechend veränderten Erfahrungen und Sichtweisen der Schüler gewandelt.

Die Schulerdkunde ist davon besonders betroffen, da viele Sendungen auch geographische Informationen – allerdings zumeist unterschwellig – vermitteln (vgl. Geiger 1982). Hier besteht noch Forschungsbedarf, da das Fernsehen aufgrund seiner Bedeutung nicht ignoriert werden kann, sondern vielmehr von der unterrichtlichen Arbeit zur Kenntnis genommen und, soweit möglich, berücksichtigt werden muss, sei es als Informationslieferant (vgl. Theißen 1986) oder indirekt, um zu einer kritischen und gezielten Medienrezeption zu führen.

Literatur

Adelhoch, J./Diekmeyer, U. (1968): Über die Wirkung verschiedener Kommentarfassungen bei Unterrichtsfilmen. In: FWU (Hrsg.): AVA-Forschungsberichte, H. 1. München/Grünwald, S. 34–76.

Bauer, L. (1976): Einführung in die Didaktik der Geographie. Darmstadt.

Belster, H. (1967): Der Unterrichtsfilm im Wandel. In: Film, Bild, Ton, H. 12, S. 21–30.

Birkenhauer, J. (1971): Erdkunde. 2. Bd., 5. Aufl. 1980.

Birkenhauer, J. (1987): Über das Verhältnis von Fachdidaktik und Fachwissenschaft im Schulfach Erdkunde. In: Geogr. u. ihre Didaktik, 4/87, S. 212–218.

Bock, M. (1983): Zur Repräsentation bildlicher und sprachlicher Informationen im Langzeitgedächtnis – Strukturen und Prozesse. In: FWU (Hrsg.): AVA-Forschung, Bd. 25, S. 61–94.

Brucker, A. (1982): Unterrichtsfilm. In: Haubrich, H. et al.: Konkrete Didaktik der Geographie, S. 274–279.

Brucker, A. (1986): Handbuch Medien im Geographie-Unterricht. Düsseldorf.

Bürvenich, H. (1977): Schulfernsehen und Geographieunterricht. Diss. Pädagogische Hochschule Rheinland, Abtlg. Bonn. Bonn.

Diekmeyer, U./Gold, V./Steinack, J. (1970): Untersuchungen zur Informationsdichte bei Unterrichtsfilmen. In: FWU (Hrsg.) AVA-Forschungsberichte, Bd. 3/1, S. 5–39.

Fick, K. E. (1980): Die Funktion der Medien im lernzielbestimmten Geographieunterricht (Instrumentale Operationen). In: Kreuzer, G. (Hrsg.): Didaktik des Geographieunterrichts, S. 182–206.

Fischer, P. (1986): Der 16-mm-Unterrichtsfilm. In: Brucker, A. (Hrsg.): a. a. O., S. 293–307.

Fleming, M. I. (1975): Wahrnehmungsprinzipien für das Entwerfen von Lehrmaterial. In: FWU (Hrsg.): AVA-Forschung Bd. 13/1, S. 7–76 (Übersetzung aus: Viewpoints, Bulletin of the School of education, Indiana-University, 7/1970, Bd. 46, No 4).

Geiger, M. (1982): Vorwisssen durch Fernsehen? In: Praxis Geographie, H.1, S.10–14.

Glogauer, W. (1974): Zur Lernwirksamkeit des Schulfernsehens. Saarbrücken.

Haubrich, H. (1975): Fernsehen und Geographieunterricht. In: Freiburger Geogr. Hefte, 2, S. 63 ff.

Haubrich, H. et al. (1982): Konkrete Didaktik der Geographie. Braunschweig/München.

Haubrich, H. (1985): Schulfernsehen für den Geographieunterricht. In: Stonjek, D. (Hrsg.): Massenmedien im Erdkundeunterricht. – Vorträge des Osnabrücker Symposiums vom 13.–15. Oktober 1983 (= Geographiedidaktische Forschungen 14), S. 11–30.

Jander, L./Schramke, W./Wenzel, H.-J. (1982): Metzler Handbuch für den Geographieunterricht. Stuttgart.

Kaminske, V. (1988): Theorie und Praxis beim Einsatz der Videotechnik. In: Der Erkundelehrer in Baden-Württemberg. Mitt. d. Landesverbandes B-W des Verbandes Dt. Schulgeographen e.V., Nr. 7, 9/88, S. 5–6.

Ketzer, G. (1963 a): Form und Gestalt des modernen Unterrichtsfilms. In: FWU (Hrsg.): Film, Bild, Ton; H. 9, S. 20–28.

Ketzer, G. (1963 b): Die Typen des Unterrichtsfilms. In: FWU (Hrsg.): Film, Bild, Ton; H. 11, S. 4–11.

Ketzer, G. (1972): Der Film im Erkundeunterricht. In: Der Erdkundeunterricht, Heft 15. Stuttgart.

Ketzer, G. (1978): Der 16-mm-Tonfilm – Beispiel: Zwei Wüsten (322666, FWU)

Ketzer, G. (1980 a): Didaktische Innovationen beim geographischen Unterrichtsfilm. In: Praxis Geographie 10, H. 6, S. 246–251.

Ketzer, G. (1980 b): Der geographische Unterrichtsfilm im Wandel. In: Geiger, M. (Hrsg.): Super-8-Filme im Geographieunterricht. Bad Heilbrunn/Obb., S. 10–24.

Koch, R. (1980): Geographie in den Schulfernsehsendungen der ARD. In: Geographie im Unterricht, S. 500–504.

Kraatz, Th. (1994): Empirische Analyse erdkundlicher Unterrichtsfilme – Ein Beitrag zur geographiedidaktischen Medienforschung anhand ausgewählter Beispiele. Münchner Studien zur Didaktik der Geographie, Bd. 5. Lehrstuhl f. Did. d. Geographie, Univ. München.

Krauss, H. (1972): Der Unterrichtsfilm. Donauwörth.

Kurowski, E. (1980): Mehr Unterrichtserfolg durch gezielten Filmeinsatz. In: Praxis Geographie, H. 6, S. 270–276.

Mandl, H./Ballstaedt, S.-P. (1986): Wissenserwerb mit Text und Bildern. In: Deutsches Institut für Fernstudien (Hrsg.): DIFF-Journal, 8. Jg., Nr. 3/4, S. 2–4.

Nebel, J. (1975): Zum Filmeinsatz im Geographieunterricht am Beispiel „Paris – Wandel durch Planung". In: Freiburger Geographische Mitteilungen, H. 2, S. 76–121.

Newig, J. (1980): Wie man dem Lehrer die Arbeit mit Unterrichtsfilmen erleichtern kann. In: Praxis Geographie, H. 6, S. 242–246.

Ritscher, H. (1985): Analyse der Auslandsberichterstattung im Fernsehen als Methoden-Problem im Unterricht. In: Stonjek, D. (Hrsg.): Massenmedien im Erdkundeunterricht – Vorträge des Osnabrücker Symposiums vom 13. bis 15. Oktober (= Geographiedidaktische Forschungen, Bd. 14), S. 31–46.

Schramke, W. (1982): Medien. – In: Jander, L./Schramke, W./ Wenzel, H.-J. (Hrsg.): a.a.O., S. 196–214.

Schreiber, T. (1981): Kompendium Didaktik Geographie. München.

Stonjek, D. (1978): Schulfunk – das vergessene Medium im aktuellen Erdkundeunterricht. In: Hefte zur Fachdidaktik der Geographie, H.2, 2.Jg., S. 41–62.

Theißen, U. (1986): Arbeitsmittel. In: Köck, H. (Hrsg.): Handbuch des Geographieunterrichts, Bd. 1, S. 247–287.

Tulodziecki, G. (1975): Analyse und Beurteilung von fremdproduzierten Unterrichtsmedien als Grundlage ihrer Verwendung in Lehr- und Lernprozessen. In: Die Deutsche Schule, 67, 1977, S. 272–279.

Travers, R. et al. (1966): Studies Related to the Design of Audiovisual Teaching Materials. – Final Report USOE Contract 3–20–003, May, 1966. (Ohne Ort).

Wember, B. (1972): Objektiver Dokumentarfilm? (Erweiterter u. überarbeiteter Sonderdruck aus: Jugend, Film, Fernsehen, H. 2–3/1971). In: Northemann, W./Rathenow, H.-F. (Hrsg.): Didaktische Modelle 2, S. 3–80. Berlin.

Wember, B. (1983): Wie informiert das Fernsehen? 3. erweiterte Aufl. München.

Josef Birkenhauer

3.10 Verbundmedien

3.10.1 Allgemeines

Die Bezeichnung „Verbundmedium" bringt zum Ausdruck, dass es sich nicht um ein einzelnes Medium handelt, sondern dass mehrere Medien so miteinander verbunden sind, dass sie sich erstens additiv ergänzen, zweitens im Idealfall untereinander so verknüpft sind, dass zu einem spezifischen Thema komplexere Informationen möglich werden. Beispiele sind: Kombinieren von Wetterkarte und Satellitenbild um eine Wetterlage zu analysieren und zu verstehen oder von geologischer Karte und geologischem Profil um den Aufbau eines Gebirges, einer Schichtstufe usw. zu begreifen. Eine in diesem Sinne durchgestaltete Schulbuchdoppelseite ist somit ein Verbundmedium, weil hinter dem vorgenommenen Verbund eine bewusste Zielsetzung steht.

Von einem „Medienverbund" sollte man nur dann sprechen, wenn es sich darum handelt, verschiedene Medien wie Atlas und Schulbuch, Film und Atlas usw. neben- und nacheinander zu verwenden. Solche Verwendung ist eher zufällig, keineswegs zwingend geboten.

Bei den Autoren und Bearbeitern solcher Verbundmedien kann kaum davon ausgegangen werden, dass der Verbund auf der Grundlage gesicherten empirischen Wissens vorgenommen wird. Es liegen nämlich bisher nur wenige reflektierte Kenntnisse darüber vor, welche Medien ideal zueinander passen und wie bestimmte Medien so miteinander verbunden werden müssen, dass sie in ihrer Gesamtheit so und nicht anders den besten Informationsgewinn bieten. Immerhin ist trotzdem festzuhalten, dass der Verbund nicht zufällig ist, sondern aufgrund klarer Zielsetzungen erfolgt. Dies dürfte in den Ausführungen zu den einzelnen Verbundmedien in den folgenden Kapiteln deutlich zum Ausdruck kommen.

In der Regel bilden die Sachkenntnisse der Autoren und Bearbeiter die ausschlaggebende Basis.

An Gründen für Verbundmedien können im Wesentlichen drei ausgemacht werden, die zugleich Sinn und Zweck eines solchen Verbundes beschreiben:
1. die Unvollständigkeit eines einzigen Mediums im Hinblick auf
   – Veranschaulichung und möglichst umfassende Visualisierung
   – eine umfassendere Motivation
   – eine umfassendere Gewinnung von Informationen;

2. die didaktische Notwendigkeit zu abstrakteren Darstellungsformen hinzu-
führen (vgl. z. B. die Reihe konkretes Modell – Blockbild – Profil);
3. die Absicht, möglichst viele „Kanäle" anzusprechen (vgl. Kap. 2).

3.10.2 Kartogramm

Das Kartogramm ist ursprünglich eine Verbindung von Karte und Diagram-
m(en). Dabei bildet die Karte den zusammenfassenden und orientierenden
Rahmen und Hintergrund für die Diagramme, die jenen Stellen auf der Karte
zugeordnet sind, für die sie eine Aussage machen. Ein Kartogramm verbindet
somit mehrere lokalisierte Einzelmedien auf dem Hintergrund einer Karte zu
einem Aussageganzen. (Nach dem Muster: Hier ist es so, dort so … Aus dem
Vergleich ergibt sich …) Wegen der Möglichkeit Einzelinformationen zu einem
Aussageganzen zu verknüpfen, werden auch Grafiken anderer Form verwendet. Es können u. U. und je nach Aussageabsicht auch Ausschnitte von Fotos
und thematischen Karten „eingeschaltet" werden oder auch kurze Texte. Die
Karte als Hintergrund ist ebenfalls variabel (einfache Umrisskarte, topographische oder thematische Karte, Stadtplan). Das Kartogramm ist mithin ein sehr
variables Verbundmedium.

Diese Variabilität ist der wesentlich Grund dafür, weswegen die Grenzen zwischen Kartogramm und thematischer Karte fließend sein können. Vf. würde
beispielsweise eine Karte mit den Welthandelsströmen (z. B. bei Eisenerz:
Abb. 72) nicht als Kartogramm, sondern als thematische Karte bezeichnen.
(Engelhardt dagegen in Brucker 1986 rechnet solche Karten zu den Kartogrammen.)
Als ein Kartogramm würde Vf. allerdings Abb. 73 betrachten: Fläche und quantitative Aussage sind ineinander integriert. Nach etwas längerem Betrachten ist
ein solches Kartogramm sehr aussagekräftig.

Wie oben angedeutet, ist ein wesentlicher didaktischer Zweck des Kartogramms von vornherein die Möglichkeit Vergleiche zwischen verschiedenen
Orten anstellen zu können (z. B. Umfang und Art von Umschlägen in benachbarten Hafenstandorten) und dabei eine schnelle Informationsaufnahme zu gewährleisten.
Die Möglichkeit der schnellen Informationsaufnahme über Kartogramme
zwingt dazu, Inhalt und verwendete Diagramme bzw. Symbole und dgl. denkbar einfach zu gestalten. Auch für die Gestaltung von Kartogrammen gilt: Lieber zwei oder drei einfache als ein kompliziertes.

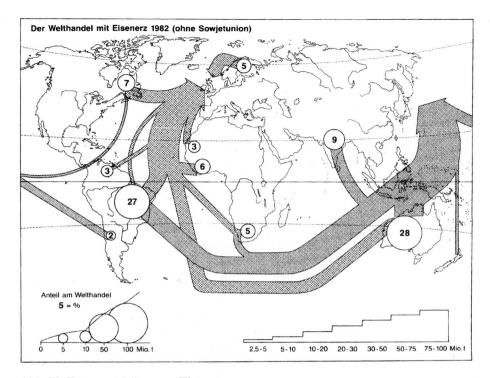

Abb. 72: Transportströme von Eisenerz
(nach: Volkmann, H.: Kiruna – Marionette der Weltwirtschaft? In: Praxis Geographie, H. 5, 1985.)

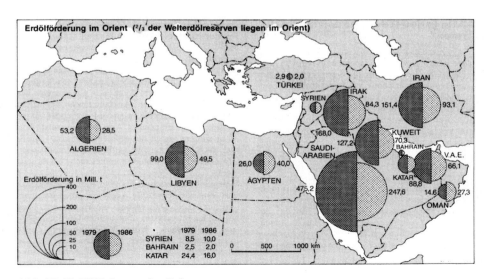

Abb. 73: Erdölförderung im Orient
(aus: Brucker, A. (Hrsg.): Orbis: Dritte Welt. München 1990.)

Ein einfach gestaltetes Beispiel ist die Abbildung 74. Sie zeigt die Planungsgrößen der Neustädte in den New Territories von Hongkong. Das Kartogramm würde noch an Aussagekraft gewinnen, wenn die Vergleichsquadrate für Kowloon und Hongkong Island hinzugefügt worden wären.

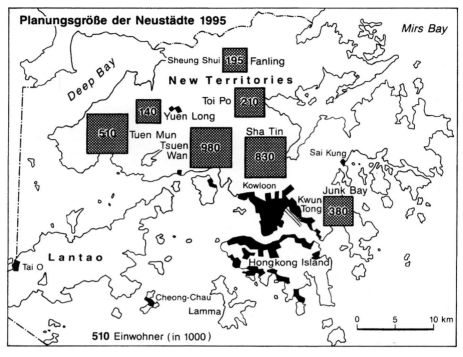

Abb. 74: **Planungsgröße der Neustädte im Territorium von Hongkong (nach: Bucholz, H. J./Schöller, P.: Hongkong. Braunschweig 1985.)**

Wegen der schnellen Informationsverarbeitung findet man Kartogramme vielfältig auch im Alltag und in den Printmedien, selten im Fernsehen.
Im Unterricht sind Kartogramme an verschiedenen didaktischen Orten verwendbar.
Werfen die Aussagen eines Kartogramms Fragen auf, so hat es Aufforderungscharakter. Der didaktische Ort ist dann der Einstieg.
In der Phase der Zusammenfassung sind Kartogramme für die Herstellung eines Transfers geeignet.
Systematische empirische Überprüfungen dazu, welche Art von Kartogrammen an welchem didaktischen Ort besonders geeignet sind, sind bisher nicht veröffentlicht worden. Auch fehlt es an Untersuchungen zur Altersgemäßheit von Kartogrammen. Fachlich-geographische Klassifikationen fehlen ebenfalls.

Literatur

Brucker, A. (1986): Medien im Geographieunterricht. Düsseldorf.

Büschenfeld, H. (1977): Das Kartogramm. Beiheft 4, Geographische Rundschau.

Hüttermann, A. (1979): Karteninterpretation in Stichworten. Teil II: Thematische Karten. Kiel.

Rinschede, G. (1990): Kartogramm. In: Böhn, D. (Hrsg.): Didaktik der Geographie – Begriffe. München.

Imhof, E. (1972): Thematische Kartographie. Berlin.

3.10.3 Tafel, Arbeitsblatt und Merkbild

Die Einordnung der Arbeitsblätter bei den Verbundmedien geschieht, weil auf solchen Blättern ebenfalls die verschiedensten Medienarten miteinander kombiniert sind: Texte, Faustskizzen, Profile, Blockbilder usw. Die Bezeichnung Arbeitsblatt hat sich eingebürgert, obwohl es häufig nicht der selbstständigen Erarbeitung von Sachverhalten dient, sondern der fortschreitenden Zusammenfassung von Ergebnissen. (Korrekter wäre daher in den meisten Fällen die Bezeichnung „Ergebnisblatt".)
Wegen dieses Zweckes wird das Arbeitsblatt häufig vom Lehrer erstellt oder ist vom Schulbuchverlag über Lehrerbuch bzw. Schülerarbeitsheft gleich vorgegeben.

Aufgaben des Arbeitsblattes im ausgeführten Sinn sind u. a. die folgenden:
1. Sicherung der erworbenen Kenntnisse und Einsichten
   z. B. Topographie: Einordnen können
   – Luv – Lee
   – intensiv – extensiv

2. Eröffnen eines Weges zum Transfer
   z. B. wo gibt es Gebiete mit Gemüseanbau? – warum?
   welches sind Gebiete natürlicher Gunst bzw. Ungunst? – warum?

3. Ermöglichen von Vergleichen
   z. B.
   – Entfernungen
   – Klimadaten

Beispiele für Arbeitsblätter (Entwürfe: J. Birkenhauer)

Huerta von Valencia

1. Merkmale einer Huerta
   Pflanzen: (große Vielfalt)
   Art der Landwirtschaft: (sehr intensiv)

2. Was ist eine Huerta?
   (eine Landschaft mit üppigem Gartenbau und Baumkulturen; Orangen)

3. Trage in die Tabelle die treffenden Klimamerkmale ein.

Jahreszeit	Merkmale
Sommer	(heiß, trocken)
Winter	(mild, feucht)

   Wie heißt dieses Klimagebiet? (mediterran)

4. Setze am Profil die richtigen Signaturen ein.

   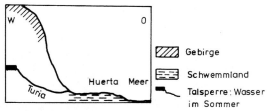

   Welche Bedeutung hat das Gebirge?

   _____

   Welche Bedeutung hat das Schwemmland?

   _____

5. Wie geht man mit dem Wasser um und warum?
   (Wasser ist kostbar, weil es im Sommer keinen Regen gibt. Daher sehr sorgfältiger Umgang)

6. Erkläre in der folgenden Abbildung die drei Signaturen.

   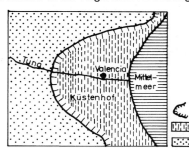

   1) (Abfall des Berglandes)
   2) (bewässert, üppig, hoher Ertrag, Orangen)
   3) (trocken, öde)

   Wie heißt die Form der Huerta? (Küstenhof)

7. Wie steht es mit Anbau und Ernte im Jahresverlauf? Warum?
   (andauernd; ganzjährige Wachstumszeit)

8. Wo gibt es ähnliche Gebiete mit mediterranem Anbau auf der Erde?
   Schraffiere die Gebiete auf der Weltkarte und benenne sie.
   (Kalifornien, Mittelchile, Kapland)

Der Gäuboden

1. Trage in die Faustskizze an den richtigen Stellen die Namen ein:
   Landschaft (Gäuboden)
   Hauptfluss (Donau)
   große Stadt (Regensburg)

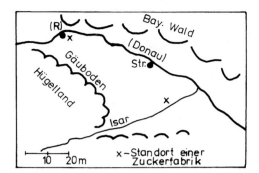

2. Merkmale eines Betriebes im Gäuboden
   Setze in der Tabelle die richtigen Wörter ein.

Maschinen	Arbeitskräfte	Feldpflanzen	Einkommen
(viele)	(wenig)	(Zuckerrüben, Weizen, Gerste)	(relativ hoch)

3. Nenne die natürlichen Voraussetzungen
   – Sonneneinstrahlung   (hoch)
   – Wachstumszeit   (lang)
   – Boden   (Löss, fruchtbar)
   – gute Eignung für welche Feldpflanzen
       (Zuckerrüben, Weizen, Braugerste)
   – Beckenlage   (Schutz, weniger bewölkt)

4. Nenne Gründe, warum der Gäuboden ein Gebiet landwirtschaftlicher Gunst ist.
   (Vergleiche die Aufgaben oben)

   _____

   _____

5. Wo finden wir in Deutschland weitere Gäue und Börden?
   Schraffiere sie auf der Deutschlandskizze!

   Um welche Landschaften handelt es sich immer?
   (Becken, Tieflandsbuchten)

Arbeitsblatt

Klimadiagramme

| Name: | | | | | | | | | | | | | Klasse: | | Datum: |

Klimadaten europäischer Stationen

	J	F	M	A	M	J	J	A	S	O	N	D	Jahr	
Neapel/Italien,	9	9	11	14	18	22	25	25	22	18	14	10	16	⌀ °C
68 m ü. M.	102	82	67	52	49	30	14	29	75	115	125	115	855	⌀ mm
Karlsruhe/BR Deutschland,	1	2	6	10	14	18	20	19	15	10	5	2	10	⌀ °C
112 m ü. M.	66	56	43	59	66	84	76	80	66	56	57	52	761	⌀ mm
Helsinki/Finnland,	−7	−7	−4	2	9	14	17	16	10	5	1	−3	4	⌀ °C
58 m ü. M.	49	34	32	41	38	47	68	71	70	72	61	58	641	⌀ mm

- Fertige aus den Angaben der Tabelle Klimadiagramme und erkläre sie!

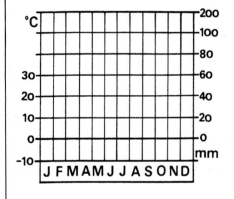
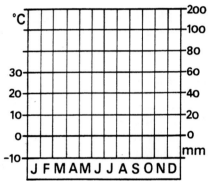

- Trage die Namen der drei Klimastationen in die Karte ein!

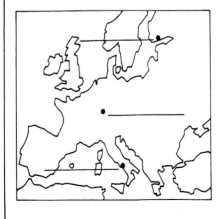
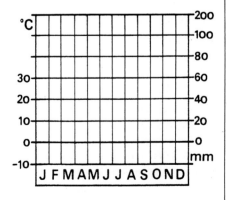

218

Die wesentlichsten Anforderungen an ein Arbeitsblatt sind:
– Kürze der Formulierungen und Merktexte
– Übersichtlichkeit
– Eindeutigkeit der Aufgaben und des Materials, an dem sie ausgeführt werden
– Variation der verwendeten Medien
– gelungene Zuordnung der Medien zueinander.

Bei der Erstellung eines Arbeitsblattes sollten von vornherein folgende Hauptfehler vermieden werden:
– zu großer Umfang
– fehlende Bereitstellung von für die Schüler notwendigen Informationen.

Beispiele: siehe Lehrerheft, Erdkunde, 7, Oldenbourg Verlag. München 1993.
– Wettergeschehen im Tiefdruckgebiet
– Land/Seeklima (17)
– Bildung von Mittelwerten (20)

Beispiel: Talsperren (Barth, Merkbilder, Tafel 43, S. 254)

Im Einzelnen werden auf Arbeitsblättern häufig folgende Medien verwendet:
• Lückentexte
  „Sandstürme können sich ungehindert (ausbreiten) und (Sand) emporwirbeln, weil jahrelang kein (Regen) fällt und daher die Wüste nicht mit (Vegetation) bedeckt ist."
• Profile: z. B. Harz in NW-SO-Richtung; in zugeordnete Kästchen am Profil sollen die Schüler die richtigen Begriffe eintragen (z. B. Luv, Lee, Steigungsregen, Föhn)
• Faustskizzen und stumme Karten, z. B. Nord- und Ostseeküste.
  An vorgegebenen Stellen sollen die Schüler die größeren Seebäder benennen können.
• Übersichtstabellen als Hilfen für die selbstständige Ein- und Zuordnung von Informationen aus einem Text:
  Gefahren der Wüste – Folgen
• Mehrfachwahlantworten
  Beispiel: Gefahren der Wüste
  – Sturmfluten
  – Sandverwehungen
  – Überschwemmungen
  – Verschütten durch Wanderdünen
  – Sturzregen
• Diagramme
  Vorgegeben sind zwei quadratische Flächen, die je einen Quadratkilometer im Rhein-Ruhr-Gebiet und einen Deutschlands symbolisieren. Je 100 Einwohner sollen die Schüler einen Punkt für die beiden Gebiete eintragen.
• Flussdiagramme
  Beispiel: Transportkette der Bananen von einer Plantage zum Verbraucher.
  Die einzelnen Stationen sollen selbstständig eingesetzt werden.

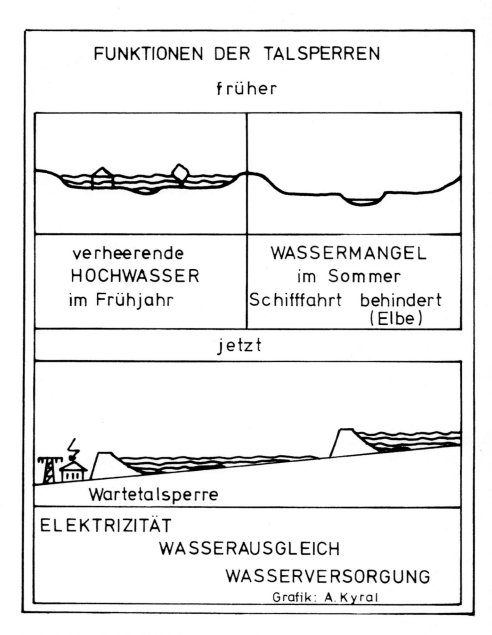

Beispiel für ein Merkbild (nach J. Barth)

3.10.4 Arbeitsmappen, Collagen

Bei den Arbeitsmappen, auch Schülermappen genannt, handelt es sich ebenfalls nicht um Mappen selbstständiger Erarbeitung durch die Schüler, sondern um angeleitete Nacharbeitung. In diesen Mappen werden zu einem Thema, das die Schüler über einen langen Teil des Schuljahres begleitet (das eigene Bundesland, Deutschland, Europa), die Arbeitsblätter gesammelt, angereichert durch „Plakate" und Collagen.
Zum Thema Deutschland können die „Plakate" beispielsweise aus einer Karte der Großlandschaften mit Fremdenverkehr und Landwirtschaft und aus einer weiteren Karte der politischen Gliederung bestehen, wobei jedem Bundesland das ausgeschnittene Wappen zugeordnet wird, jede Hauptstadt eines Bundeslandes durch ein charakteristisches Foto vertreten wird. Auch die Energieversorgung Deutschlands (Starkstromleitungen, Standorte großer Werke, Art der Stromgewinnung) kann als Collage dargestellt werden.

Bis in die 7. Klasse hinein (alle Schularten!) machen viele Schüler mit Freude und mit Fleiß mit und sind auch bereit zu Hause Zeit zu investieren. Für Hauptschüler stellen solche Mappen eine sehr gute Ergänzung dar und fördern einen hohen Lernerfolg. Lehrer an Realschulen und Gymnasien verzichten eher auf das Anlegen solcher Mappen. Doch auch in diesen Schularten unterziehen sich manche Schüler völlig freiwillig solch einer Aufgabe. Man sollte sie nicht hindern! Ihr Vorbild zeigt, dass es sich lohnt, die Schüler für diese Arbeit zu animieren.

Literatur
Rauch, M. (1969): Bücher und Mappen für Erdkunde – kritisch betrachtet. In: Unterricht heute, S. 20, 27 f.,113 f.,153 f.

3.10.5 Schulbücher

Schulbücher haben große Bedeutung. Dafür sind u. a. drei herausragende Gründe auszumachen:
1. Jeder Schüler wird chancengleich ausgestattet.
2. Sie sind das wirksamste Instrument den kultusministeriellen Fachlehrplan im Klassenzimmer umzusetzen. Denn nachgewiesenermaßen orientieren sich viele Lehrer am jeweiligen Schulbuch. Niemz (1989, S. 131) hat ermittelt, dass Lehrer mit einer Dienstzeit von 15-19 Jahren dieses am stärksten tun (73,6 %). (Vgl. auch die unten mitgeteilten Ergebnisse.)
3. Sie bieten dem Schüler die Möglichkeit den Unterrichtsstoff zu Hause nachzuvollziehen.

Schulbücher können in zweierlei Absicht konzipiert sein. Die erste Absicht besteht darin, nichts anderes zu tun als den Stoff lehrhaft zu vermitteln. Diese Art von Schulbüchern wird Lehrbuch genannt. Die zweite Art möchte die Schüler zu selbstständigen Erkenntnisprozessen führen. Ein solches Schulbuch heißt Arbeitsbuch. Es versucht den Schüler sozusagen mit der Sache ins Gespräch zu bringen. Es möchte Anregungen dafür geben, wie der Unterricht offen gestaltet werden kann.

Arbeitsbücher sind im Gefolge der Reformpädagogik (ab 1900, besonders ab 1920) in der beschriebenen Weise konzipiert worden. In der Umsetzung der reformpädagogischen Ideen kamen erstmals Fotos, stumme Karten, Diagramme usw. ins Schulbuch hinein – d. h. das Schulbuch wurde erst seitdem zu einem Verbundmedium. Seit 1945 ist ein solcher Verbund nach und nach immer selbstverständlicher geworden und beherrscht heute die Seiten vieler Erdkundebücher.

Die meisten Schulbuchwerke für Erdkunde verstehen sich dabei als eine gut begründbare und verstehbare „Kreuzung" aus beiden Konzepten: einerseits stellen sie Arbeitsmaterial bereit, andererseits müssen sie über Merktexte, Definitionen zentraler Begriffe und systematisierende Kurse den Lernerfolg sichern und zu Transferwissen führen.

Ein Entweder-oder (Erdkundebücher nach dem einen oder dem anderen Konzept) gibt es in Deutschland praktisch nicht mehr. Auffällig bei der Gestaltung der Schulbücher sind die Doppelseiten, die einem Themenblock gewidmet sind. Das Prinzip solcher Gestaltung hat sich seit ca. 1970 immer mehr durchgesetzt. Gerade bei einer solchen Gestaltung tritt der Charakter des Schulbuches als eines Verbundes besonders deutlich hervor, vor allem in einem medienintensivenFach wie der Erdkunde. Ein solcher doppelseitiger Themenblock soll einige wenige Lernziele in der Form eines geschlossenen Arbeitsblockes zugänglich machen und erfahrbar werden lassen.

Aufgrund der Untersuchungen von Rauch (1969) wie aber auch eigener intensiver Erfahrungen bei der Herstellung von Schulbüchern, Lehrerbänden, Arbeitsmappen und Programmen sind an Erdkundebücher die folgenden vierzehn Anforderungen zu stellen:

1. Hoher Informationswert: Texte, Fotos, Diagramme, Blockbilder usw.
2. Leichte Verständlichkeit und Lesbarkeit aller Texte, Aufgaben und Hinweise
3. Übersichtlichkeit der Seitengestaltung und der Textanordnung
4. Gute Gliederung der Seiten und der Texte
5. Gute und viele motivierende Möglichkeiten für den Schüler, selbstständig Erkenntnisse zu gewinnen (entdeckendes Lernen, originale Begegnung)
6. Klare Begrifflichkeit gewonnen durch gute Veranschaulichung und sorgfältige Begründung besonders hinsichtlich solcher Begriffe, die über die Schule hinaus Schlüsselbegriffe des Verstehens von Welt bleiben sollen; keine unreflektierte Aneinanderreihung von Begriffen
7. Herausarbeitung von anwendbaren Regeln in leicht merkbaren Wenn-dann-Formulierungen (Wenn Weinbau betrieben wird, dann …)
8. Offenlegen der Urteilsbildung und -findung; Abzielen auf eine zentrale Problemstellung; Lenken der Aufmerksamkeit durch „Aufmerker" (ad-

vanced organiser) (Du wirst in diesem Text kennen lernen ... Arbeite die Merkmale dafür heraus.)

9. Ausgewogenheit der Lernzielbereiche (kognitiv – affektiv – instrumental) Rauch fordert – zu Recht – z. B., dass alle Arten von Diagrammen und Tabellen über Aufgaben nach und nach und konsequent vertraut gemacht werden. Beschränkung auf wenige, deutliche Lernziele je Bucheinheit
10. Korrektheit bei notwendigen Vereinfachungen
11. Klare Trennung der verschiedenen Textsorten
12. Vorhandensein von Glossaren, Registern, Merktexten, systematisierenden Kursen, Übungs- und Kontrollfunktion
13. Erarbeitung von theoretischen Modellen (Selbstverstärkungskreise, zentrale Orte ...)
14. Gute Aufgabenstellungen

Zu den Aufgabenstellungen ist anzumerken, dass diese nicht so sehr auf ein bloßes Abfragen von Faktenwissen oder dem Erlernen detaillierter topographischer Sachverhalte abgestellt sein sollen (was leider noch der Fall ist), sondern dem Transfer, sei dieser nun „horizontal" („Wo gibt es diese Erscheinung(en) noch?") oder „vertikal" (Suche nach einem übergreifenden Modell, nach Einordnung). (Vergleiche zum Vorstehenden auch: Kirchberg 1980, Thöneböhn 1990.)

Mit den vorstehenden Kriterien ist ein Anforderungsprofil gekennzeichnet worden, das die unter den heutigen Umständen erreichbare ideale Norm einer Verwirklichung im Rahmen eines Schulbuchwerkes beschreibt. Nur dann, wenn die oben genannten Kriterien an ein Schulbuch erfüllt sind, kann das Schulbuch seine übergeordneten Funktionen wirklich erfüllen. Diese übergeordneten Funktionen sind oben bereits angesprochen worden. Der Übersichtlichkeit halber werden sie hier noch einmal zusammengestellt:

1. Strukturierung der Lehrplaninhalte so, dass der Lehrer bei der sinnvollen Einteilung des Unterrichts unterstützt wird.
2. Möglichst günstige Repräsentation der Unterrichtsinhalte.
3. Steuerung der Unterrichtsinhalte (siehe oben).
4. Motivierung der Schüler sich auch selbstständig mit dem Buch zu beschäftigen.
5. Einübung und Kontrolle des zu erwerbenden Wissens.

In der Regel geben sich die Autoren die allergrößte Mühe diese Norm zu erreichen. Wird ihre – oft riesige – Mühe auch gelohnt? Anders gefragt: wie sieht die Schulwirklichkeit aus? Man muss sagen: einigermaßen trostlos, sofern man die Ergebnisse zweier Einzelstudien verallgemeinern darf.

Zur tatsächlichen Benutzung der Erdkundebücher hat Thöneböhn (1992) Lehrer befragt und Krämer (1991) Schüler. Thöneböhn wählte einen qualitativen Ansatz und führte mit 18 Lehrern der Sekundarstufe I aller Schularten intensive Gespräche, in denen z. B. die letzte gehaltene Unterrichtsstunde sorgfältig rekonstruiert wurde. Vier Fünftel der Lehrer verwendeten selbstverständlich das Schulbuch, wobei sie dem Schulbuch eng folgten. Wie sie das machten, wird verständlich von der praktizierten, sehr monotonen Unterrichtsstruktur her: Erst wurde ein Stück im Buch still gelesen, dann darüber ein Gespräch geführt. Somit ist nicht die mehr oder weniger große Güte eines Schulbuches für seine Verwendung oder Nichtverwendung entscheidend, sondern allein die Entlastungsfunktion des Buches für den Lehrer. Darüber hinaus wird vom Buch erwartet, dass es zum Aufbau eines geordneten Wissens verhilft. (Da lohnt sich dann die Mühe der Autoren.) Krämer befragte 141 Schüler einer 9. Klasse Verwendet wurde in dieser Klasse das Buch „List Geographie", 9/10. 15 % der Schüler benutzten das Buch auch zur eigenen Lektüre zu Hause, aber eben 85 % nicht. In der Schule wurde das Buch überwiegend als Lesebuch gebraucht, so sagten 64,9 % der Schüler aus. Wie mit dem Buch als Arbeitsmittel umzugehen sei, wurde nur gelegentlich vom Lehrer erklärt (Angaben von 54,4 % der Schüler). 36 % der Schüler waren sich jedoch sicher, dass solche Erklärungen niemals gegeben worden waren.

Wie steht es nun mit der Verwendung von Medien eines konkreten Schulbuchwerkes? Gewählt wurde für eine solche Untersuchung das Werk „Erdkunde" (Gymnasien) des Oldenbourg Verlages. Analysiert wurden die Bände für die Klasse 6 und 11. Zunächst fällt auf, dass die Seiten der Klassenbände nach einem durchgehenden Prinzip gestaltet sind: es gibt eine breitere Textspalte innen (wobei der Text hier selbstverständlich ebenfalls Medium ist) und eine schmalere „Arbeitsspalte" außen. Ihr sind meist die weiteren Medien zugeordnet, sofern sie nicht zu viel Platz einnehmen. Weiterhin fällt auf, dass mit der Forderung Rauchs (schon 1969) ernst gemacht worden ist, Fotos großformatig dann zu verwenden, wenn sie Aufforderungscharakter besitzen und Anmutung vermitteln sollen. Solche Fotos sind einem jeden Kapitel konsequent zugeordnet. Sodann ergibt die Analyse das Vorhandensein von zwölf Klassen von Medien (wenn man die wenigen Abbildungen von Briefmarken ausklammert). Die folgende Tabelle zeigt, welche Anzahl der jeweiligen Medien sich in in den beiden Büchern findet.

Thematische Karten	Orientierungs-karten, Pläne	Fotos	Stiche, Karikaturen	Quellentexte
33	42	109	13	4
105	37	50	4	15

Schema-zeichnungen[1]	Diagramme	Tabellen	Profile[2]	Blockbilder[3]
25	32	23	12	10
48	106	50	65	35

tabellarische Über-sichten[4]	Logos	Medien insgesamt	Medien je Doppelseite
17	7	327	3,6
27	1	553	4,4

Tab. 18: Verwendung von Medien in einem Schulbuchwerk
(1. Zahlenreihe = Klasse 6; 2. Zahlenreihe = Klasse 11)
[1]) z. B. Schema der Standortfaktoren, Flussdiagramme
[2]) in Kl. 11 sehr viele geologische Profile
[3]) mit Landschaftsquerschnitt
[4]) z. B. Ordnung von Begriffen, textlichen Angaben u. dgl.

Vergleicht man einige Zahlenwerte (thematische Karte 33 : 105; Fotos 109 : 50; Schemazeichnungen 25 : 48; Diagramme 32 : 106; Tabellen 23 : 50; Profile 12 : 65), so kann angenommen werden, dass die Verteilung der Medien sowie die Bevorzugung bestimmter Medien altersgemäß und stufengerecht zu sein scheint.

Auch ist in der Regel eine Verknüpfung der Medien untereinander und mit den Aufgabenstellungen zum Text erreicht worden. Die im Ganzen als adäquat zu bezeichnende Anzahl der Medien pro Doppelseite unterstreicht dieses Urteil. (Die Autoren haben sich redliche Mühe gegeben, einerseits der Altersstufe, andererseits den Sachverhalten gerecht zu werden.) Leider sind bisher solche Analysen nicht gemacht worden. Eine systematischere Bearbeitung scheint sinnvoll zu sein. Auch müsste mit Schülern einmal erforscht werden, was aus einem solchen aufwendigen Medienverbund von ihnen wahrgenommen wird und warum, ferner was genau daraus aufgenommen wird und warum (und dgl.).

Eine Analyse des Erdkundebuches für Realschulen aus dem Oldenbourg Verlag für den Zeitraum 1984 – 1994 zeigt – bei etwas veränderter Systematik der Medien – eine Verteilung, wie in Tab. 19 dargestellt.

	1984/1985		1994	
	Kl. 7	Kl. 8	Kl. 7	Kl. 8
Bilder insgesamt	105	108	117	148
Boden	50	82	75	100
schräg	45	29	29	46
senkr.	0	0	3	1
Satellit.	10	6	1	1
Zeichnungen etc.	64	47	23	55
Tabellen etc.	8	17	23	24
Karikaturen etc.	0	8	3	6
Karten etc.	69	85	67	48
Gesamt	246	265	233	281

Tab. 19: Medien in einem Realschulwerk für Erdkunde

Insgesamt hat die Medienverwendung zugenommen – doch sind die konventionellen Medien (Karten, Fotos) sehr bevorzugt.

Literatur

Birkenhauer, J. (Hrsg.) (1983): Sprache und Denken im Geographieunterricht. Paderborn.

Birkenhauer, J. (1992): Akzeptanz von Begriffen im Erdkundeunterricht. Münchn. Stud. z. Did. d. Geogr., S. 3.

Birkenhauer, J. (1992): Aufmerker. Zeitschr. f. d. Erdkundeunterricht 12/1992, S. 440 f.

Brucker, A. (Hrsg.) (1986): Medien im Geographie-Unterricht. Düsseldorf.

Kirchberg, G. (1980): Das Arbeitsbuch. Prax. Geogr., S. 10.

Knütter, H. H. (1979) Schulbuchanalyse. In: Stein, G. (Hrsg.): Schulbuchschelte. Stuttgart, S. 156 f.

Kramer, F. (1991): Das Schulbuch im Geographieunterricht. GuiD, 19, S. 70 f.

Niemz, G. (1989): Das neue Bild des Geographieunterrichts. Frankfurt. Beitr. z. Did. d. Geogr., 11.

Rauch, M. (1969): Bücher und Mappen für Erdkunde – kritisch betrachtet. In: Unterricht heute, 20, S. 27f, 123f, 153 f.

Thöneböhn, F. (1990): Das Geographiebuch. Geogr. heute, S. 83.

Thöneböhn, F. (1992): Das Erdkundebuch: neuere Untersuchungen zur Bedeutung und Verwendung im Unterricht. Karlsruher Pädagogische Beiträge, 26, S. 60 f.

Volkmann, H. (1976): Lehrwerke für den Geographieunterricht in der Sekundarstufe I. Geogr. Rundschau, 28, S. 242 f.

Volkmann, H. (1986): Das Schülerbuch. In: Brucker, A. (Hrsg.): Medien im Geographie-Unterricht, S. 372 f.

Volkmann, H. (1986): Arbeitsbücher für den Geographieunterricht in der Sekundarstufe II. GuiD, 9, S. 114 f., 10, S. 58 f.

Volkmann, H. (1978): Das geographische Lehrwerk, Wirklichkeit und Forderung. In: Ernst, E., Hoffmann, G., (Hrsg.): Geographie für die Schule, S. 247 f.

Volkmann, H. (1978): Die Funktion des Schulbuches im lernzielorientierten Unterricht. Hefte z. Fachdid. Geogr., 2, S. 29 f.

Volkmann, H. (1988): Geographical textbooks and atlases as mirrors of curriculum development in the Federal Republic of Germany. In: Birkenhauer, J., Marsden, B. (Hrsg.): German Didactics of Geography in the Seventies and Eighties. München, S. 197 f.

Wieczorek, U. (Hrsg.) (1995): Zur Beurteilung von Schulbüchern. Augsburger Beiträge z. Did. d. Geogr., H. 10.

3.10.6 Museum

Das Museum ist der Ort, an dem Bereiche vergangener und/oder aktueller Realität teils dinglich, teils mithilfe anderer Medien dokumentiert und auf diese Weise jederzeit erfahrbar gehalten werden.

Die Exponate haben eine stellvertretende Funktion. Sie, im Verbund mit weiteren Medien, sollten im Idealfall so präsentiert werden, dass der Betrachter eine gelungene Vorstellung über den Zusammenhang des Exponates mit seiner jeweiligen Realität erhalten kann. (Auf diese Weise soll vermieden werden, dass Museen nichts als „Objektfriedhöfe" sind.)

In diesem Sinn sollen Museen besonders folgende didaktische Zielvorstellungen ermöglichen:

– Analysieren der Struktur eines Objektes
– Verstehen der Entwicklung eines Objektes
– bewusstes Genießen der ästhetischen Dimension
– Wecken von epistemischer Neugier (epistemisch: auf Wissen bzw. Wissenschaft bezogen). (Vgl. Vieregg et al., 1994, S. 39, 114)

Als Zielgruppe haben die Museumsbetreiber in der Regel den interessierten Erwachsenen im Visier. In den vergangenen Jahrzehnten ist nach und nach eine Museumspädagogik entwickelt worden, damit die Museen nicht zu Stätten werden, in denen Kulturgüter „verschwinden", sondern vielmehr die Exponate einer breiteren Besucherschicht zugänglich gemacht werden können.

Beispielsweise war der Reformpädagoge Kerschensteiner (1854 – 1932) als herausragender Berater für das Deutsche Museum in München tätig. An diesem Beispiel wird deutlich, dass Aufbau und Gestaltung eines Museums nicht in erster Linie durch Wissenschaftler vorgenommen werden sollten. Wissenschaftler neigen zu einer eher abstrakten Ordnungsschematik, die spezifisch für ihr Wissenschaftsfeld ist. Solche „Feldspezifik" stößt viele Besucher eher ab. Daher wird über die Museumspädagogik versucht das Museum zu einem Ort lebendiger Begegnung werden zu lassen. Leitprinzipien hierfür sind die sog. Problemspezifik und das Herstellen einer Verbindung zum Lebenshorizont der Besucher (z. B. über Wohnen, Arbeiten, Rollen, Familie, Kind – Erwachsener,

Mensch und Menschheit, Glaube und Sinn, Mode und Kleidung, Brauchtum, Essen und Trinken und Gegenstände der Esskultur, Staat, Umwelt, Landwirtschaft, Ökologie, Infrastruktur, Wandel der Presse und Plakate ...: vgl. Vieregg et al., 1994, S. 45–46).

Auf diese Weise kann das Museum auch für Schulen und Schüler zu einem attraktiven Ort des Lernens und Bildens, aber auch des Motivierens werden.

Nach einschlägigen Untersuchungen stellen Schulen und dgl. die Hauptbesuchergruppe dar. Hinzu treten die regelmäßigen individuellen Besucher (zu denen aber vier Fünftel der Bevölkerung nicht zählen).

Um Interesse und Anschauung zu erreichen, wird versucht eine Vielfalt von Originalen und Medien miteinander zu vernetzen:
– Originalexponate
– Kopien von Originalen
– konkrete Modelle
– Dioramen
– Blockbilder
– Texttafeln
– Fotos
– Diagramme
– Strukturskizzen
– Profile
– Flussdiagramme
– u. a. m.

Leider muss bezweifelt werden, dass solche Vernetzung gelingt, stellen doch Museumspädagogen ausdrücklich fest, dass die Museen dazu weitgehend unfähig sind (Vieregg et al., 1994, S. 47).

So vielfältig ein solcher Verbund auch sein kann, so sehr verleitet er indessen auch zu stetiger Ablenkung. Je mehr eine Präsentation optisch gelungen ist und hohen technischen Standards genügt, umso mehr wird ein bloß rezeptives, konsumierendes Verhalten verstärkt.

Untersuchungen haben ergeben, dass die durchschnittliche Verweildauer der Besucher je Objekt 8–9 Sekunden beträgt und nur 5 % der Objekte ein stärkeres Interesse wecken (Vieregg et al., 1994, S. 112).

Gegenüber einem bloß ästhetischen Genießen der Präsentationswirkungen ist es daher erforderlich, aktives Verhalten zu fördern: Suchen und Finden, Zuordnen und Eingruppieren, Entdecken und Vergleichen, Begreifen und Erkennen, Untersuchen und Erarbeiten (Ernst 1982). Dazu ist es jedoch notwendig, von der bisher geübten Form der bloßen Besucherbetreuung (bislang noch als effektivste Form des Museumsbesuchs ausgeübt) zu Formen zu gelangen, wie z. B. Detektiv- und Forscherspielen (Vieregg et al., 1994, S. 41).

In diesem Zusammenhang stellen sich weitere Fragen:

– Wie sollte das aktive Verhalten gefördert werden? (z. B. durch Führungen, Arbeitsblatt, schriftliches Fixieren und Zeichnen durch die Schüler?)
– Gibt es so etwas wie den idealen didaktischen Ort für einen Museumsbesuch mit Schülern? (Sollte z. B. erst eine originale Begegnung im Gelände stattfinden, der Besuch im Museum dann den Zusammenhang herstellen und Lernsicherung ermöglichen? Oder erst der Unterricht im Klassenzimmer erfolgen? Oder doch besser umgekehrt? Welcher von beiden Orten ist didaktisch effektiver: die Schule oder das Museum?)

Schließlich stellt sich die Frage, welche Rolle Museen für den Erdkundeunterricht spielen und spielen können.

Man denkt hier an Museen mit geologischen und landwirtschaftlichen Abteilungen, an Freilicht- und Industriemuseen, die aufschlussreiches Material für den Strukturwandel anbieten, an Heimatmuseen, die den Nahraum erschließen und verstehen helfen (können).

Es hat in Deutschland nur ein einziges Museum gegeben, das primär einen geographischen Charakter hatte. Dieses war das Deutsche Museum für Länderkunde in Leipzig. In diesem Museum ging es um die Erklärung von „Landschaften" und von landschaftlichen Zusammenhängen.

Um konkrete geographiedidaktische Erkenntnisse zu gewinnen, wurde mit Schülergruppen in bestimmten Museen gearbeitet. Als vorbildliches naturkundliches Museum wird das Museum „Mensch und Natur" in München gerühmt. Besonderes Interesse bei Geographen findet die Abteilung „Die Erde – ein unruhiger Planet" (Gebirgsbildung, Plattentektonik). In dieser Abteilung wird mit allen oben genannten Medien gearbeitet. Die Art der Präsentation erscheint vorzüglich. Wie aber „arbeiten" Schüler hier?

Eine Reihe von Schülergruppen (Klassen 5 und 6) sollte sich die Abteilung nur anschauen. Sie wurden dabei ständig beobachtet. Die Schüler zeigten keinerlei Interesse an Texten, kleinen Bildern. Sie steuerten allein sehr auffällige Objekte an: einen großen Globus, ein großes Diorama bzw. gingen zu Apparaturen, wo man über Knöpfe Lämpchen aufleuchten lassen konnte. Der Aufenthalt an diesen Objekten überschritt niemals mehr als drei Minuten; insgesamt dauerte der Aufenthalt in der ganzen, recht großen Abteilung nur 10 Minuten. Die Schüler dieser Gruppen konnten zu 95 % einen anschließenden Test nicht beantworten. Wesentlich besser schnitten alle Schülergruppen ab, die anhand eines schülernah gestalteten Arbeitsblattes mit konkreten Aufträgen innerhalb der Abteilung einen ganz bestimmten „Pfad" zurücklegten (vgl. Arbeitsblatt Museum „Mensch und Natur"). Der Test dieser Schüler fiel erheblich besser aus. Die Auswertung erbrachte indessen auch einen Aufschluss darüber, welche musealen Gestaltungen bei den Schülern „ankamen" und welche nicht. An Begriffen hatten sie z. B.: „Jurameer", „metamorph" (werden schlecht oder gar nicht erklärt) nicht verstanden. Sämtliche einfach strukturierten, klar erkennbaren Sachverhalte (z. B. Drift Indiens auf Asien zu) wurden gut reproduziert, alle komplexen, zu detaillierten und daher nicht eindeutig erfassbaren Sachverhalte (z. B. Alpenfaltung durch Aufschieben Afrikas, gefaltete Gesteine, Meeresmuscheln auf einem Berg heute) wurden schlecht erfasst.

Unterrichtsökonomisch erscheint daher ein Museumsbesuch dann vertretbar, wenn nur über ihn Ergebnisse erreicht werden, die in der Schule nicht erbracht werden können. Als Regel empfiehlt sich: kein Unterricht durch Museum allein. Besser ist: erst Unterricht in der Schule, dann Museum als Auffrischung und Wiederholung.

Freilichtmuseen werden häufiger „bessere Noten" erteilt. Vor allem Ernst (1992) ist ein engagierter Befürworter. Solche Museen vermittelten einen unvergleichlich hohen Grad an Anschauung, machten Spurensuche über den Wandel von Höfen und in der Nutzung der Landschaft möglich, ließen die Vielfalt der Siedlungsformen erkennen, Maßnahmen zur Dorferneuerung beurteilen, Einblicke in die bäuerliche und ländliche Arbeitswelt gewinnen.

Inwiefern solche Aussagen zurecht bestehen, wurde am Beispiel des oberbayrischen Freilichtmuseums Glentleiten im Rahmen des Lehrplanabschnittes „Strukturanalyse" mit Freiwilligen einer 11. Klasse (Gymnasium; Stadtschüler) überprüft. In der Tat waren die Schüler begeistert über die Möglichkeit zum selbsttätigen, entdeckenden Arbeiten. Sie gewannen die Einsicht – gegen alle städtisch-romantische Schwärmerei und Verklärung des Landlebens, seiner Schönheit und Naturnähe -, dass das Leben auf dem Land früher sehr hart war. Allerdings gelang es ihnen nicht, aus Einzelinformationen Schlüsse zu ziehen. Erst in der gemeinsamen Diskussion (die damit einen sehr hohen didaktischen Stellenwert erhält) waren sie in der Lage die Zusammenhänge überhaupt erst wahrzunehmen, ihrer gewahr zu werden (Versorgung mit Energie, Wasser, wenig Anfall von Abfall früher, Gründe dafür, Gründe für die wachsende Bedeutung des Nebenerwerbs, die sozialen Konsequenzen, die Technisierung und Mechanisierung der Landwirtschaft, deren Konsequenzen, der Rückgang der Almwirtschaft u. a. m.).

Der Wissenszuwachs wurde durch den Vergleich eines Vor- und eines Nachtests anhand identischer Items ermittelt. Trotz der Realbegegnung war der Wissenszuwachs bei 14 Items (von 34) ausgesprochen schlecht (z. B. Abwasser, Tiermist, Biomüll, Fäkalien, Umgang mit defekten Gegenständen, Nebenerwerb), nur bei 7 Items sehr gut (z. B. Wasserversorgung, Technisierung, Almwirtschaft).

Auch hier stellt sich somit die Frage: Lohnt es sich? Wenn man allein den kognitiven Bereich in den Vordergrund stellt, lautet die Frage nein. Sehr deutlich war dagegen der Gewinn im instrumentalen und affektiven Bereich.

Notwendig erscheint immer wieder, bei jeder Art von Museum:
– Formulierung konkreter Arbeitsaufträge
– Einbindung in den jeweiligen Unterricht.

> **„Wie sind die Alpen zum Gebirge geworden?"**
>
> Die einzelnen Teile der Ausstellung haben Nummern, z. B. 29, 16, 13, 15. Zu diesen Nummern gehst du jetzt nacheinander. Löse die Aufgabe.
> Los geht es mit Nr. 29.
>
> Vor Jahrmillionen, als die Dinosaurier noch auf der Erde wohnten, war dort, wo heute die Alpen sind, ein riesiges Meer voller Leben.
> - Welches Gestein bildete sich am Meeresboden?
>   (Kalkstein)
> - Wieso heißt das Meer "Jurameeer"?
>   Weil das Kalkgestein sich dort in der (Jurazeit) bildete
> - Woher stammt das Stück Kalkgestein neben dem Schaubild 29?
>   Aus dem (Jurameer)
>
> Geh zu Nr. 16.
> - Was passiert mit den Kontinenten ?
>   Die Kontinente (bewegen) sich.
>
> Und nun zu Nr. 13!
> Wenn sich die Kontinente bewegen, hat dies Folgen. Um welche Folgen es sich handelt, das siehst du an den drei Bildern rechts unten.
> Was passiert mit Indien?
> - Bild 1: (Indien wandert nach Norden)
> - Bild 2: (Indien stößt mit Asien zusammen)
> - Bild 3: (Zwischen Indien und Asien wird der Himalaya zusammengeschoben)
> Was mit Indien und Asien passiert ist, können wir mit Europa und Afrika vergleichen. Geh zu Nr. 15 und beobachte dort. Dann setze ein:
> - Afrika ist immer (näher) an Europa herangerückt.
> - Die (Alpen) sind entstanden.

Arbeitsblatt: Museum „Mensch und Natur", Abteilung „der unruhige Planet".

Literatur

Closs, H.-M., Gaffga, P. (Hrsg.) (1984): Schule und Museum (= Materialien zur Didaktik der Geeographie, 8). Trier.

Ernst, E. (1982): Schülerexkursionen im Museum. 17. Dt. Schulgeographentag Bremen 1980. In: Bremer Beitr. z. Geogr. u. Raumpl., 2, S. 312 f.

Ernst, E. (1992): Edukative Chancen und Lernziele im Freilichtmuseum. In: Birkenhauer/Neukirch (Hrsg.): Geographiedidaktische Furchen (= Münchn. Stud. z. Did. d. Geogr., 2,) S. 89 f.

Frank, F. (1995): Museum und Erdkundeunterricht. In: Birkenhauer, J. (Hrsg.): Außerschulische Lernorte. Geographiedidaktische Forschungen. Bd. 16. Nürnberg.

Kaminske, V. (1992/1993): Museumspädagogisches Arbeiten: Ein Unterrichtsprojekt mit der 11 c im Staatlichen Naturkundemuseum Karlsruhe. In: Jahresbericht des Bismarck-Gymnasiums, Karslruhe.

Kremb, K. (1986): Das Museum. In: Brucker, A. (Hrsg.): Medien im Geographieunterricht. Düsseldorf, S. 424–431.

Ströhlein, G. (1990): Vom Beobachten zum Verstehen – Museumspädagogik im Industriedenkmal „Historische Spinnerei Gartetal". In: Böhn, D. (Hrsg.): Geographiedidaktik außerhalb der Schule. (= Geographiedidaktische Forschungen, 19). Nürnberg, S. 56 f.

Schmeer-Sturm, M.-L., Thinesse-Demel, J., Ulbricht, K., Vieregg, H. (Hrsg.) (1990): Museumspädagogik. Baltmannsweiler.

Volkmann, H. (1984): Das Deutsche Bergbaumuseum in Bochum. In: Closs, Gaffga (Hrsg.): a.a.O., S. 81 f.

Vieregg, H., Schmeer-Sturm, M.-L., Thinesse-Demel, J., Ulbricht, K. (Hrsg.) (1994): Museumspädagogik in neuer Sicht. 2 Bände. Baltmannsweiler.

Weschenfelder, K., Zacharias, W. (1981): Handbuch Museumspädagogik. Düsseldorf.

Hartmut Volkmann

3.10.7 Atlanten

Definition

Im Jahre 1595 erschien in Duisburg eine systematisch aufgebaute Sammlung gleichartiger Karten als Buch. Sie stammte von Gerhard Mercator und wurde von ihm „Atlas" genannt, nach dem Himmelsträger Atlas, der nach der griechischen Mythologie das Wissen um Erde und Himmel in sich vereinte. Damit hatte Mercator eine Gattung begründet. Denn noch heute verwenden wir den Begriff für jede systematische Sammlung gleichartig bearbeiteter und als Buch zusammengefasster Karten, die über einen bestimmten Raum und/oder ein bestimmtes Themengebiet informieren sollen. Atlanten lassen sich gliedern

1. nach dem geographischen Bezugsraum in Himmels-, Erd- (Welt-), National-, Regional-, Heimat- und Stadtatlanten;
2. nach dem Gegenstandsbereich in topographische und Fachatlanten;
3. nach den Benutzern in Schul-, Haus-, Auto-, Planungs- und andere Atlanten;
4. nach der Art der Abbildung, wie z. B. Satelliten- und Luftbildatlanten.

Selbst Darstellungen eines Wissensgebietes mit zahlreichen Abbildungen, aber ohne Raumbezug zur Erde heißen gelegentlich Atlas, z. B. der Anatomieatlas. Umgekehrt verbergen sich „richtige" Atlanten zuweilen hinter der Bezeichnung „Foliothek", wenn dieser spezielle Medienträger wegen seiner besonderen methodischen Möglichkeiten hervorgehoben werden soll. Wesentlich klarer ist die Bezeichnung Elektronischer Atlas für die entsprechende Computersoftware.

Die Entwicklung von Atlanten

Der Diercke Schulatlas von 1900 entsprach noch weitgehend der Atlaskonzeption Mercators. Mit 157 Hauptkarten und 152 Nebenkarten (wir würden sie heute als thematische Karten bezeichnen) wurde ein möglichst umfassendes Bild der Erde gezeichnet. Nach einer Einführung in die Kartographie, der Darstellung des Sonnensystems und Sternenkarten folgten Karten der Erde und der Kontinente Asien, Afrika, Australien, Nord-/Südamerika und Europa. Den Schluss bildeten Karten von Deutschland. Ein Register fehlte.

Der 1992 erschienene Westermann Weltatlas folgte einer gänzlich anderen Konzeption. *„Das reine geographische Bild, wie wir es bisher gewohnt waren, ist tot für das Bedürfnis der Zeit. Dieses wünscht weniger alle Gebirge und Flüsse und möglichst viele Ortsnamen zu lesen, als es ein Bild zu gewinnen verlangt von den Lebensbedingungen eines dargestellten Staatengebildes oder Erdteils.*

So kommt dieser Atlas, der zum ersten Male in dieser Form Weltgeschichte, Weltgeographie und Weltwirtschaft vereinigt, einem dringenden Bedürfnis unserer Zeit entgegen. Die äußere Form und die kartographische und textliche Anlage waren durch die Aufgabe vorgezeichnet, aus der ungeheuren Fülle des Stoffes das Wesentliche herauszuarbeiten und das Wichtigste so darzustellen, dass es, ohne zu viel vorauszusetzen, in tunlichst knapper, übersichtlicher Art und dabei handlichem Format den praktischen Bedürfnissen eines jeden Kaufmanns, Industriellen, Politikers, Volkswirtes und überhaupt jedes Vorwärtsstrebenden, der erkannt hat, dass heute mehr denn je Wissen eine Macht bedeutet, genügen kann. (S. III)"

Diese Konzeption war aus vier Gründen sehr fortschrittlich:
1. Sie beschränkte sich nicht auf topographische Informationen.
2. Sie stellte die Lebensbedingungen in verschiedenen Regionen dar.
3. Sie berücksichtigte die praktischen Bedürfnisse wirtschaftender Menschen.
4. Sie entdeckte auch die außerschulische Öffentlichkeit als Zielgruppe.

Das Ergebnis waren 130 Karten und 117 Nebenkarten mit erläuterndem Text und einem alphabetischen Verzeichnis. Die rechtsseitig stehenden Karten wurden durch Texte, Tabellen, Grafiken auf der linken Seite ergänzt. Neben der Karte „Asien – Wirtschaft und Verkehr" standen beispielsweise Angaben über den Umschlag in den wichtigsten Häfen, über den Handel und Handelsflotten der bedeutendsten Länder sowie deren Erzeugung und Verbrauch wichtiger Güter. Die Weltkarte „Vegetationsgebiete, Getreidezonen und Meeresströmungen" erläuterten Beschreibungen der Vegetationszonen sowie statistische Angaben über die Hauptexporteure von Weizen und die jeweiligen Abnehmer.

Dieser Atlas erfüllte erstmals die Kriterien als Verbundmedium, d. h. er kombinierte die jeweiligen Möglichkeiten von Karte, Text, Grafik und Tabelle um sein Ziel zu erreichen, die Lebensrealität so genau wie möglich darzustellen. Er griff damit die ursprüngliche Konzeption Mercators auf, der seinen Atlas als Ergänzung zu einem Textband entworfen hatte.
In ähnlicher Weise, wenngleich mit einer anderen thematischen Orientierung versucht dies der 1985 „Große ADAC Weltatlas", dessen enzyklopädischer Teil den „neuesten Stand der Geowissenschaften im Hinblick auf die Entstehung der Erde, den Aufbau des Erdkörpers, die Veränderung während der Erdgeschichte, die Bodenschätze und Energiequellen, das Entstehen organischen Lebens, seine Evolution, die Mannigfaltigkeit seiner Formen bis hin zu den Einwirkungen des Menschen auf die natürliche Umwelt" (S. VII) darstellt und dabei Texte, Schaubilder, Zeichnungen und Fotos einsetzt. Der kartographische Teil zeigt sämtliche Gebiete der Erde, die deutschsprachigen in größerem Maßstab.
Grundlegende Veränderungen vor allem aus methodischer Sicht, aber auch unter inhaltlichen Gesichtspunkten ergeben sich durch die Verwendung neuer Medienträger. Folien ermöglichen es, Karten hinsichtlich ihrer Komplexität zu verändern durch das Overlay-Verfahren, d. h. durch Aufbautransparente. Noch weitgehender sind die Möglichkeiten von Atlanten auf elektronischer Basis, z. B. des Electronic Atlas of Canada die
1. in der einfachen Form herkömmliche Atlanten für die Bildschirmprojektion umsetzen,

2. die gespeicherte Karte hinsichtlich des Maßstabes und der Farben verändern,
3. nur eine Kartenbasis enthalten (Ländergrenzen, Gewässernetze), die mit eigenen, aktuellen Daten ergänzt wird,
4. wie ein Film dynamische Änderungen (z. B. von Perspektive und Maßstab) simulieren können (vgl. Siekierska/Taylor in Mayer 1990).

Atlanten für den außerschulischen Bereich
Von der Konzeption her wurde der Westermann Weltatlas von 1992 zum Vorläufer von Atlanten, die – in sehr unterschiedlicher Aufmachung – sich vor allem an die außerschulische Öffentlichkeit wenden und möglichst umfangreiche Informationen über Regionen unterschiedlicher Dimension (Ballungsraum, Provinz, Bundesland, Staat, Staatenbünde) bereitstellen. Das Spektrum reicht vom
- Fischer Informationsatlas Bundesrepublik Deutschland (3. Aufl. 1990), der im Taschenbuchformat auf 203 Seiten mit Karten, Grafiken, Texten und Tabellen Fragen beantwortet, „die sich jedem stellen, der sich für die Grundlagen, Bedingungen und die Vielfalt des Lebens in unserem Land interessiert" (S. 2) bis hin zum großformatigen
- Nationalatlas von Schweden (1989 ff.), der in 17 Bänden das Land für seine Einwohner und die Welt vorstellt. Jeder Band präsentiert mit Karten, Texten und Bildern ein spezielles Thema, z. B. den Wald, das Meer und die Küste, Kulturdenkmäler, kulturelles Leben und Erholung, Industrie und Dienstleistungen. (Die deutschen Hochschulgeographen planen für die Bundesrepublik ein ähnliches Werk). Dazwischen einzuordnen sind
- Der Große ADAC Weltatlas (1985)
- Der Deutsche Planungsatlas (1960–90) mit 10 Länderbänden,
- Die Topographischen Atlanten der Bundesländer,
- Luftbildatlanten einzelner Bundesländer (zumeist mit erläuternden Karten)
- Atlanten kleinerer Einheiten wie der geographisch-landeskundliche Atlas von Westfalen (1985 ff.).

Fachatlanten behandeln Teilbereiche, z. B.
- der Klimaatlas der einzelnen Bundesländer und der Bundesrepublik,
- historische Atlanten,
- Atlanten zur Wirtschaftsgeographie,
- der Deutsche Sprachatlas, der Krebsatlas, der Atlas zur Trinkwasserqualität der Bundesrepublik Deutschland und Straßenatlanten.

Geographische Atlanten für die Schule
Schulatlanten sind einerseits selbst Verbundmedien (s.u.), andererseits Teil eines Medienverbundes aus Schulbuch, Atlas und weiteren themenbezogenen, ausgewählten Medien. Im Sinne eines Medienverbundes sollen sie zwei Anforderungen erfüllen:
1. Die Einbindung der im Schulbuch vertieft betrachteten Raumbeispiele in regionale Zusammenhänge – sowohl topographisch wie thematisch. Beispiel:

Ein landwirtschaftlicher Betrieb muss sowohl hinsichtlich seiner Lage im Allgäu als auch der dort dominanten Grünlandwirtschaft einzuordnen sein. Folgerichtig müssen entsprechende Übersichtskarten vorhanden sein.

2. Das Anbieten bestimmter thematischer Detailkarten, die typisch für bestimmte Phänomene sind und daher einen Transfer von im Schülerbuch behandelten Fallbeispielen ermöglichen. Beispiele: ein Seehafen, ein Industriegebiet, eine Stadtentwicklungsplanung.

Im Sinne eines Verbundmediums umfassen die Schulatlanten einerseits die unterschiedlichsten Karten, zugleich aber enthalten sie auch Profile (z. B. geologische und pedologische), Diagramme, Schemata (der Wirtschaftsentwicklung bzw. Klimazonen). Durch die Transskription fremder Namen, die Register und Erläuterungen von Kartennetzentwürfen kommen auch textliche Elemente hinzu. Die Ansprüche an Schulatlanten werden wesentlich mitbestimmt vom Alter der Lernenden. Im Sinne der Schülerorientierung schlug Hinrichs (1970) vor sog. Stufenatlanten einzuführen, deren Karten das jeweilige Alter und damit auch das Erkenntnisvermögen der Lernenden berücksichtigen könnten. Aus wirtschaftlichen Gründen hat sich dieser didaktisch richtige Gedanke nur für die Grundschule durchgesetzt. Parallele Entwicklungen wie „Diercke Weltatlas" und „Heimat und Welt" berücksichtigen – unausgesprochen – eher Unterschiede zwischen den Schulformen.

Grundschulatlanten

Für den Sachkundeunterricht in der Grundschule legen die Verlage leichte, nur 40–60 Seiten umfassende Atlanten vor, die sich auf das jeweilige Bundesland konzentrieren und es mit Karten, Bildern und Texten vorstellen. Die ersten Seiten führen mithilfe von terrestrischen Aufnahmen und Luftbildern sowie Modellen in das Kartenverständnis ein. Auch die Darstellung auf Karten verschiedener Maßstäbe wird bereits thematisiert, notwendigerweise nur auf phänomenologischer Ebene, da das mathematische Verständnis fehlt. Beispielsweise wird eine Burg mit ihrer Umgebung auf der Deutschen Grundkarte und auf topographischen Karten mit verschiedenen Maßstäben gezeigt, wobei die Kartenausschnitte jeweils in die nachfolgende Karte eingezeichnet werden.

Teilregionen werden mit großmaßstäblichen Luftbildern und Karten, mit Grafiken etwa zur Erwerbstätigkeit und Fotos typischer Bauwerke oder Landschaften sowie Texten vorgestellt. Sofern Aufgaben zur Anlage von Skizzen und sogar zur Durchführung von Versuchen aufgeführt werden, ergibt sich ein fließender Übergang zum Schulbuch.

Grundschulatlanten sollten neben einer umfassenden Einführung in das Kartenverständnis mithilfe von Luftbildern und Karten verschiedener Maßstäbe, die den Lernenden als Vorbild für die Bereitstellung ähnlicher Materialien aus dem eigenen Schulumfeld und als Transferbeispiel dienen können, vor allem einfache thematische Karten enthalten. Diese sollten sich neben der topographischen Grundstruktur auf jeweils eine Informationsschicht (z. B. Flächennutzung, Industrie, Freizeit-Erholung-Kultur) beschränken um das Leistungsvermögen der Adressaten angemessen zu beachten. Neben topographischen und thematischen Karten des Bundeslandes und wichtiger Teilregionen (u. a. der Landeshauptstadt) ist es hilfreich, wenn die Atlanten zur Orientierung über das eigene Bundesland hinaus auch physische Karten der Bundesrepublik sowie von Europa und der Erde aufweisen. Unerlässlich neben dem Zahlenmaßstab ist die Maßstabsleiste; das Gleiche gilt für ein Namensregister mit Koordinaten um frühzeitig die Orientierung auf der Karte einüben zu können.

Atlanten für die Sekundarstufen

Im Gegensatz zur Primarstufe umfassen die Sekundarstufen ein sehr heterogenes Altersgruppenspektrum. So müssen die Atlasredaktionen sehr unterschiedlichen Voraussetzungen und Ansprüchen gerecht werden. Die curriculare Diskussion Ende der 1960er-Jahre hat ihre Inhalte und ihr Erscheinungsbild nachhaltig verändert. Die einstige Dominanz physischer Karten wich dem Primat thematischer Karten (vgl. Tab. 20/Quelle: Mayer, F. 1992 b, S. 20).

Prozentanteile am jeweiligen Kartenumfang (gerundete Werte)	Periode I von 1945–1969	Periode II von 1970–1979	Periode III von 1980–1989
Physische Karten	46	23	24
Thematische Karten davon:			
– Thematische Karten zur Physischen Geographie	11	8	10
– Thematische Karten zur Wirtschafts- und Sozialgeographie	32	50	43
Fallbeispiele bzw. Regionalstudien	4	12	16
Thematische Karten insgesamt	47	70	69

Tab 20: Durchschnittliche Anteile wichtiger Inhaltselemente deutschsprachiger Schulatlanten

Zugleich nahm der Anteil der Fallbeispiele bzw. Regionalstudien deutlich zu. Die Konsequenz daraus: Während vor 1970 der Atlas ein Buch war, dessen Informationen über lange Zeit hin Gültigkeit behielten, machte die stetig kürzer werdende „Verfallszeit" der wirtschafts- und sozialgeographischen Daten eine häufige Überarbeitung notwendig. Dies gilt umso mehr, da die Weltatlanten für die Sekundarstufen zunehmend zu Medienverbünden wurden, d. h. außer Karten nun auch Statistiken, Grafiken und Profile enthalten. Bei den hohen Kosten für die Überarbeitung eines Atlas ist verständlich, dass die Verlage die frühere Situation zurückwünschen und einer funktionalen Arbeitsteilung von Atlas und Schülerbuch das Wort reden. „Das Schulbuch kann die passgenauen, altersgemäßen Karten im Kontext der anderen geographischen Arbeitsmittel (Text,

Bild, Grafik, Statistik usw.) zum geforderten Thema bereitstellen. Der Atlas ist daneben das Kompendium, in dem sich das Raumkontinuum allgemein und im Blick auf wichtige Themen übersichtlich präsentiert. Diese Stärken des Atlas sollten wieder deutlicher als bisher herausgearbeitet werden." (Altemüller 1992, S. 208).

Diese Zielsetzung ist sinnvoll und wird durch die Tatsache gefördert, dass inzwischen alle großen Schulbuchverlage zugleich über leistungsfähige kartographische Abteilungen verfügen. Eine Absprache zwischen beiden Redaktionen kann leichter erfolgen als zwischen unabhängigen Verlagen. Die grundsätzlich berechtigte Forderung nach „großräumigen thematischen Übersichten (in Atlanten), in die sich Einzelinformationen einordnen lassen" (Altemüller 1992, S. 208) stößt jedoch an eine Grenze bzw. überschreitet sie, wenn die Räume zu groß gewählt und die Generalisierung zu weit getrieben wird. Schwerindustrie und Metallverarbeitung zu einer Signatur zusammengefasst, fehlende quantitative Angaben und eine schlechte Lagegenauigkeit der Signaturen lässt den Informationswert der Atlaskarte gegen Null gehen.

Anforderungen an Schulatlanten

Der Atlas sollte nicht nur in der Theorie, sondern auch in der Praxis ein Leitmedium im Erdkundeunterricht sein. Um dies zu erreichen, sollte er folgende Kriterien erfüllen.

1. Physische Karten mit möglichst vielen topographischen Namen um Orte und Detailkarten räumlich einordnen und einen topographischen Raster entwickeln zu können.
2. Eine Vielzahl thematischer Übersichtskarten und exemplarischer Detailkarten. (Hierzu werden nach der Aufzählung der Kriterien unten weitere Angaben gemacht.)
3. Die systematische Gegenüberstellung von Räumen (z. B. Industriegebiete, Stadtregionen) im gleichen Maßstab und vergleichbare Darstellung von Geofaktoren (z. B. Klima und Vegetation, Böden und Bodennutzung) für Ländergruppen bzw. Kontinente.
4. Eine Ergänzung der Karten durch Profile und Diagramme, z. B. bei Boden- und Klimakarten.
5. Die Möglichkeit die Einordnung von Ländern und Regionen in größere Landschafts- und Wirtschaftsräume, z. B. der Benelux-Länder in den west- und mitteleuropäischen Raum.
6. Berücksichtigung des tertiären und quartären Wirtschaftssektors.
7. Die Darstellung dynamischer Entwicklungen, z. B. Migrationen, Wandel ländlicher/ städtischer Siedlungen.
8. Eine Darstellung des Raumpotenzials, z. B. von Bodenschätzen (auch wenn diese noch nicht genutzt werden).
9. Gut lesbare Signaturen, die auch quantitative Differenzierungen erlauben und Teil einer begrifflichen Systematik sind mit hinreichend inhaltlicher Trennschärfe (bei der Chemischen Industrie z. B.: Chemie, Pharmaindustrie, Reifenindustrie, Erdölraffinerie).

10. Kein Signaturenwechsel bei Generalisierungen, sondern begriffliche Zusammenfassung, z. B. Seebad + Kurort = Fremdenverkehrsort.
11. Ganzzahlige, leicht miteinander vergleichbare Maßstäbe, z. B. 1:500.000, 1:1.500.000, 1:6.000.000 sowie entsprechende Maßstableisten.
12. Gute Erschließung durch klare Gliederung (vom Nahen zum Fernen), Kartenübersichten, Orts- und Sachregister, Kartenquerverweise.
13. Hinweise für die richtige Aussprache fremdsprachiger Ortsnamen durch Lautschrift.
14. Textband mit Hinweisen auf die Kartengestaltung, Interpretationen, zusätzliche Informationen und weiterführende Literatur.
15. Jährlich erscheinende Statistiken, die die Karten ergänzen und in begrenztem Maße aktualisieren.

Hinzutreten sollten zum Atlas:
– ein Textband mit Hinweisen auf die Kartengestaltung, Interpretationen, zusätzliche Informationen und weiterführende Literatur, sowie
– jährlich erscheinde Statistiken, die die Karten ergänzen und in begrenztem Maße aktualisieren.

Der subjektive Eindruck wird durch die gründliche Studie von Thöneböhn bestätigt. „Das zeit der curricularen Phase zunehmende und derzeit hohe Angebot an thematischen Karten im Schulbuch hat den Atlas in eine randständige Position verbannt" (1996, S. 292).

Der Atlas im Erdkundeunterricht

Wie steht es nun mit der tatsächlichen Benutzung von Atlanten im Unterricht? Aufgrund einer bundesweiten Umfrage zur Praxis des Geographieunterrichts in der Sekundarstufe I kommt Niemz zu dem Schluss: „Das Lehrbuch hat seine bisher vorherrschende Position an den Atlas abgegeben müssen."(1989, S. 128). Als Gründe führt er insbesondere „die Unzufriedenheit vieler Lehrkräfte mit dem eingeführten Lehrbuch" und dem „hohen Anteil thematischer Karten in neueren Atlanten" (1989, S. 128) an. 85 % der Lehrer an Gymnasien gaben an, den Atlas häufig im Unterricht einzusetzen. Unmittelbare Beobachtungen im Unterricht ergeben ein anderes Bild: Atlanten werden nur selten genutzt. Die Diskrepanz lässt sich auf mehrere Gründe zurückführen:
– Die Befragung war eine Selbsteinschätzung, die zweifellos vom „didaktischen Gewissen", d. h. vermuteten Erwartungen beeinflusst wurde.
– Schüler und Eltern tendieren dazu, das Tragen des Atlas zur Schule zu vermeiden.
– Die zahlreichen Karten in Schulbüchern erleichtern bzw. fördern den Verzicht auf die Benutzung des Atlas. (Allerdings: Die Bücher enthalten überwiegend einfache Detailkarten, ihnen fehlen zumeist die großräumigen Übersichtskarten, die den Atlanten vorbehalten sind.)

Die immer wieder beklagten unzureichenden Topographiekenntnisse der Schülerinnen und Schüler sind ein untrüglicher Beweis, dass Atlanten vielfach nur episodisch und nicht systematisch im Unterricht verwendet werden.

Der Einsatz im Lernprozess kann unterschiedliche Zielsetzungen verfolgen; beispielsweise
- das Lokalisieren eines Ortes, eines Fallbeispiels, einer Region auf einer physischen Karte,
- die Einordnung eines Fallbeispiels in einen größeren Natur- und/oder Wirtschaftsraum,
- den Vergleich einer Stadt/Region mit (einer) anderen,
- die Erarbeitung der naturräumlichen, Siedlungs-, Wirtschaftsstruktur eines Landes, eines (Sub-) Kontinents,
- das Sammeln aller verfügbaren Informationen mehrerer Karten über einen durch aktuelle Ereignisse interessierenden Teilraum (Ausschnitt einer Karte), z. B. den Kaukasus,
- das Erklären natürlicher oder wirtschaftlicher Ereignisse mithilfe mehrerer Karten, z. B. Erdbeben, Bodennutzung und ihre natürlichen Voraussetzungen und zeitlichen Veränderungen,
- der Transfer von einer Fallstudie auf vergleichbare Situationen, z. B. Börde » Gäu.

Die Sozialform des Lernens wird bestimmt von der Art des Medienträgers der Karten, Diagramme und Profile: die Buchform. Sie ermöglicht Einzelarbeit (z. B. bei Hausaufgaben oder Klausuren) und Partnerarbeit. Die Arbeit in der Klasse wird erleichtert, wenn der Atlas auch als Transparentversion vorliegt. Während Transparente die Kommunikation durch Zeigen auf der zentralprojizierten Karte fördern, erlauben die auf Tischen liegenden Atlanten auch Details zu erkennen und durch Hochzeichnen einzelne Informationsschichten hervorzuheben.

Literatur

Altemüller, F. (1992): „Alexander" und „Terra" – Schulkartographie in Atlas und Schulbuch. In: Mayer (1992a), S. 206–213.

Birkenhauer, J. (1971): Erdkunde. 2 Bde. Düsseldorf.

Closs, H. M., Gaffga, P. (1985): Schulatlas und Atlasarbeit. In: Geographie heute 6, Heft 34, S. 4–11.

Dloczik, M., Schüttler, A., Sternagel, H. (1990): Der Fischer Informationsatlas Bundesrepublik Deutschland. Frankfurt/Main.

Fick, K. E. (1992): Luftbildatlanten in fachlicher, didaktischer und unterrichtsbezogener Sicht. In: Brogiato/Cloß (Hrsg.): Geographie und ihre Didaktik. Teil 2, Trier, S. 327–348.

Haubrich, H. (1988): Der Schulatlas. Eine geographisch-didaktische Analyse. In: Geographische Rundschau 49, Sonderheft 10, S. 4–8.

Hinrichs, E. (1970): Schule – Schüler – Schulatlanten. Ein Plädoyer für den Stufenatlas. In: Der Erdkundeunterricht, Heft 11, S. 3–15.

Mayer, F. (Hrsg.) (1992 a): Schulkartographie. Wiener Symposium 1990. Wien (= Wiener Schriften zur Geographie und Kartographie 5).

Mayer, F. (1992 b): Schulkartographie heute – Entwicklungsstand und Zukunftsaspekte. In: Mayer (1992 a), S. 7–36.

Mittelstädt, F.-G. (1989): Vorworte in deutschen Schulatlanten. In: Kartographische Nachrichten 39 (1989), S. 212–216.

Niemz, G. (1989): Das neue Bild des Geographieunterrichts. Ergebnisse einer bundesweiten Umfrage. Frankfurt a.M. (= Frankfurter Beiträge zur Didaktik der Geographie Bd. 11).

Sperling, W., Brucker, A. (1986): Atlas, Schulatlas. In: Brucker, A. (Hrsg.): Medien im Geographieunterricht. Düsseldorf, S. 161–178.

Thiele, D. (1984): Schulatlanten im Wandel. Berlin (= Geographiedidaktische Forschungen Bd. 13).

Thönebohn, F. (1996): Rezeption und Verwendung des geographischen Schulbuches in der Sekundarstufe I. Essen.

Volkmann, H. (1988): Geographical textbooks and atlases as mirrors of curriculum development in the Federal Republic of Germany. In: Birkenhauer, J., Marsden, B. (ed.): German didactics of geography in the seventies and eighties. A review of trends and endeavours. München: IGU-Commission on Geographical Education. S. 197–227.

Zahn, U. (1992): Schulatlanten gestalten und bewerten. In: Geographie und Schule 14 (1992), Heft 80, S. 13–18.

Josef Birkenhauer

4. Medienerziehung und Mediengebrauch im Erdkundeunterricht

4.1 Medienpädagogik

Unter Medienpädagogik versteht man die folgenden vier Bereiche:
1. Medienkunde: Hier werden Fakten über die Medienwelt, die Medien und die Medienträger gesammelt und ausgewertet, besonders im Hinblick auf die Leistungsfähigkeit der Medien und ihrer Träger für die Vermittlung von Informationen und „Botschaften" sowie die Grenzen solcher Vermittlung.
2. Medienerziehung: Hier geht es um Überlegungen und begründete Handlungsanweisungen, um Medienbenutzer zum ständigen Umgang mit den Medien im Einzelnen, aber auch der Medienwelt im Ganzen zu befähigen. Das allgemeine Stichwort ist: Mündigkeit; das fachliche Stichwort: räumliche Kompetenz.
3. Mediendidaktik: Sie beschäftigt sich mit Theorie und Praxis des Einsatzes von Medien.
4. Medienforschung: Es werden die optimalen Gestaltungsweisen von Medien sowie die von den Medien ausgeübten Wirkungen erforscht (vgl. Kap. 2), ferner auch die Medienumwelt.

(Eine sehr gründliche und systematisch-ausführliche Darstellung der genannten Gesichtspunkte findet man bei Tulodziecki, 1992.)

4.2 Medienumwelt

Die alltägliche Medienumwelt, besonders bei Kindern und Jugendlichen ist im Wesentlichen vom Fernsehen und vom Radio (Musik) bestimmt. Beide sind zentrale und damit konstitutive Teile des Lebens. Der Radiokonsum erstreckt sich über den ganzen Tag; der Fernsehkonsum machte 1985 bereits bei 6-13-Jährigen 75 bis 120 Minuten aus. Mit der Einführung des Kabelfernsehens ist die vor dem Fernseher verbrachte Zeit noch gewachsen (Bonfadelli u. a. 1986). Nach den Untersuchungsergebnissen von Bonfadelli u. a. (1986) kann folgende Tabelle über die Nutzungszeiten verschiedener Medien in unterschiedlichen Altersgruppen zusammengestellt werden.

	Alter 12–15		Alter 16–19	
Medium	Minuten	%	Minuten	%
Radio	71	26	99	37
Kassetten	32	12	35	13
Fernsehen/Video/				
Telespiele	127	48	101	38
Printmedien	37	14	33	12
Gesamt	267	100	268	100

Tab. 21: Nutzungszeiten pro Tag je Medium und Altersgruppe

Vor den erfassten Medien werden somit täglich im Schnitt (!) knapp 4 1/2 Stunden verbracht – ein Anteil, der sich in den Altersgruppen nicht ändert – wenn auch der Fernsehanteil zurückgeht und das Radio fast gleich zieht. Beachtenswert ist, dass auf Printmedien in allen Altersstufen täglich nur eine halbe Stunde entfällt. Nach Tulodziecki (1992) fielen folgende Fernsehsendungen 1985 bei 500 Haupt- und Realschülern unter die ersten 10 (in Klammern: Anzahl der Nennungen):
Hart aber herzlich (75), Ein Colt für alle Fälle (67), Denver Clan (56), Falcon Crest (48), Wetten dass (44), Formel 1 (44), Dallas (41), Derrick (27), Sportschau (23), Auf die sanfte Tour (20).

Omnipräsenz alles Filmischen (etc.)
(besonders bei Haupt- und Berufsschülern)

Konsequenz:
„telematische Gesellschaft"; d. h.

→wenig Zugang zu Printmedien

→„Zerschredderung" der Realität, Montagen von Raum und Zeit

→Suggestion von Aktualität

→Illusionäre Filmwelt = originale Welt

→Kein Verweilen-Können

→Schule: inkompetent, langweilig

Abb. 75: Medienumwelt der Schüler

Zum Folgenden vergleiche man Abb. 75.

Das Fernsehen einschließlich der Videos ist im Alltagsleben der meisten Kinder und Jugendlichen regelrecht omnipräsent. Dies gilt besonders bei Berufs- und Hauptschülern und allen befragten Jugendlichen aus Familien der sozialen Unterschicht. (Vgl. hierzu Lukasch 1989, Brenner et al. 1993. Befragt wurden 408 Jugendliche zwischen 13 und 16 Jahren an bayerischen Schulen.) Hier bestehen ausgeprägte soziale Zugangsbarrieren zu den Printmedien. Damit ergibt sich eine Situation, die vergleichbar ist zu dem, was in Kapitel 2 (Medienwirkungsforschung) zur Informationsaufnahme der weniger und der mehr Interessierten und Begabten (I/B) ausgeführt wurde.

Eine Befragung von Hauptschülern (Kl. 5 – 8) in Mittenwald und in München erbrachte, dass ca. jeder 4. männliche Schüler nie zu einem Buch greift. Mädchen dagegen sind deutlich aufgeschlossener.

So selbstverständlich der Konsum von Radio und Fernsehen ist, so wenig bewusst ist den Konsumenten, dass die vor allem vom Fernsehen geschaffene „Wirklichkeit" von einer regelrechten „Zerschredderung" geprägt ist. Darunter verstehen Medienpädagogen die Kleinteilung und Zerstückelung in bloße Häppchen von Realität und Aktualität oder auch nur suggerierter Aktualität: Es wird einfach alles miteinander gemischt und durcheinander geschnitten.

Die Lebenswirksamkeit des Fernsehens ist nach einschlägigen Untersuchungen derart mächtig, dass alles, was nicht über den Bildschirm kommt, erst gar nicht existiert. Das, was auf diese Weise „außen vor" bleibt, ist somit von vornherein in absoluter Ferne. Allerdings gibt es auch hier schichtenspezifische Unterschiede (s. o.).

Weitere Untersuchungsergebnisse (vgl. besonders Brenner et al. 1993, ab S. 191, sowie Röll 1991, Schnoor 1992, ferner die in der Bibliographie unten angeführte Literatur) lassen sich zu den folgenden acht Punkten zusammenfassen.

1. Wesentlich ist der Unterhaltungswert. Animation tritt an die Stelle von Verarbeitung und Abstraktion. Die Entwicklung der eigenen Vorstellungskraft wird eher gehindert als gefördert.
2. Die durch Fernsehen und Videos vermittelte Bilderwelt wird immer mehr zu einer eigenständigen Realitätsebene; diese ist sogar wichtiger als die originale Realität; denn die originale Realität erscheint deutlich weniger eindrucksvoll als die Medienwelt.

   Die originale Lebensnähe wie aber auch die Originalität der Fremdwelten verschwinden. Distanz und Nähe lösen sich auf – und damit die Möglichkeit zur originären Identifikation und damit der Verlust eigner erworbener Vorstellungen.
3. Dies führt dazu, dass originale Realität wahrgenommen wird, als werde sie wie durch eine Kamera gesehen. Vieldeutigkeit tritt an die Stelle der Kon-

kretisierung. Eigentliche Wirklichkeit ist nicht die Realität, sondern die kopierte Realität.

4. Die Folge davon ist wiederum, dass bei Kindern und Jugendlichen – insbesondere bei solchen mit geringeren I/B (vgl. Kapitel 2) – primäre Erfahrungen mit der realen Welt immer mehr verhindert und durch die Filmmedien ersetzt werden. Das Erziehungskonzept des autonomen, mündigen Menschen wird infrage gestellt.

5. Die Gewöhnung an das schnelle Umschalten mithilfe der Fernbedienung führt zum sog. „Hopper"-Syndrom (to hop = hüpfen). Darunter versteht man das Nicht-Verweilen-Können, das ständige Aufsuchen neuer Bildwelten und Bilderlebnisse.

6. Da gerade Werbespots ein solches schnelles Abwechseln ermöglichen, sind diese besonders beliebt.

7. Hohe Bildrasanz, unvorhersehbare Situations- und Szenenwechsel werden sehr geschätzt. Beides zusammen verhindert die Möglichkeit das Gesehene innerlich zu verbalisieren. Ohne eine solche innerliche Verbalisierung ist aber keine Verarbeitung von Informationen möglich, wie psychologische Studien nachgewiesen haben (Sturm 1987, S. 93, 97).

8. Insgesamt könnte auf Dauer eine sog. telematische Gesellschaft entstehen. Darunter wird verstanden, dass die telematischen Erfahrungen die existenzielle Orientierung künftiger Generationen im Sinne ihrer Bilderwelt bündeln, einer Bilderwelt, in der die Wirklichkeit zu einer illusionären Montage von Raum und Zeit verschnitten ist.

Nach Schnoor (1992, S. 51–53) sind für Kinder besonders vier fernsehspezifische Gestaltungsmittel problematisch:

1. Der häufige Szenenwechsel. Er führt zu Unverständnis der Gliederung und zum Vergessen der Einzelheiten.

2. Die schnelle Folge der kurzen Einstellungen. Sie verhindern den inneren verbalen Nachvollzug und fördern damit das Vergessen. Behalten wird allein die emotionale Botschaft.

3. Sprünge in Raum und Zeit über Schnitte, Montagen, Überblendungen. Sie machen eine eigenständige Verarbeitung unmöglich.

4. Die enge Verzahnung von Bild und Ton. Sie verhindert eigene Schlussfolgerungen.

Diese vier Probleme sind die eine Seite. Die andere Seite ist das, was von den Schülern (und Erwachsenen) als positiv empfunden wird. Nach von Hentig (1993) sind dies die folgenden Gesichtspunkte:

1. Ich weiß, wie es war.

2. Ich erlebe mit (Glanzvolles, Aufregendes, Fürchterliches, Wichtiges).

Diese beiden Erfahrungen bringen aber für das Selbstwertgefühl des Betrachters zwei negative Folgen mit sich:

1. Mein eigenes Leben ist langweilig, unbedeutend.

2. Alles ist (immer schon) ohne mich geschehen.

Röll (1991) zieht aus alledem die Schlussfolgerung, dass Bildungsarbeit bei Jugendlichen in Zukunft in allererster Linie Medienarbeit sein müsste.
Angesichts solcher Sachlage sollen Schule und Unterricht Orientierung vermitteln, zur Mündigkeit führen. Die Situation erscheint zunächst hoffnungslos.
(Ein besonderes Problem stellt die Erfahrung von Gewalt dar. Darüber berichtet sehr instruktiv – auch wie die beiden Geschlechter spezifisch Gewalt erleben – Luka in „Schüler" 1995.)

4.3 Allgemeines zum Mediengebrauch

In der allgemeinen Medienpädagogik (vgl. die unten zusammengestellte Literatur) werden beim Gebrauch von Medien zwei Weisen unterschieden:
1. der sog. zentrierende Gebrauch,
2. der sog. individualisierende Gebrauch.

Über den individualisierenden Gebrauch wurde oben Einschlägiges berichtet. Unter dem zentrierenden Gebrauch wird verstanden: Alle Anwesenden sammeln ihre Aufmerksamkeit zentriert auf ein einziges Medium hin. Allein ein solcher Gebrauch könne zu einer pädagogischen Situation führen. In einer solchen Situation könnten sich die folgenden fünf allgemeinen Lernziele zum Gebrauch von Medien einüben lassen:

1. ein gezieltes Gegenwirken zur Konsumentenhaltung,
2. ein bewusstes Sehen, ein Schärfen der Wahrnehmung, ein Verstehen durch Vergleichen,
3. ein gezieltes Umgehen-Können mit dem Medium durch Ordnen der Vorstellungen, Begründen, Bewerten,
4. über ein solches Umgehen ein eigenes Beurteilen-Können der Suggestivwirkungen des Mediums,
5. ein selbstständiges Gewinnen von Informationen, ein Lernen, am Medium Film selbstständig zu handeln, ein Erfahren: „ich kann".
(Teilweise in Anlehnung an v. Hentig 1993, S. 31).

Angesichts der oben mitgeteilten pessimistischen Beurteilungen ist zu fragen, ob solche idealistisch anmutenden Zielvorstellungen realisierbar sind.
Bestimmte Erfahrungen aus der Arbeit mit Jugendlichen (vgl. Brenner et al., 1993, S. 34) weisen darauf hin, dass eine Reihe von Möglichkeiten besteht an dem anzuknüpfen, was Jugendliche selbst in ihrer Freizeit tun.
Relativ viele Jugendliche haben Zugang zu Kameras und eine erstaunlich hohe Anzahl filmt selbstständig Clips.
Gar nicht so selten sind Jugendliche, die selber Drehbücher schreiben und ganze „Story-boards" aufzeichnen. Sie nehmen damit die Möglichkeit wahr, sich

die eigenen Wunschträume zu gestalten und damit der empfundenen Langeweile und Leere der Freizeit zu entfliehen.

Zwar produzieren sie um sich selbst zu produzieren, aber sie lernen darüber den
zielbewussten Umgang mit dem filmischen Medium. Sie benutzen z. B. bewusst
ästhetische Brüche um zu provozieren.

Kehren wir danach zu den idealen (idealistischen) Zielvorstellungen eines zentrierenden Gebrauchs zurück. Was sollen Kinder und Jugendliche dabei lernen –
was können sie aber auch tatsächlich lernen? Die in der Jugendarbeit gemachten Erfahrungen lassen die folgenden sechs Zielvorstellungen als realisisierbar
erscheinen (vgl. dazu Abb. 76).

Sie sollen und können lernen, dass

– Medien auch dazu da sind, um Informationen aus ihnen gewinnen zu können,
– diese Informationen zuerst zu prüfen sind und dann verarbeitet werden müssen (z. B. Durchschauen der verwendeten Bilder, Metaphern und Symbole),
– sich ruhige Betrachtung lohnt, weil wir tatsächlich schlechter informiert sind,
  wenn wir uns die Welt aus den ‚Fernsehschnipseln‘ zusammensetzen (v. Hentig 1993, S. 33),
– Dias nicht von vornherein wertlos sind (weil sie statisch sind und/oder weil
  Onkel Georg (z. B.) über Dias seinen Urlaub präsentiert,
– Medien aller Art helfen nicht nur bloße Informationen zu gewinnen, sondern
  auch für die eigene Person und deren Ausweitung wertvoll sind,
– Filme (Medien allgemein) helfen, andere Menschen und andere Sachverhalte
  zu verstehen.

Bereiche	Operationen
1. Informationen:	Gewinn
	Prüfen
	Verarbeiten
2. Metaphern, Symbole:	Durchschauen
3. Menschen, Sachverhalten:	Verstehen
4. Person sein:	Vertiefen
5. Betrachendes Verweilen:	Erfahren, dass es sich lohnt
6. Manipulationen:	Erkennen und Bewusstwerden

Abb. 76: Ziele für den Mediengebrauch
(Entwurf: J. Birkenhauer)

V. Hentig (1993, S. 32) führt angesichts der geschilderten Situation ferner aus,
dass es sehr sinnvoll und hilfreich sei, im Unterricht wieder mehr zu erzählen
und der Lehrer sich dafür Zeit nehmen sollte, und zwar wegen der eminent pädagogischen Bedeutung. Schüler könnten nämlich dadurch die Erfahrung machen („das Wunder genießen"), dass sie allein und ganz und gar gemeint sind.

4.4 Medienerziehung in der Schule

Die durchaus vielfältigen Erfahrungen in der außerschulischen Jugendarbeit scheinen für eine bewusste Medienerziehung in der Schule zu bestimmten deutlichen Schlussfolgerungen zu führen (vgl. dazu Abb. 77 sowie die folgenden Ausführungen).

Abb. 77: Medienerziehung
(Entwurf: J. Birkenhauer)

Schlussfolgerungen aus konkreten Erfahrungen sind u. a.:

1. Medienerziehung (im Sinne einer fortdauernden Änderung des Verhaltens) findet nicht statt, wenn im Unterricht entsprechende Hinweise nur kursorisch gegeben werden, also nur hin und wieder auf die eine oder andere Manipulation (und dgl.) hingewiesen wird.

2. Wirksame Medienerziehung benötigt vielmehr die beiden folgenden Rahmenbedingungen:
   a) sie muss handlungsorientiert sein;
   b) man muss sich dafür Zeit nehmen können.
   (Zum letzteren vgl. besonders Salomon 1987, S. 89.)

Beide Bedingungen stehen am besten bei bestimmten Unterrichtsformen und Unterrichtsveranstaltungen zur Verfügung. Diese sind insbesondere:
1. Projekte
2. Schullandheimaufenthalte (und dgl.).
D. h. zusammengefasst: das Aufsuchen von Lernorten, bei denen und mit denen originale Erfahrungen gemacht werden können. (Stichwort: außerschulische Lernorte.) Dort ist weiterhin auch das möglich, was als „Medienwerkstatt" bezeichnet wird. Solche „Werkstätten" erscheinen deswegen als notwendig, weil nur in ihnen die medialen Täuschungen (usw.) handlungsorientiert sicht- und erlebbar gemacht werden.

4.5 Konkrete Umsetzung im Erdkundeunterricht

M.W. gibt es kaum Kenntnisse über Medienerziehung im Unterricht der Erdkunde. Ohne gründlicheres Wissen über den Unterrichtsalltag sind indessen eigentlich keine Empfehlungen zu einer gezielten erdkundlichen Medienarbeit zu geben. Diese negative Auskunft sollte allerdings nicht dazu führen, bei diesem Stand stehen zu bleiben. Daher versuche ich die Erkenntnisse und Ergebnisse der Literatur zur Medienarbeit mit Jugendlichen auf die Erdkunde zu übertragen und über diesen Transfer entsprechende Möglichkeiten zu benennen.
Wie oben ausgeführt wurde, sind Projekte und Schullandheimaufenthalte besonders günstige und sinnvolle Situationen. Hinzu treten Exkursionen und Unterrichtsgänge. „Medienwerkstatt" kann hier realisiert werden.
Allein aufgrund von geographiedidaktischen Überlegungen ist die Forderung abzuleiten, sich wenigstens einmal pro Schulhalbjahr die Zeit dafür zu nehmen. Denn nur hier ist inhaltsbezogene selbstständige Arbeit wesentlich, aber auch leistbar; nur hier sind lebensweltliche Erfahrungen möglich und können mit eingebracht werden. Nur hier ist Zusammenarbeit und Kommunikation ständig notwendig, wird dadurch der Konsumenten-Vereinzelung entgegengewirkt.
Aufgrund aller in diesem Kapitel erörterten Zusammenhänge im Hinblick auf den Umgang mit Medien ist diese Forderung nach dem Ernstnehmen außerschulischer Lernorte nur mit noch größerem Nachdruck zu stellen.

Durch Projekte, bei Exkursionen, in Schullandheimaufenthalten können und sollen Schüler z. B. erfahren:
– wie ein bestimmtes Sachproblem durch verschiedene Medien (Zeitung, Fernsehen, Plakat, Bericht, Tabelle) auf unterschiedliche Weise dargestellt wer-

den kann und die Schüler über ein Vergleichen herausbekommen können, warum dies so ist;
– dass die Mühe und die Arbeit, die man dafür aufwendet, verschiedene Medien heranzuziehen, sinnvoll und notwendig ist;
– dass Kameras (Videos, Dias) zur Dokumentation des Sachverhalts eine gute Sache sind und dass man darüber hinaus lernt,
  1. solche Dokumentation einerseits eigenständig, andererseits sowohl sach- als auch seher- (und hörer-) gerecht zu gestalten und
  2. an welchen Kriterien solche Angemessenheit festzumachen ist;
– dass man dabei überprüfen kann (und dabei lernt seinen Verstand zu gebrauchen), was das Medium dazu beiträgt und wie es einen solchen Gebrauch beeinträchtigt oder gar verhindert,
– welche Sinne es fördert und welche es verkümmern lässt.

• An einem Text können z. B. Folgerichtigkeit, Kontinuierlichkeit, Klarheit, Disziplin der Wortwahl im Hinblick auf die Sachangemessenheit analysiert, aber auch, inwieweit unterschiedliche Meinungen respektiert werden.
  Nach dem Drehen eines Filmes kann z. B. im gemeinsamen Gespräch erörtert werden, wie es mit den Suggestionen über Bilder, über tatsächliche oder scheinbare Aktualität, über sachliche oder emotionale Information bestellt ist, wie es um die scheinbare Beliebigkeit des Ortes steht.
• Bei einer Dia-Reihe müsste die Auswahl der Objekte begründet werden, die Absichten, die verfolgt worden sind, um eine bestimmte Aufnahmeperspektive und einen Aufnahmeausschnitt zu wählen.
• Bei Tabellen und Zahlen müsste deutlich werden, dass stets Bezugszahlen notwendig sind oder bei Prozentzahlen die absoluten Grundzahlen genannt werden müssen oder bei der Angabe von Mittelwerten auf die Extreme und deren Häufigkeit hingewiesen werden müsste.

Die Folge ist: Medienprodukte werden insgesamt aufmerksamer und souveräner gesehen. Man kann selbstständig z. B. die Erfahrung machen, was man alles an einem Film noch im Nachhinein durch einen anderen Kommentar, durch Schnitte, durch Umstellen von Sequenzen ändern kann, jedoch wie schwierig es ist, ein für eine Dia-Reihe einmal gemachtes Foto zu ändern.
An *Themen* für die Projekte, Exkursionen, Schullandheimaufenthalte und damit für die erdkundliche Medienerziehung mangelt es ganz und gar nicht. Einige wenige seien in der folgenden Übersicht zusammengestellt:
– Schutt, verrostetes Blech, vergammeltes Papier
– Geröll, Rinnen der Bodenerosion auf einem abgeernteten Maisfeld
– Probleme eines Stadtteils
– Rolle der ausländischen Mitbürger
– Freiraum für Grünflächen – deren Gestaltungsmöglichkeiten
– geplante und entstehende Verkehrstrassen und Anlagen der Infrastruktur
– Gestaltung alter Wohnviertel – neuer Wohnviertel
– Bewahren des Dorfbildes

- Gestaltung eines Gewerbeparks – Art der Betriebe – Benutzer
- Bauten in einem Freizeitort
- Funktionieren des öffentlichen Nahverkehrs
- Situationen an einer viel frequentierten Straßenkreuzung – Perspektiven der verschiedenen Gruppen von Teilnehmern am Verkehr
- usw.

An *Techniken* können geübt werden:
- Brainstorming – Dialoge führen – Ideen auswählen und begründen – nach der Realisierbarkeit der Ausführung fragen und nach der günstigsten Art medialer Darstellung
- Interviews, Aufnahme der Interviews (Tonband, Videoclip)
- Gestaltung von Plakaten, Plakatwänden, Collagen, Verwendung und Anfertigung eigener Zeichnungen und Fotos
- Dokumentieren eines Prozesses, eines Werdeganges durch eine „Fotogeschichte"
- Erstellen eines „Story-boards"
- usw.

4.6 Futuristischer Abschluss

Der postmoderne Philosoph Sloterdijk (1994) ist der Auffassung, dass die apparativen Medien mit all ihren vielen elektronischen Möglichkeiten und animatorischen Spielereien die Schule in Zukunft ersetzen werden, weil sie alles, was im Unterricht auf bloßes Weitersagen von fachlichem Stoff beruht, sehr viel optimaler und professioneller gestalten, als das Schule je können wird. Schule und Lehrer als Institution haben zu verschwinden, weil sie angesichts der medialen Möglichkeiten nichts sind als „eine Initiation in die Dummheit als Normalzustand" und somit „ein schwachsinniges Endresultat von Erziehung" bilden. Vielmehr: „In zehn Jahren werden alle Fächer auf amüsante, großartige, lebendige Weise computerisiert sein." Die so viel geschmähten Massenmedien werden die langweilige und inkompetente Schule ersetzen.
Damit aber wird das, was Sloterdijk selbst abwertend die „konsumistische Menschheitsperspektive" nennt, prinzipiell erweitert.

Dieser konsumistischen Perspektive stehe ein „letztes utopisches Potenzial" gegenüber. Das sei die Intelligenz. „Das ist gesellschaftsweit das beunruhigendste Syndrom: dass keiner mehr ehrgeizig genug ist bei sich selber ausloten zu wollen, wie weit das Verstehen reicht." „Intelligenz" bestehe eben „auch in der Fähigkeit die Langeweile, die in einem unterbeschäftigten Gehirn aufkommt, mit eigenen Mitteln zu überwinden. [...] Die einzige Terra inkognita, die die Menschheit noch besitzt, sind die Galaxien des Gehirns, die Milchstraßen der Intelligenz. [...] Die einzige gute Nachricht lautet: Es gibt etwas atemberaubend großes, das heißt Intelligenz und ist unerforscht – wer meldet sich freiwillig? Die Freiwilligen der Intelligenz sind eo ipso ihre Medien".

So hübsch das alles formuliert ist – es ist noch nicht einmal eine reale Utopie, die P. Sloterdijk entwickelt. Schule wird auch noch in zehn Jahren bestehen, auch das Fach Erdkunde wird im Fächerkanon vorhanden bleiben. Und die Intelligenten, die Sloterdijk meint, sind dünn gesät.

So wird es weiterhin Didaktik und Geographiedidaktik brauchen und die Beschäftigung mit der Art und Weise, wie erdkundliche Medien auf optimale Weise zu gestalten und einzusetzen sind.

Sloterdijk merkt gar nicht, dass er sich mit seinen Ausführungen in Widersprüche verwickelt. Denn: er reflektiert gar nicht über die Ursachen für die Langeweile, für die unterbeschäftigten Gehirne, für den Mangel an dem Sich-Selbst-Ausloten-Wollen (wobei er diesen Mangel sogar ganz absolut setzt: „keiner", natürlich ihn selbst ausgenommen).

Ob da nicht die Massenmedien ein ganz klein wenig mit dran schuld sind? Ob angesichts solcher Not- und Zustandsbeschreibung Medienerziehung nicht doch – ein ganz klein wenig – geradezu notwendig ist, um die Not zu wenden?

Literatur

Birkenhauer, J. (1988): Instrumentale Lernziele im geographischen Unterricht. In: Geogr. u. ihre Did., S. 117 f.

Bohn, R., Müller, E., Ruppert, R. (Hrsg.) (1988): Ansichten einer künftigen Medienwissenschaft. Berlin.

Bonfadelli, H. u. a. (1986): Jugend und Medien. Frankfurt/Main.

Brenner, G., Niesyto, H. (Hrsg.) (1993): Handlungsorientierte Medienarbeit. Weinheim, München.

Diel, A. (Hrsg.) (1974): Kritische Medienpraxis. Köln.

Fröhlich, W. D., Zitzlperger, R., Franzemann, B. (Hrsg.) (1992): Die verstellte Welt. Weinheim.

Glogauer, W. (1987): Viedeofilm-Können der Kinder und Jugendlichen. Bad Heilbrunn.

Grünewald, D., Kaminske, W. (1984): Kinder- und Jugendmedien. Weinheim.

Hard, G. (1991): Zeichenlesen und Spurenlesen. In: Hasse, J., Isenberg, W.: Die Geographiedidaktik neu denken. Bensberger Protokolle, 73. Bensberg, S. 127 f.

Hard, G., Kruckemeyer, F. (1991): Zobeide oder: Städte als ästhetische Zeichen. In: Hasse, J., Isenberg, W.: Die Geographiedidaktik neu denken. Bensberger Protokolle, 73. Bensberg, S. 113 f.

Hasse, J., Isenberg, W. (1991): Die Geographiedidaktik neu denken. Bensberger Protokolle, 73. Bensberg.

Hentig, H. von (1993): Schule neu denken. München.

Institut Jugend Film Fernsehen (Hrsg.) (1991): Von Sinnen und Medien. München.

Issing, L. J. (Hrsg.) (1987): Medienpädagogik im Informationszeitalter. Weinheim.

Jüther, J., Schorb, B., Brehm-Klotz, B. (Hrsg.) (1990): Grundbegriffe der Medienpädagogik. Ehningen.

Kruckemeyer, F. (1991): Ästhetische Blicke auf geographische Gegenstände. In: Hasse, J., Isenberg, W. (Hrsg.): S. 97 f.

Höltershinken, D., Kasuschlip, H.-P., Sobiech, D. (1991): Praxis der Medienerziehung. Bad Heilbrunn.

Luka, R. (1995): Das Grauen kommt um 10. „Schüler" 1995.

Lukesch, H. (Hrsg.) (1989): Jugendmedienstudie. Regensburg.

Sachverständigenkommission 8. Jugendbericht (Hrsg.) (1990): Lebensverhältnisse Jugendlicher. Weinheim, München.

Salomon, G. (1987): Psychologie und Medienerziehung. In: Issing, L. J.: a. a. O., S. 79–90.

Sander, U., Vollbrecht, R. (1987): Kinder und Jugendliche im Medienzeitalter. Opladen.

Schnoor, D. (1992): Sehen lernen in der Fernsehgesellschaft. Opladen.

Sloterdijk, F. (1994): Warum sind Menschen Medien, Herr Sloterdijk? In: FAZ-Magazin, 9.9.1994, S. 54–55.

Stromberg, U. (1988): Videoarbeit mit einer Jugendgruppe. Opladen.

Sturm, H. (1987): Medienwirkungen auf Wahrnehmung, Emotion und Kognition. In: Issing, L. J.: a. a. O., S. 91–116.

Tulodziecki G. (1992): Medienerziehung in Schule und Unterricht. 2. Aufl. Bad Heilbrunn.

Bildnachweise:

Bayerisches Landesvermessungsamt, München: S. 95 (28), Umschlag hinten; A. Brucker, Gräfelfing: Umschlag vorne; Französisches Fremdenverkehrsamt, Frankfurt/Main: S. 126 (32); H. Haitzinger, München: S. 107 (30); W. Hanel, Bergisch-Gladbach: S. 108 (31); International Society for Educational Information Inc., Tokio: S. 96 (29); E. Wienerl, München: S. 132 (38), S. 180 (69).

Alle übrigen Aufnahmen stammen von den Autoren.